U0949850

高职高专物流管理专业“十二五”规划教材
基于工作过程改革物流类系列教材

现代物流实训手册

▶ 主　编　陈英华
▶ 主　审　张亮国　周建亚
▶ 副主编　郝双喜　何　芳　田　立　李海英　张　怡
▶ 参　编　陈金宝　董少琴　贺召亮　乔　杰　吴宇镇　杨芬芳

WUHAN UNIVERSITY PRESS
武汉大学出版社

图书在版编目(CIP)数据

现代物流实训手册/陈英华主编.—武汉:武汉大学出版社,2013.8
高职高专物流管理专业“十二五”规划教材
基于工作过程改革物流类系列教材
ISBN 978-7-307-11449-4

Ⅰ.现… Ⅱ.陈… Ⅲ.物流—高等职业教育—教材 Ⅳ.F252

中国版本图书馆CIP数据核字(2013)第184077号

责任编辑:林 莉　　责任校对:黄添生　　版式设计:马 佳

出版发行:**武汉大学出版社** (430072 武昌 珞珈山)
(电子邮件:cbs22@whu.edu.cn 网址:www.wdp.com.cn)
印刷:通山金地印务有限公司
开本:787×1092 1/16 印张:16.5 字数:380千字 插页:1
版次:2013年8月第1版 2013年8月第1次印刷
ISBN 978-7-307-11449-4 定价:36.00元

前　　言

2008年4月，武汉商贸职业学院现代物流实训中心初步建成。同年9月，《仓储与配送实训》课程正式开课。2009年9月至11月，湖北省物流技能状元选拔赛在我院实训中心举行，获得圆满成功。2010年，武汉商贸职业学院物流实训中心确定为湖北省职业教育重点实训基地建设单位。

《现代物流实训手册》是针对2009年学校立项建设的精品课程《仓储与配送实训》而编写的。在实践教学过程中，任课老师们积累了丰富的教学经验，收集并整理了大量的教学资料，结合实训条件丰富了实训项目，针对实际教学情况作了多方面的教学改革。开课以来，学生一直没有适合于本门课程且针对性强的教材，为此，我们决定全力以赴，为学生编制针对当前实训设备、符合现代教学规律、包含现代物流企业岗位职业能力、深受学生欢迎的实训教材，为《仓储与配送实训》课程进一步丰富内容，编写精品教材。《现代物流实训手册》涵盖四门物流实训课程内容，即《装卸与搬运实训》、《分拣与包装实训》、《仓储与配送实训》、《中海2000物流软件实训》。与此同时，该书还针对《现代物流基础》的课内实训《供应链一体化物流仿真沙盘实训》提供教学依据。

编写《现代物流实训手册》的设想如下：

(1) 校企合作，探索高职物流实训中心的建设新思路、教材改革的新途径。本实训教材融知识性与实践性于一体。编写组老师下企业调研，挂职锻炼，将企业岗位与实训条件相结合，设置实训项目和实训任务；与此同时，本书编写过程吸收企业人员参与，对项目实施的正确性、高效性予以把关。教材帮助学生真正做到所学即为所用，所用融入所学，为校企合作、毕业实习打好基础。

(2) 为本校物流管理专业学生解决教材问题，成为物流实训课的有效指南：拥有一本配套的实训教材，教师能在内容的宽度和广度上拓展，实训课的开展将更规范化。学生将在实训过程中拥有蓝本，预习和复习更从容。我们编写的《现代物流实训手册》，以我院物流实训中心实际情况为基础，以目前开课内容为主线，一本教材可供我院学生四门实训课使用，利用率高。

(3) 以当前高职高专物流教学的实际需要为己任，通过教学反思总结经验，提高教师业务水平：与兄弟院校共同探讨，开发适合高职高专物流管理专业学生的配套实训教材，同时也加强了教师队伍建设，提高了教师业务水平。

(4) 能满足目前的物流管理专业教学需要，成为不具备实训条件院校理论教学的很好补充，目前影响实训课开展的一个重要因素就是物流实训方面的教材比较缺乏，很难找到一本可以涵盖大量仓储设备、装卸搬运设备、模拟仿真软件的物流实训课教材。我们编写的这本《现代物流实训手册》，以行业发展前沿为导向，全书内容代表着行业先进水平，能为物流管理专业提供教学参考，图文并茂，适合做教材，也适合做工具书，应用范围广。

编写《现代物流实训手册》的任务分工如下：

模块一：陈英华；模块二：郝双喜；模块三：田立；

模块四：何芳（任务1～3）、陈英华（任务4～6）；模块五：李海英；模块六：张怡。

本教材由陈英华负责前期赴企业调研、体例的确定、课题的申报、编写工作的组织，并负责编写模块一及模块四的任务四至任务六及考核项目，进行全书的统稿和修订；教材有来自宇鑫物流、天地华宇、国药控股等物流公司一线的管理及技术人员参编；教材由行业专家及物流企业资深物流从业人员审校，以确保教材与现代物流业的实际情况和发展趋势接轨，满足企业对人才的技能素质需求。

本书在编写、修订过程中得到校领导、教务处、资产管理处的大力支持，得到周建亚院长、张亮国院长、杨芬芳副院长的精心指导和关心帮助，还有物流学院很多教师的努力和付出，在此一并表示真诚的感谢。

由于编者的经验及水平有限，本书难免存在疏漏之处，敬请读者和从事教学的教师给予批评指正，不胜感谢！

《现代物流实训手册》编写组

2013年6月

目 录

模块一　基础知识及实训条件

《现代物流实训手册》从物流管理专业人才培养计划出发，培养学生良好的技能，为顶岗实习和就业做准备，打好实践基础，积累必要的工作经验。本实训手册以物流实训中心的四大实训室为主要实训场所，汇集各类硬件和软件，为学生提供良好的实训操作指南。

针对现代物流企业的岗位及人才需求，《现代物流实训手册》编委会成员与企业专家共同制定了符合现代化物流企业需要的物流管理专业人才培养方案，物流实训课程开设的方案是：第一学期在《物流基础》课程开设课内实训，以供应链一体化物流仿真实训为主；第二学期开设《仓储与配送实训》需以《现代物流基础》为前导课程，本实训为《仓储管理实务》、《物流信息技术》等课程的学习奠定了良好的基础；第三学期开设《中海2000物流软件实训》，让学生了解第三方物流企业信息化管理的模式，中海2000物流软件作为典型的第三方物流管理软件更着重于物流数据的管理和处理，为学生的顶岗实习直接提供实践经验；第四学期开设《分拣与包装实训》，重点学习滑块式分拣系统和电子标签分拣系统的控制方法，为即将到现代化物流企业实习的学生培养控制现代化物流设备的高端技能；第五学期开设《装卸与搬运实训》，该实训课程以叉车等装卸搬运设备作为主体，培养学生的驾驶能力及堆码技巧，实习过程中能有所专长，利用设备完成装卸及搬运工作；第六学期为毕业实习。立体化的技能培养方式，全方位的素质培养模式，为现代物流行业培养拥有丰富的物流知识、谙熟现代化设备使用技术、具备良好管理能力的现代化物流人才。本教材为学生提供在校期间实训课程指南，深化课堂内容，拓展专业知识，把握行业发展，了解前沿动向，帮助学生提高自学能力和实训操作水平。

安全重于泰山，安全是实训顺利进行的前提，是实训效果的首要保障。《物流实训中心管理规定》的制定，正是为了保障物流实训中心的财物安全和受训师生安全，特制订了相关的管理规定，请同学们认真学习，遵守规则，共同努力，从而保证实训安全顺利地进行。

为加强物流实训中心的管理，保证物流实训中心的各类人员和设施设备的安全，现作如下规定：

（1）来物流实训中心的各类人员不得携带任何食物、饮品或可能造成污染的物品进入物流实训中心，禁止吸烟，避免环境污染；

（2）来物流实训中心的各类人员必须严格遵守物流实训中心的各项规定，不得擅自开启和关闭电源，不得任意接触任何电线电缆或照明设施，消除安全隐患；

（3）来物流实训中心的各类人员未经允许，不得擅自使用实训要求以外的设施设备，不得擅自改变线路和设施结构，从而保障硬件的正常工作；

（4）实训教学活动过程中，学生未经实训指导老师允许，不得擅自删改指令或程序，不得任意安装任何软件或外用存储器，从而保障软件的正常运行；

（5）实训教学活动过程中，学生应严格听取老师的指令、做好详细的课堂笔记、认真按老师要求操作，在老师指导下认真完成实训任务，认真遵守课堂纪律，不得打闹、嬉戏或高声喧哗；

（6）实训教学活动过程中，学生应勤于思考，认真总结，仔细观察，不断思索探讨，以求实训达到最佳效果，不得以任何理由提前下课或中途离场，特殊情况需请示任课老师批准；

（7）实训教学活动结束后，任何人不得将个人物品以外的任何物品带出实训室，应该将相应实验设备或耗材归还原位；

（8）实训教学活动结束后，由实训室管理人员或实训指导老师检查所用设施和设备，检查完毕后，学生和任课教师方可离开实训室；

（9）实训教学活动结束后，任课教师应组织学生按清洁值日表要求做卫生，包括窗台、玻璃、桌子、电脑、地面以及相应设备的清洁，从而保证物流实训中心环境的清洁和卫生，为上课的师生提供健康的空间；

（10）各类人员必须齐心协力爱护物流实训中心的设施和设备，做到人走灯灭门锁，对违反规定者根据谁损坏、谁赔偿的原则，按市场价格等价赔偿，并视情节给予处罚。

以上规定，旨在维护物流实训设备的正常运行，从而保证实训教学的正常开展，继而为学生实践技能的提高创造条件，为学生的成才成长提供保障。请参训人员认真学习，严格遵守。

一、仓储与配送实训室

（一）仓储与配送实训室现有设备

仓储与配送实训室建筑面积135平方米，由我院与武汉将相和科技有限公司共同开发建设。实训室主要分四个区域：办公区、理货区、仓储区和分拣区，现阶段主要设备有：双排立体仓库、全自动巷道堆垛机及输送链控制系统、入库皮带输送链和出库辊筒输送链、顶升平移机、多频磁导AGV小车、条码打印机、条码扫描器、LED电子显示屏、仓储控制平台以及电子标签重力式分拣货架等，总价值45万余元。

（二）仓储与配送实训室现阶段可开设的物流实训

实训室可开设LED信息发布实训、仓储设备认识实训、中文条码标签生成打印实训、AGV系统控制实训、货物入库操作实训、货物出库操作实训、货物调库操作实训等八个实验项目。通过这些实训我们可以掌握现代物流企业的常用物流设备的操作流程，并能够实现信息员、出入库检验员、出入库理货员、库管员、运输调度员、跟车员等多个岗位的实践演练。我们通过这些模拟实习，拉近了和企业实际工作的距离，毕业后就可以减免岗前培训的时间，直接上岗进行操作。仓储与配送实训室实景见图1-1。

图 1-1　仓储与配送实训室实景

（三）《仓储与配送实训室实训制度规范》

为加强仓储与配送实训室的管理，保证仓储与配送实训室的上课学生和设施设备的安全，保证仓储与配送实训课程的教学质量，现做如下规定：

（1）来仓储与配送实训室的上课学生必须严格遵守《物流实训中心管理规定》；

（2）教师在仓储与配送实训室上课前应该首先带领同学学习本制度规范；

（3）为了保护地面，学生进入仓储与配送实训室原则上要求穿鞋套，不得随意踩踏布置在地面的 AGV 小车导引线；

（4）上课学生未经允许，不得擅自开启和关闭电源，不得擅自使用堆垛机控制柜或进入立体化仓库，以免造成人身安全隐患；

（5）上课学生未经允许，不得触摸定位装置或扫描装置；

（6）实训课教学活动过程中，学生按既定的分组采取组长负责制，组长应该组织好本组的同学，有序参加实训，未轮到的同学应该耐心等候，认真思考和总结实训项目的实施要点；

（7）实训教学活动过程中，未经实训指导老师允许，不得擅自删改指令或程序，不得任意安装任何软件或外用存储器，从而保障条码设计软件、AGV 小车控制软件、LED 显示屏编辑软件及电子标签分拣软件的正常运行；

（8）实训教学活动过程中，严格听取老师的指令、认真操作、不得随意移动拣货链或补货链；

（9）实训教学活动过程中，要保持环境卫生，条码打印项目中，不得随意撕拉或粘贴条形码，以免破坏地面，污染环境；

（10）实训教学活动结束后，任课老师应该将立体化仓库控制软件中生成的订单进行清理，释放内存，确保软件的正常运行；

（11）实训教学活动结束后，任课老师应组织学生将 AGV 小车复位到 9 号位，车头朝向立体仓库，物流盒有序堆放，板凳靠墙摆放；

（12）实训教学活动结束后，由实训室管理人员或实训指导老师检查所用设施和设备，检查完毕后，任课教师应组织学生做卫生，保持仓储与配送实训室的清洁；

（13）实训教学活动结束后，任课教师和学生干部共同填写《仓储与配送实训室使用日志》，任课教师与实训室管理员做好交接后方可离开。

二、分拣与包装实训室

（一）分拣与包装实训室现有设备

分拣与包装实训室是以现代物流配送中心（武商量贩物流配送中心、湖北省国药物流公司）为蓝本，建筑面积155平方米。现有摘取式电子标签拣选系统、播种式电子标签拣选系统、阁楼货架、阁楼货架动力输送链系统、连续提升机、滑块式分拣机、无动力分拣辊筒和动力辊筒组合式分拣线、半自动打包机、手动打包器械等设备，总价值65万元。通过电子标签分拣货架实现了货物从入库、拣选、理货、打包到配送的全过程。

（二）分拣与包装实训室现阶段可开设的物流实训

实训室能开设电子标签分拣系统的实训、入库实训、摘取式分拣实训、播种式分拣实训、库存盘点实训、机械自动打包操作实训和人工手动打包操作实训七个实训项目。通过这些实训项目，使学生能够熟悉现代物流配送中心常用的分拣设备以及操作流程，学习电子标签分拣系统的操作和基础的包装知识，为毕业后的就业打下良好的基础。分拣与包装实训室实景见图1-2。

图1-2　分拣与包装实训室实景

（三）《分拣与包装实训室实训制度规范》

为加强分拣与包装实训室管理，保证分拣与包装实训室的各类人员和设施设备的安全，保障实训教学的质量，现做如下规定：

（1）来分拣与包装实训室的各类人员必须严格遵守《物流实训中心管理规定》；

（2）教师在分拣与包装实训室上课前应该首先带领同学学习本制度规范；

（3）分拣与包装实训过程，必须严格执行操作规程，学生必须在教师的指导下完成实训，并服从教师的管理；

（4）学生在使用电脑过程中，在未经老师允许的情况下，不得随意安插外存储器等设备或安装无关的软件；

（5）学生在阁楼式货架上实施分拣任务的过程中，注意小心碰头，严谨操作，上下楼梯走稳走好；

（6）学生在使用升降机过程中，应注意保持安全距离，正确操作，不得随意按上升或下降按钮；

（7）学生在实训过程中，不可将手或脚伸入滑块式分拣系统，以免受伤；

（8）学生不得触摸红外扫描设备，以免设备受损；

（9）学生在使用半自动打包机的过程中，应根据老师的要求正确操作，防止烫手或夹手；

（10）实训过程中，打包机内打包带耗尽或出现任何机械故障，应及时报告任课老师，由任课老师与实训室管理员共同协调解决；

（11）应保持课堂的良好秩序，不得大声喧哗，认真听取老师指令，争取在规定时间类完成规定的实训项目；

（12）实训结束后，由物流软件实训室管理人员和任课教师同时检查设施和设备等资产的完好状况，并组织学生做好清洁卫生；

（13）实训课结束后，任课教师和学生干部共同填写《分拣与包装实训室使用日志》，任课教师与实训室管理员做好交接后方可离开。

三、装卸与搬运实训室

（一）装卸与搬运实训室现状

装卸与搬运实训室主要面向我校物流管理专业的学生开设实训项目。实训室配备有1台龙工LG16B人工驾驶的电动叉车，1台林德L10型电动托盘堆垛叉车，2台手动液压式搬运叉车（载重为2.5吨）、2台手动液压堆高叉车（起升1.5米，载重1.5吨）、4组托盘货架、木质和塑料托盘各80个（规格为1000毫米×800毫米）。

（二）装卸与搬运实训室现阶段可开设的物流实训

在此实训室内，我们将掌握叉车的操作技能，其中包括利用叉车将重型托盘从货架上取出与摆放堆高，利用叉车将货物以托盘的形式进行运输。突出培养操作叉车的熟练程度、使用手持终端采集信息传递信息的能力，装卸搬运货物的技能和技巧。可实现二人比赛或团队协作教学模式，通过这些模拟实习，拉近了和企业实际工作的距离，毕业后就可以减免岗前培训的时间，直接上岗进行操作。装卸与搬运实训室实景见图1-3。

图 1-3　装卸与搬运实训室实景

（三）《装卸与搬运实训室实训制度规范》

为加强装卸与搬运实训室的管理，保证装卸与搬运实训室的各类人员和设施设备的安全，为了保证教学质量，现做如下规定：

（1）来装卸与搬运实训室的实训学生和老师必须严格遵守《物流实训中心管理规定》；

（2）教师在装卸与搬运实训室上课前应该首先带领同学学习本制度规范；

（3）学生在使用托盘叉车过程中，应该注意叉车的行驶速度，避免叉车撞到托盘货架、立柱、墙体或其他同学，造成安全隐患；

（4）学生在使用液压堆高叉车过程中，应该注意货叉下严禁站人，货叉下降过程应保持相对匀速，防止砸伤；

（5）学生在使用手推车过程中，应正确使用，切勿在车上站立，切勿站立在货叉上，以保障人身安全；

（6）学生在使用无线手持终端设备的过程中，应认真持握，按老师要求谨慎使用，以免滑落损坏机体；

（7）学生实训课结束后，应该在老师统一安排下，将叉车归位，将纸箱按要求堆放，将无线手持终端交任课老师；

（8）本次实训结束后，为保障装卸与搬运实训室的环境卫生，任课教师与实训室管理员共同组织学生做卫生，保持装卸与搬运实训室的清洁；

（9）本次实训结束后，由实训室管理人员或实训指导老师检查所用设施和设备，确认完好，与受训学生干部共同填写《装卸与搬运实训室使用日志》，任课教师与实训室管理员做好交接后方可离开；

（10）实训室管理人员应该在实训结束后及时为无线手持终端充电，为下次实训课做好准备。

四、物流仿真模型实训室

（一）物流仿真模型实训室现状

物流仿真模型实训室又叫供应链一体化模拟仿真沙盘实训室，该室是我院与北京易通交通信息发展有限公司共同建设，主要面向我校物流管理专业的学生开设实训项目。实训室内配有一套长 4 米、宽 3 米的模拟仿真沙盘，是采用光、电结合的技术，形象的表现和描述供应链一体化的总体运作流程，能够在沙盘里突出采购物流、生产物流、销售物流、逆向物流、物流信息化管理等流程和流向，并配有手持遥控器和盘面控制器，沙盘真实体现现代物流业各种存在形式，通过多媒体设备辅助播放视频影像，为同学们展示全方位的物流作业流程。

（二）物流仿真模型实训室现阶段可开设的物流实训

物流仿真模型实训室可根据需要开设供应链一体化流程分析、物流设备的认知、运输工具以及运输方式的选择等实训。我们将通过多媒体投影播放的影音视频更直观地了解现代物流的主要运输方式和运输工具以及物流企业中常用的自动化设备，同时也能更好地理解现代物流活动中物流、信息流、资金流之间的相互关系。同时可以根据需要设计物流案例，培养我们针对现场解决问题的能力。物流仿真模型实训室实景见图 1-4。

图 1-4　物流仿真模型实训室实景

（三）《物流仿真模型实训室实训制度规范》

为加强物流仿真模型实训室管理，保证物流仿真模型实训室的各类人员和设施设备的安全，现做如下规定：

（1）来物流仿真模型实训室的老师和学生必须严格遵守《物流实训中心管理规定》；

（2）教师在物流仿真模型实训室上课前应该首先带领同学学习本制度规范；

（3）来物流仿真模型实训室的各类人员必须保持良好的秩序，以免撞击玻璃外罩而受伤；

（4）实训课教学活动中，学生必须在实训室管理人员的指导下，有序展开幕布，有序观看模型；

（5）实训课教学活动中，学生在观看模型过程中，请勿俯身在玻璃外罩上，以免压碎玻璃罩；

（6）实训课教学开展过程中，学生必须保持良好的秩序，保持安静，认真听讲，积极参加讨论；

（7）本次实训课教学活动结束后，学生应该将板凳恢复原位，摆放整齐；

（8）本次实训课教学活动结束后，任课老师应该组织学生，将幕布按规则盖上，以免灰尘进入模型；

（9）本次实训课教学活动结束后，学生应有序离场，不得喧闹；

（10）本次实训课教学活动结束后，为保障物流仿真模型实训室的环境卫生，任课教师与实训室管理员共同组织学生做卫生，保持物流仿真模型实训室的清洁；

（11）本次实训结束后，由实训室管理人员或实训指导老师检查所用设施和设备，确认完好，与受训学生干部共同填写《物流仿真模型实训室使用日志》，任课教师与实训室管理员做好交接后方可离开。

五、中海2000物流仿真软件实训室

（一）中海2000物流仿真软件实训室现状

中海2000物流仿真软件实训室拥有68台方正电脑，服务器安装有中海2000物流软件，该软件为学生展示了第三方物流企业开展业务过程中所需要完成的各项功能以及各项信息的管理与共享。学生从用户端访问服务器，完成各项物流环节的实训。中海2000物流实训管理软件是在总结中海物流多年的第三方物流实践的基础上，结合中海资讯多个其他项目的基础上开发完成的，其业务流程是对第三方物流企业实际业务流程的提炼和总结，符合国际规范，支持流程优化重组。该门课程学习完毕，学生对于第三方物流企业的信息系统，可以很快掌握系统功能及操作方法，直接上岗作业。

（二）中海2000物流仿真软件现阶段可开设的物流实训

中海2000物流仿真软件现阶段可完成：客户资料及用户权限设置、入仓操作、出仓操作、盘点及查询、费用核算、统计分析等实训，主要是模拟第三方物流企业进行全方位的业务流程管理，主要内容有：合同管理及工厂资料、运输资料及部件信息、入仓资料、入仓配车、入仓报关、入仓卸车、入仓验货、修改仓位、报关确认及入仓确认、出仓选货及出仓资料、出仓配车、出仓报关、出仓装卸、报关确认、出仓确认、修改仓位、费用处理、入仓查询、选货查询及出仓查询、仓储管理、订车处理、调度配载、运输费用、运输明细、收支明细、托运对账及承运对账、费用产生、统计查询、客户分析等业务工作。通

过对客户需求分析、货品的入库、出库及在库操作、配送作业操作以及车辆调度操作等流程的实际演练，理解物流各个环节的操作原理和相互之间的关系。

中海 2000 物流仿真软件实训室实景见图 1-5。

图 1-5　中海 2000 物流仿真软件实训室实景

（三）《中海 2000 物流软件实训室实训制度规范》

为加强中海 2000 物流软件实训室的管理，保证物流软件实训室的上课学生和计算机设备的安全，现作如下规定：

（1）来中海 2000 物流软件实训室的上课学生必须严格遵守《物流实训中心管理规定》；

（2）教师在中海 2000 物流软件实训室上课前应该首先带领学生共同学习本制度规范；

（3）进入物流软件实训室的上课学生一律凭有效证件按规定登记并对号上机，服从主管人员的管理，未经允许不得随意走动或调换座位；

（4）来物流软件实训室的上课学生未经允许，不得开启和关闭电源，不得擅自使用物流软件实训室的配套设施，不得随意插拔计算机外围设备；

（5）实训课开展过程中学生不得擅自修改指令和程序，不得玩游戏、聊天或看视频资料，发现异常情况应及时向任课教师举手报告；

（6）实训课任课教师应保证实训教学内容的饱满，充分调动学生的积极性，认真组织管理学生，学生不得以任何理由早退；

（7）实训课任课教师必须严格遵守上课时间，不得以任何理由提前下课，原则上不得推迟下课，确因实训任务未完成的，需及时与实训室管理员协调；

（8）实训课结束后，学生不得将实训室任何设施设备带出，垃圾及时入篓；

（9）每次实训结束后，由物流软件实训室管理人员和任课教师同时检查设施和设备等资产的完好状况，并组织学生做好清洁卫生；

（10）实训课结束后，任课教师和学生干部共同填写《中海 2000 物流软件实训室使用日志》，任课教师与实训室管理员做好交接后方可离开。

模块二　装卸与搬运实训

任务一　入仓——液压堆高叉车、电动叉车的使用

一、实训目标

本次实训的目标在于学生能够利用装卸搬运工具完成货物的入仓，熟练使用液压堆高叉车以及林德叉车，能够根据货物出、入库单或者装卸搬运工具上面的电脑提示完成货物的入库、出库操作，从而提高工作效率。

二、任务导入

我们同学在物流企业看到，叉车的使用很频繁，叉车是物流企业进行装卸与搬运任务的重要工具，那么如何利用叉车进行装卸与搬运作业完成入库任务呢？今天我们就要利用叉车完成入库任务。

三、实训步骤

（一）观看装卸与搬运实训室整体布局

如图 2-1 所示，装卸与搬运实训室整体布局图。

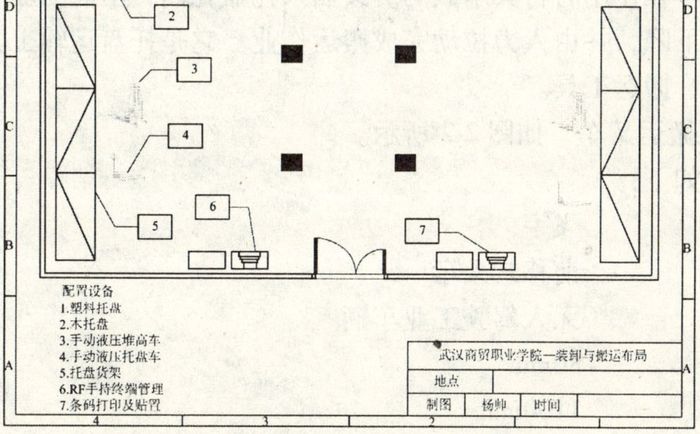

图 2-1　装卸与搬运实训室整体布局图

（二）学习叉车基本操作知识

（三）利用叉车进行货物的存取

四、发任务书

领取货物入库单，如表 2-1 所示。

表 2-1　　货物入库单

入库货物	货物条码	仓库地点	入库仓位	叉车型号
红烧牛肉面	6911988013484	1 号库	101	液压堆高叉车
康师傅方便面	6925009902572	2 号库	201	液压堆高叉车
洗衣粉	6921738000381	3 号库	301	液压堆高叉车
维达纸巾	6920174764116	4 号库	401	林德叉车
白云边	6920816320120	5 号库	501	林德叉车
茅台	6921734971029	6 号库	601	林德叉车

五、任务分配

将所有学生按每两人一组进行分组，每一小组分别利用液压堆高叉车和林德叉车来进行货物的存取，存取完成后，两人再进行交换训练，确保每一位学生对各种操作方式都能熟练掌握。

六、任务说明

利用液压堆高叉车和林德叉车将粘贴好条码的货物运送到仓库的指定仓位，然后将叉车停靠在初始位置。

手动托盘搬运车在使用时将其承载的货叉插入托盘孔内，由能力驱动液压系统来实现托盘货物的起升和下降，并由人力拉动完成搬运作业。它是托盘运输工具中最简便、最有效、最常见的装卸、搬运工具。

（1）手动液压搬运叉车，如图 2-2 所示。

详细型号规格如下：

产品品牌：　　飞宇

工业车辆：　　前移式叉车

特种行业：　　无人驾驶工业车辆

货叉最低位：　　80mm

货叉长度：　　1100mm

类型：　　手动叉车

型号：　　　　　液压搬运车
额定起重量：　　2500kg　　，
行走方式：　　　三向堆垛叉车
载重量：　　　　1500kg

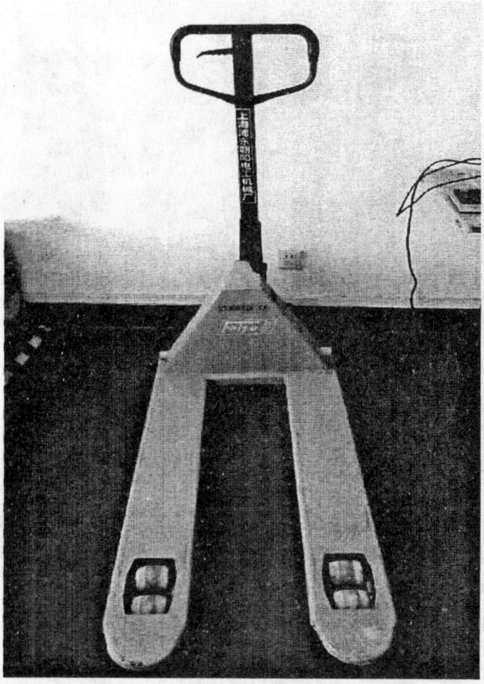

图 2-2　飞宇液压搬运叉车

（2）手动液压堆高叉车，如图 2-3 所示。

详细型号规格如下：

产品品牌：　　　固美
型号：　　　　　CDY1.5
额定起重量：　　1500 公斤
载荷中心距：　　560 毫米
最大起升高度：　1500 毫米
货叉低放高度：　小于或等于 90 毫米
货叉长度：　　　1120 毫米
起升高度：　　　11.5 毫米
车轮（前轮外径）：80 毫米
车轮（后轮外径）：180 毫米
最小转弯半径：　1320 毫米
自重：　　　　　280 公斤

图 2-3　固美液压堆高叉车

载重：　　　　　1.5 吨

堆高：　　　　　1.6 米

该车具有结构紧凑，运输灵活，操作简单，回转半径小等特点。

适用于工厂、车间、仓库、车站、码头等处的货物搬运与堆垛。

对于那些有防火、防爆要求的场地（如印刷车间、油库、码头、仓库等）更为适用。

若配合托盘装箱、集装箱等即可实现单元化运输，有效减少了零部件的碰撞、划伤和堆放面积，减少搬运工作量，提高搬运效率。单门架结构设计，转弯半径小，适用于机械制造、造纸、印刷、搬运、物流等行业使用。

（3）林德 L10 型叉车，如图 2-4 所示。

林德 L10 型叉车具体参数如下：

额定承载能力：　　　　1000kg

载荷中心距离：　　　　600mm

提升高度：　　　　2924mm

车体宽度：　　　　650mm

车体长度：　　　　800mm

转弯半径：　　　　1365mm

直角堆垛通道宽度 800×1200 沿货叉：　　　　2205mm

自重（包括电池）：　　　　　　　　　　855kg
行驶速度·满/空载：　　　　　　　　　6.0/6.0km/h
提升速度·满/空载：　　　　　　　　　0.10/0.13m/s
动力形式：　　　　　　　　　　　　　蓄电池

图 2-4　林德 L10 型叉车

七、教师演示

（1）带领学生完成设备指认、学习参数、部件名称。
（2）掌握基本的选购法则：够用，耐用，货比三家，按需购买。
（3）逐一演示叉车的操作方法：推进、起升、取货、拖行、放货等。

八、任务执行

（一）准备工作

（1）入库订单 6 个（如任务书所示）；
（2）对应的托盘货物 6 组；
（3）利用电脑中的仓库管理软件发布入库信息（导出数据—恢复数据—启动服务）。

（二）开始执行

（1）查看任务；
（2）第一轮，每个同学使用飞宇叉车取托盘货物，完成转堆平移操作；
（3）第二轮，每个同学使用固美液压堆高叉车取单元货物沿指定线路运行，后将货物正确放入到指定仓位，完成入库任务，将叉车停靠在初始位置；
（4）第三轮，每个同学使用林德 L10 型叉车取单元货物沿指定线路运行，后将货物正确放入到指定仓位，完成入库任务，将叉车停靠在初始位置。

九、过程指导

（1）正确地使用飞宇叉车液压泵，使货叉上升取货，一般使用拖行的方法前进；
（2）正确地使用固美液压堆高叉车，按压拉杆或脚踩液压踏板完成货叉上升，使用旋钮慢速降低货叉，可使用推行和拖行两种方式前进；
（3）操作林德 L10 型叉车时，速度钮要轻压轻放，持续慢匀速运行注意安全，运行过程中注意调整方向，货叉升降要采用慢速控制，以便保障货物安全；
（4）实训过程中，注意力要集中，安全第一。

十、实训展示

完成上面三轮的练习，学生的实际操作经验应该有了一定的积累。本实训任务可以完成的实训为：
（1）飞宇液压平移叉车的试用；
（2）液压堆高叉车的使用；
（3）林德叉车的使用。
每种类型的叉车，请一个同学做示范，展示取货、运行、放货入库的整个流程，其他同学点评。教师提示注意事项。

十一、任务考核

现场完成一个老师布置的临时任务，教师计时，考查学生的操作熟练程度和工作效率。将指定货物利用液压堆高叉车或者是林德叉车将货物放在指定的仓位。

十二、拓展学习

（一）叉车介绍

全电动堆高车俗称叉车，又称铲车、叉式取货机，是一种功能强大，使用非常方便的搬运车辆，被广泛用于仓库、车站、港口等场所。它可以用来提取、搬运、堆码单元货物，能够完成成件货物的出库、搬运、装卸和入栈四种复合作业。

仓储系统中货物的搬运是一个耗时耗工的过程。搬运设备和技术的应用对提高货物的搬运效率和整个物流系统的效率有着重要的意义。常见的搬运设备可分为两类：一类是载重大、距离远的叉车系列；另一类是轻载短距离的手动车系列。

实践证明，采用叉车作业是解决成件货物装卸、搬运、堆码全部作业过程机械化的有效途径。使用叉车作业，可使仓库的空间位置得到充分利用，货物堆码高度可达4～5m，仓库容积利用系数可提高30%～60%。

（二）叉车的主要作用：

（1）实现装卸、搬运作业机械化，减轻劳动强度，节约大量劳动力，提高工作效率；
（2）缩短装卸、搬运、堆码的作业时间，加速物资、车辆周转；
（3）提高仓库的利用率，促进库房向多层货架和高层仓库发展；
（4）减少货物破损，提高作业的安全程度。

十三、设备保养

（1）保持实训室清洁，液压叉车需按时进行保养，润滑油的涂抹，检查链条和液压泵功能是否正常。

（2）电瓶叉车要关注电池电解液的更换与加注，连续使用8小时要及时充电。起升和放下货物操作要注意以下事项：

①在起升货物前，驾驶人员务必看清托盘结构，选择合理叉货方式，确定货物要完全放在托盘上，货物的重量没有超过车辆的载荷能力（不允许长期满负荷的运送货物）；
②货叉取货应参考载荷中心距离，安全载货运行；
③货叉提升：按压控制键“货叉上升”使货叉升高到需要的高度；
④货叉下降：按压控制键“货叉下降”使货叉下降到需要的高度；
（3）电瓶叉车操作完毕时要安全停车，注意以下事项：
①停车时要注意安全，不能将车辆停放在斜面或斜坡上；
②停车后货叉必须完全降到最低位置；
③紧急停车时按下急停开关，就会切断所有的电器控制功能；
④旋转电锁开关，并取走钥匙。

任务二　信息交换——使用无线手持终端进行任务推进

一、实训目标

熟悉后台仓库及货物信息的管理，了解利用手持终端扫描货物条码，掌握使用手持终端进行货物的出库与入库的方法，理解利用手持终端进行货物出入库、盘点等管理给企业管理带来的效益。

二、任务导入

我们学习了利用叉车存取货物，如果我们到武商量贩物流配送中心，我们可以利用叉车完成转堆入库出库等工作，但是我们如何有效地接收出入库任务信息呢？操作完成后我们如何及时反馈信息到控制中心呢？只有这样，我们才能在操作现场快捷的反馈出入库信息，进行配送中心的现代化无纸化操作。

三、实训步骤

（1）利用电脑分级管理系统进行数据的处理，发布入库任务单和出库任务单；
（2）完成入库或出库任务后，利用手持终端进行货物信息的处理交换；
（3）电脑接收出入库完成任务，更新数据库。

四、发任务书

如表 2-2 和表 2-3 所示。

表 2-2 入库货物单

入库货物	货物条码	仓库地点	入库仓位	手持终端
红烧牛肉面	6911988013484	1 号库	101	1 号
康师傅方便面	6925009902572	2 号库	201	1 号
洗衣粉	6921738000381	3 号库	301	1 号

表 2-3 出库货物单

出库货物	货物条码	仓库地点	出库仓位	手持终端
维达纸巾	6920174764116	4 号库	401	2 号
白云边	6920816320120	5 号库	501	2 号
茅台	6921734971029	6 号库	601	2 号

五、任务分配

所有学生分成两组，第一组由组长带队，每位组员各自独立完成货物的入库作业详单；第二组由组长带队，每位组员各自独立完成货物的出库作业详单。

六、任务说明

利用手持终端 PC 管理软件进行入库、出库信息的管理，通过手持终端完成货物的入库、出库信息核对和反馈。

七、教师演示

（一）认识设备

我们的无线手持式的数据采集终端使用的是卡西欧 CASIO IT-600 数据采集器，简称无线手持终端。如图 2-5 所示，CASIO IT-600 有四个不同的机型，IT-600 提供了 IP54 级的防尘防水性能，抗震能力达到下落 1.2 米。超小型移动终端 CSAIO IT-600 搭载了最新的 Microsoft Windows CE 5.0 英文版操作系统，并且内置高性能的激光扫描器和 1.2 版蓝牙无线技术。

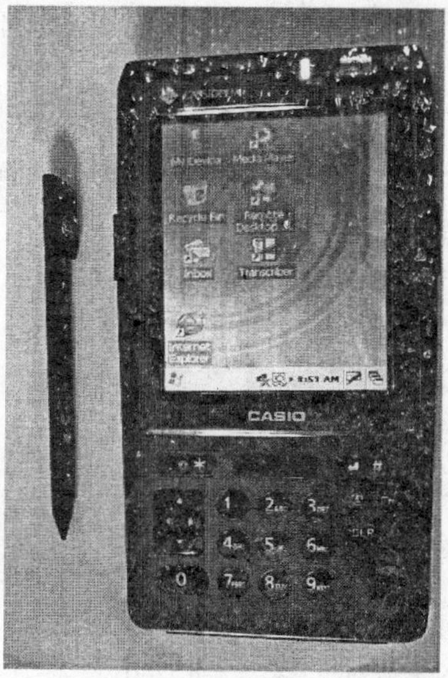

图 2-5　卡西欧 CASIO IT-600 数据采集器

（二）操作设备

（1）启动系统；
（2）打开 IE，输入服务器地址，登录系统网页；
（3）展示触屏，展示按键功能，完成任务载入；
（4）展示红外扫描，对准条码扫描，采集条码数据；
（5）任务执行完毕，确认完成，反馈信息。

八、任务执行

（一）在中央电脑上进行任务发布，完成后台任务管理

后台管理也即登录信息管理，包括用户的增加及用户权限的管理。打开电脑，找到安装好的手持管理软件，如图 2-6 所示。

图 2-6　手持管理软件图标

（1）双击图标登录后台管理软件。

（2）系统默认用户名为“1”，登录密码为“1”，单击“登录”，进入登录界面，如图 2-7 所示。

（3）可在数据库 UVGL 中的“keya”表中添加用户，不同的用户可以设置不同的权限，完成不同的模块任务。

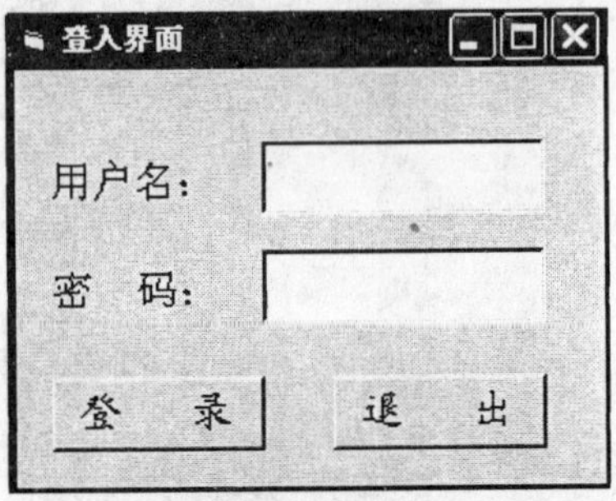

图 2-7　登录界面

（4）点击“登录”，进入主界面，如图 2-8 所示。

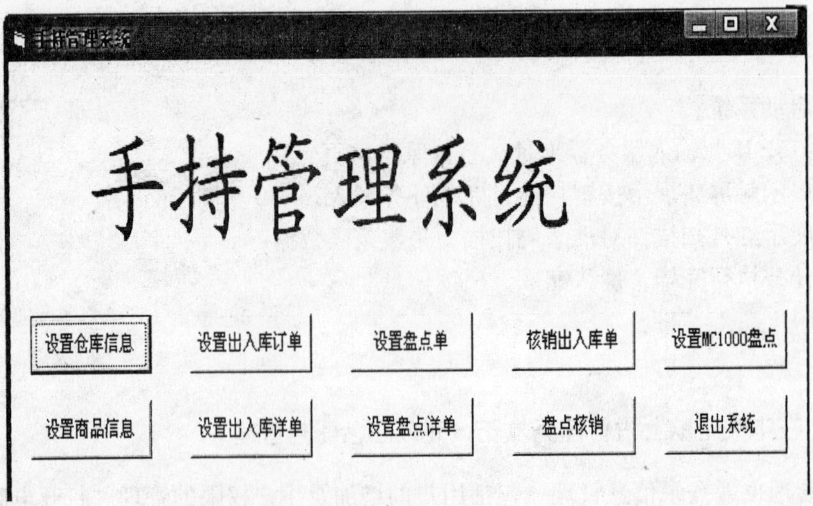

图 2-8　手持管理系统主界面

（二）仓库基本信息设置

仓库基本信息设置在系统使用过程中尤为重要，特别是以下操作的基本信息源。在初次使用中要首先完成仓库信息的录入。

1．仓位设置

点击“设置仓位信息”，弹出的界面如图 2-9 所示。

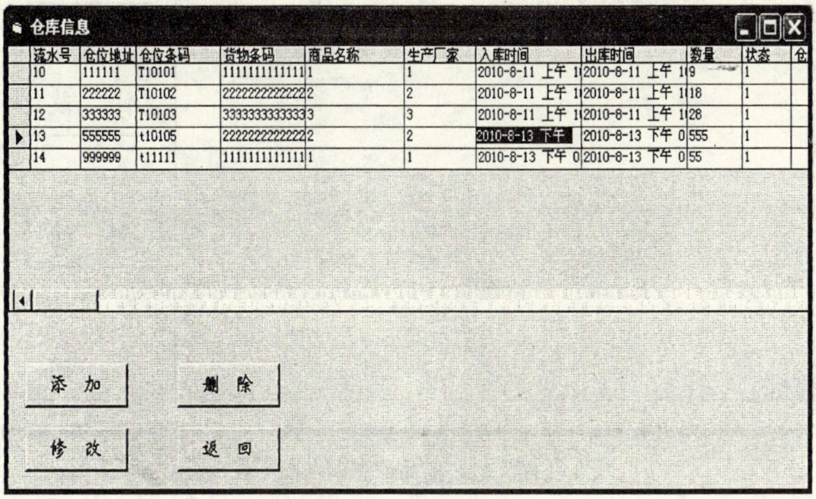

图 2-9　仓库信息图

点击“添加”，界面如图 2-10 所示。

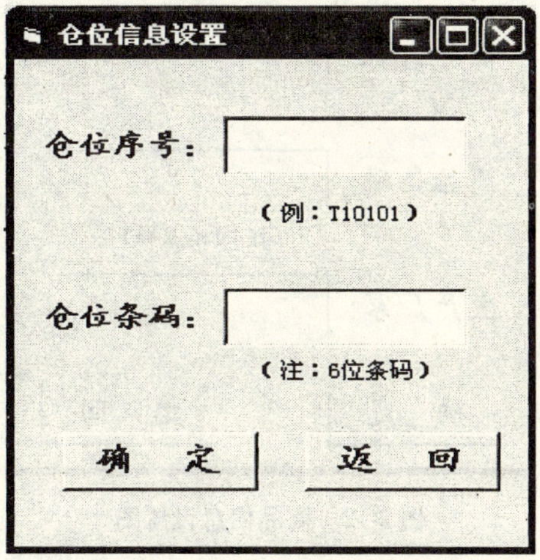

图 2-10　仓位信息设置图

编辑“仓库序号”、“仓位条码”，单击“确定”完成配置，在仓位设置中，也可对仓位信息进行删除和修改。

2. 货品信息设置

点击“设置商品信息”，弹出的界面如图 2-11 所示。

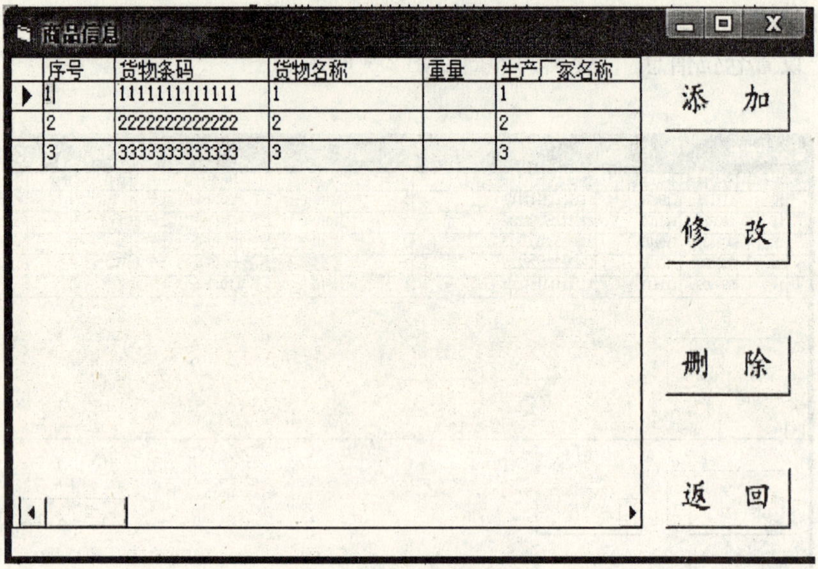

图 2-11 商品信息调度图

点击“添加”，界面如图 2-12 所示。

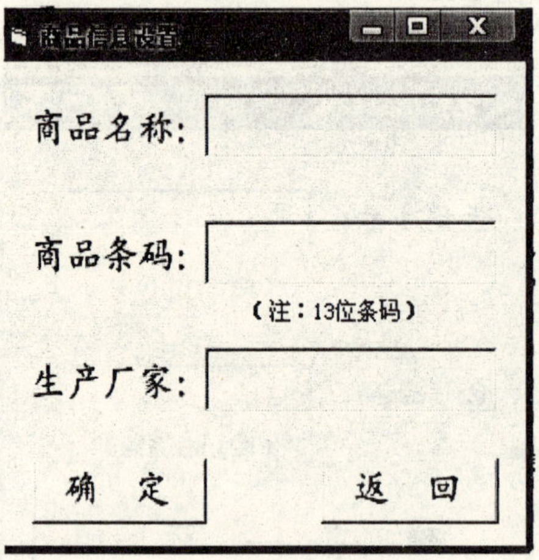

图 2-12 商品信息设置图

在文本框中填写货物相关信息，单击“确定”完成操作，在货品信息设置中，也可对货品信息进行删除和修改。

（三）出入库信息管理

1. 设置出入库订单

点击“设置出入库订单”，弹出的界面如图2-13所示。

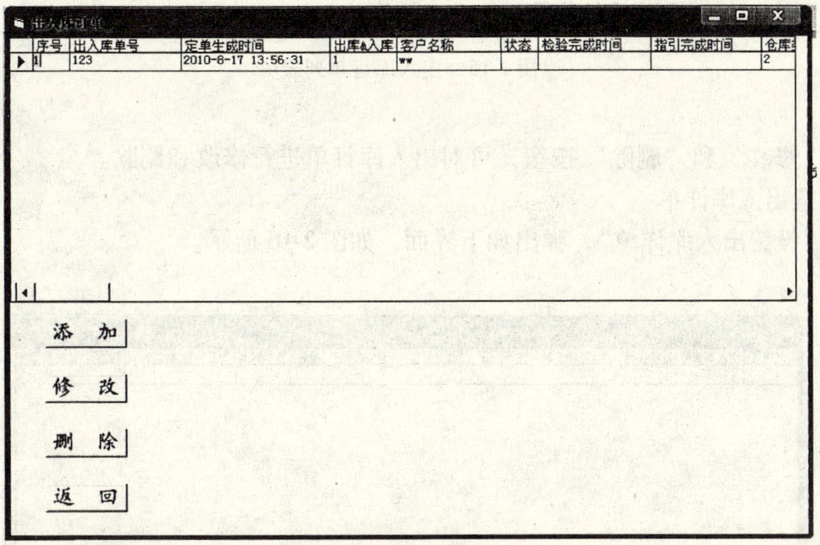

图2-13　出入库订单图

点击“添加”，弹出订单内容，如图2-14所示。

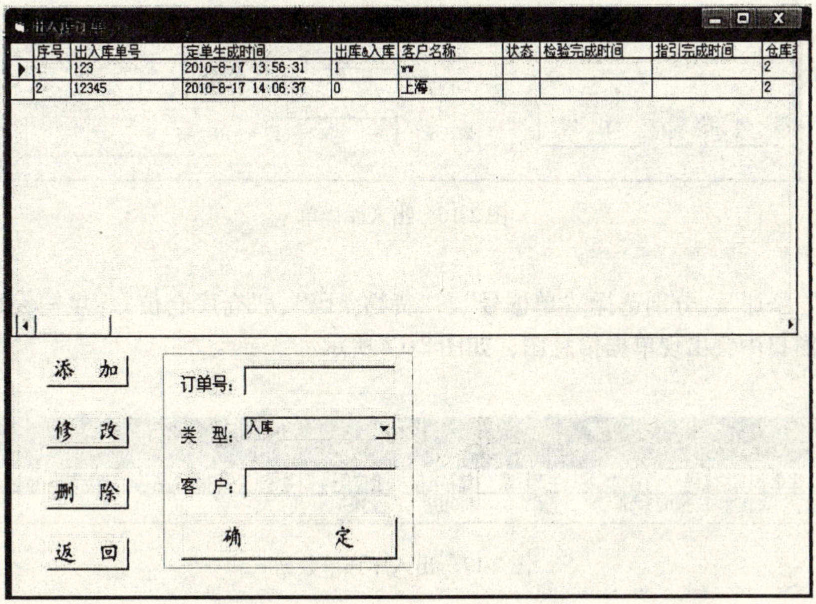

图2-14　添加出入库信息

填写“订单号”，选择作业类型，填写客户名称，点击“确定”生成订单，界面如图 2-15 所示。

	序号	出入库单号	定单生成时间	出库&入库	客户名称	状态	检验完成时间	指引完成时间	仓库
▶	1	123	2010-8-17 13:56:31	1	ww				2
	2	12345	2010-8-17 14:06:37	0	上海				2

图 2-15　出入库订单列表

通过“修改”和“删除”按钮，可对出入库订单进行修改和删除。

2. 设置出入库详单

点击“设置出入库详单”，弹出如下界面，如图 2-16 所示。

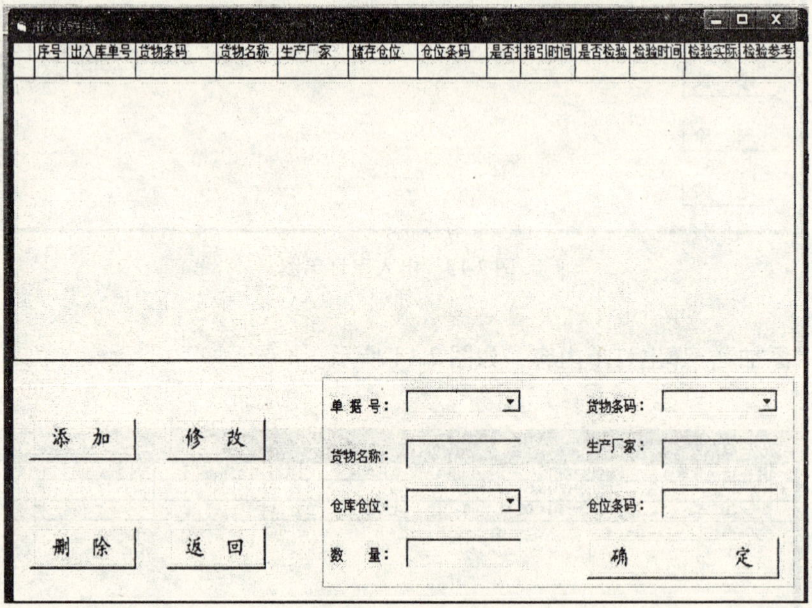

图 2-16　出入库详单

点击“添加”，分别选择“单据号”、“货物条码”、“仓库仓位”，填写完详单，点击“确定”，窗口中会出现单据信息图，如图 2-17 所示。

	序号	出入库单号	货物条码	货物名称	生产厂家	储存仓位	仓位条码	是否	指引时间	是否检验	检验时间	检验实际	检验参考
▶	7	12345	1234567890123	西瓜	上海	T10102	223456	0		0			19

图 2-17　出入库详单数据

3．设置盘点订单

点击“设置盘点订单”，弹出如图2-18所示界面。

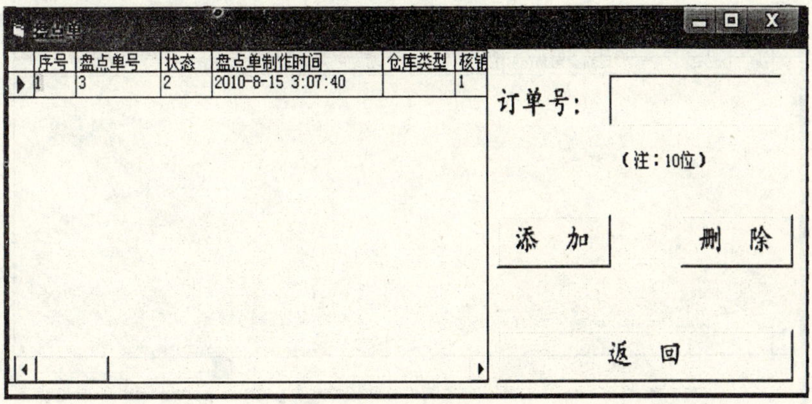

图2-18　盘点订单

填写“订单号”，点击“确定”，生成订单。

4．设置盘点详单

在盘点详单中，可选择两种盘点方式：整体盘点和单个盘库，如图2-19所示。

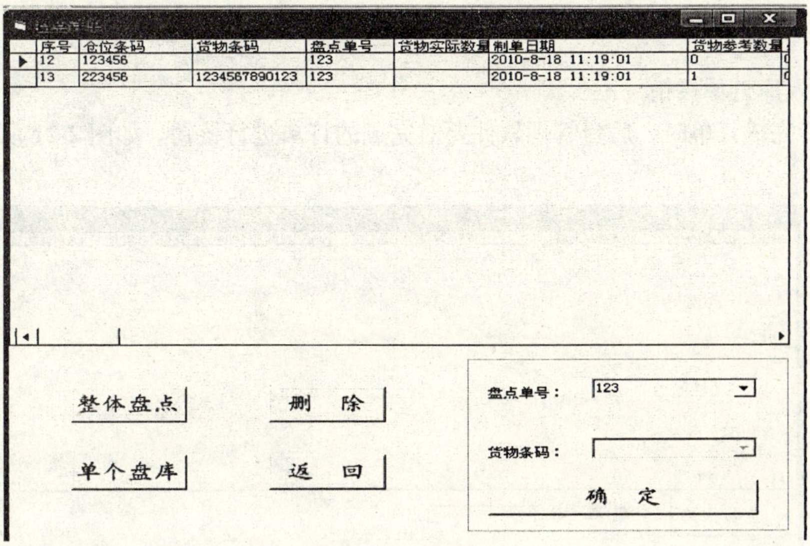

图2-19　盘点详单

整体盘点是对仓库所有货物进行清点：

点击“整体盘点”，选择“盘点单号”，点击“确定”，即生成盘点详单；

单个盘点，是对仓库中的某种货品进行盘点：

点击“单个盘库”，选择“盘点单号”和“货物条码”，点击“确定”，即生成盘点详单。如图 2-20 所示。

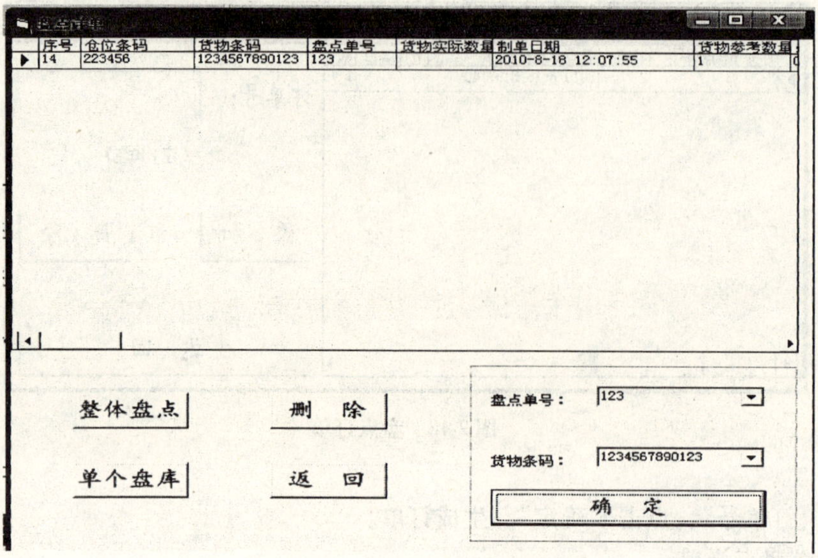

图 2-20　盘点详单确认生成

（四）订单核销

1．出入库订单核销

当手持完成订单时，后台管理软件要对完成的订单进行核销。如图 2-21 所示。

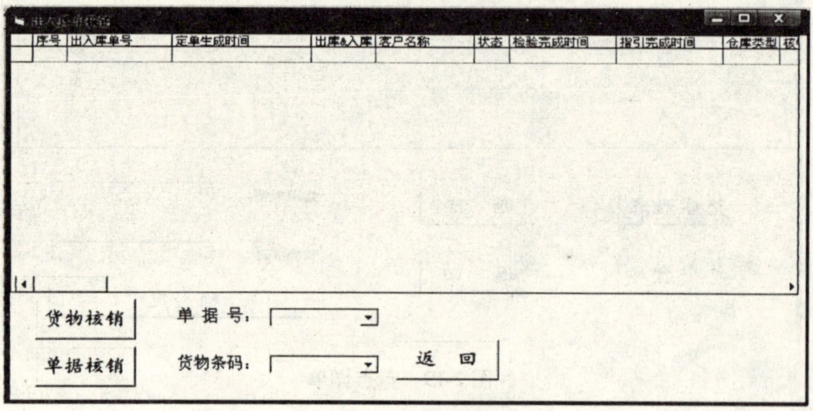

图 2-21　出入库订单核销

先选择“单据号”，再选择“货物条码”，点击“货物核销”，当此订单中的所有货物都核销完，再核销此单据。

2. 盘点订单核销

先选择“单据号”，再选择“货物条码”，根据提示填写货物数量，点击“货物核销”，当此订单中的所有货物都核销完，再核销此单据。如图 2-22 所示。

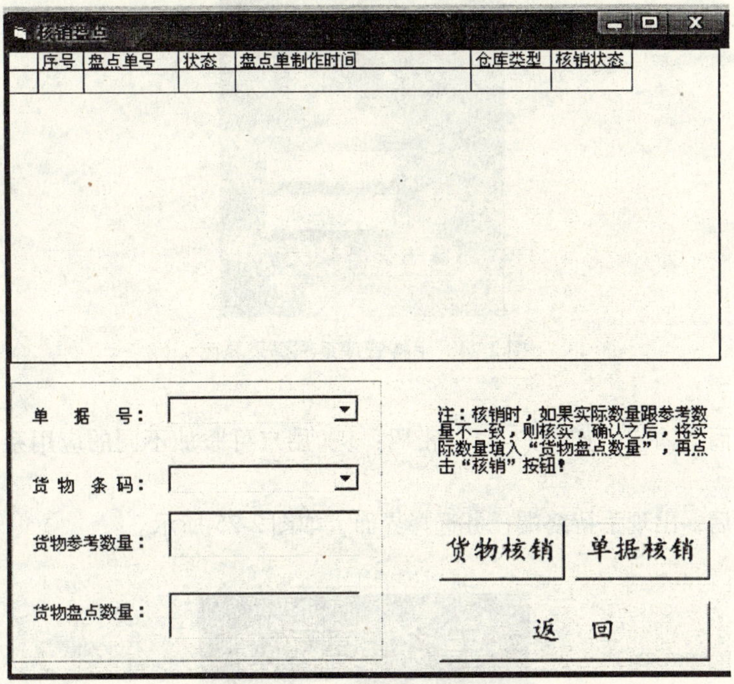

图 2-22　盘点订单核销

（五）手持终端操作

1. 登录设置

手持终端用于接收入库和出库信息，并反馈出入库完成信息，由无线路由与局域网的数据库交换数据。因此，操作的时候可以在无线网络覆盖的范围内随意摆放。该手持的基座可以给手持充电。

打开手持，启动 IE 浏览器，如图 2-23 所示。

图 2-23　手持终端软件控制图标

运行快捷方式，输入服务器地址http：//192. 168. 1. 5/SC-UV/LOGIN. ASPX，进入手持管理系统，如图 2-24 所示。

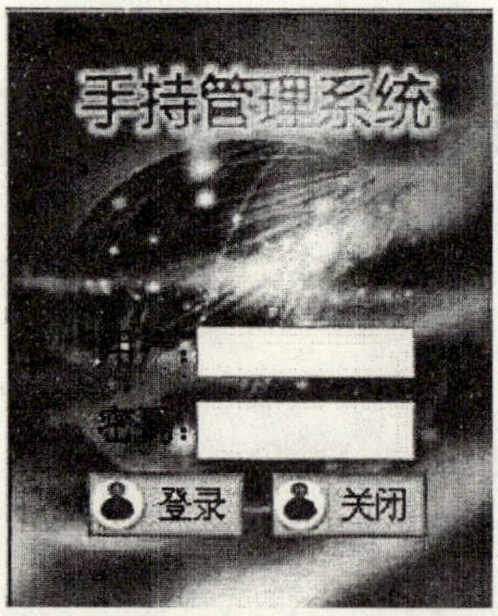

图 2-24　手持管理系统登录界面

在登录界面上输入，如用户：1、密码：1（用户可添加不同的应用系统，密码可根据需要设置）。

成功登录后，出现手持终端任务选择界面，如图 2-25 所示。

图 2-25 手持管理系统主界面

2. 手持终端可以完成的物流作业基本流程

（1）入库检验；

（2）入库指引；

（3）出库指引；

（4）出库检验；

（5）仓库盘点。

这五个流程可按任务需求运行，任务由后台计算机管理软件发出，并下指令给手持来执行，无线手持终端接收任务，按任务需要运行相应的流程。

注：后台计算机的数据库中存有仓储货物的出入库信息，操作员可键入代表自己身份的密码，并上传计算机，也可结束或取消密码。计算机只有在校对用户名和密码正确的情况下，才会下达工作流程指令。

3. 操作流程

（1）入库说明。单击“入库检验”按钮，进入入库检验界面，如图 2-26 所示。

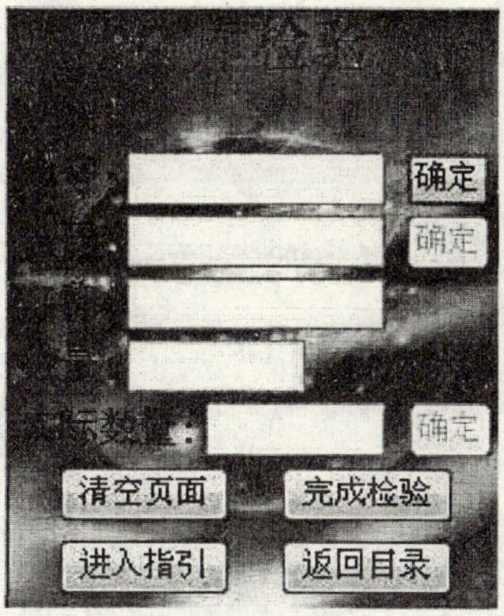

图 2-26 入库检验图

填入入库单号，点确定；

填入货物条码，点确定，货物的名称及数量会自动显示出来；

在实际数量一栏中填入实际数量，点确定；

点击“完成检验”，再点击“进入指引”或返回目录。

注：入库检验时，等全部货物都检验完毕后才可以点击“完成指引”，否则如果先点击“完成指引”，则该订单中的其他货物就不能检验。

进入“入库指引”，如图 2-27 所示。

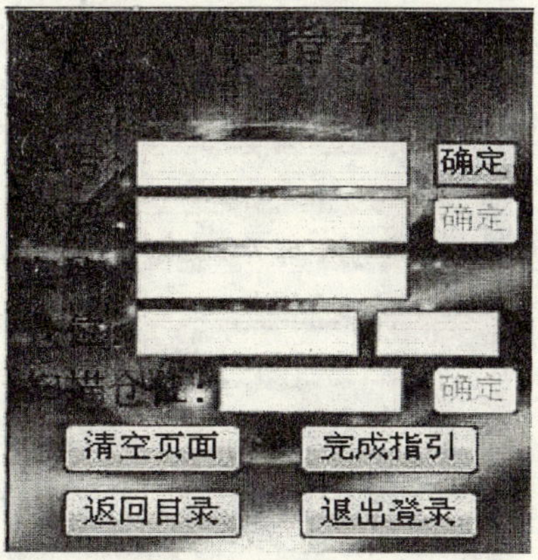

图 2-27 入库指引

填入入库单号，点确定；
输入条码，点确定，自动显示货物名称、仓位及仓位条码；
输入仓位条码，点确定；
点击“完成指引”，若要执行下一个单子，则点击“返回目录”。
(2) 出库说明。单击“出库指引”按钮，进入出库指引界面，如图 2-28 所示。

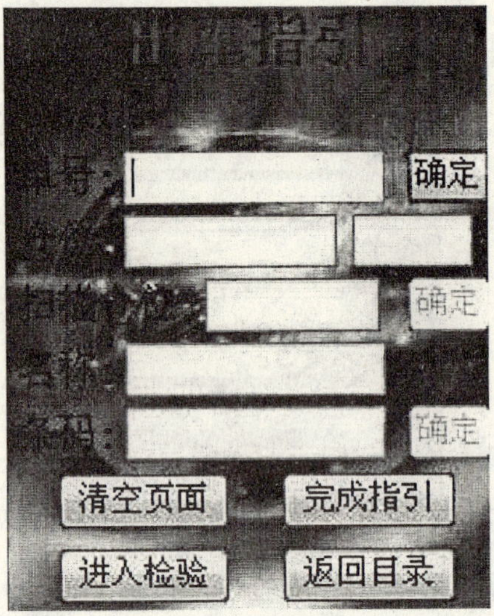

图 2-28　出库指引

输入出库单号，点确定，仓位及仓位条码会自动显示；
输入仓位条码，点确定，货物名称会自动显示；
输入货物条码，点确定；
点“完成指引”，再点击进入检验。
单击“出库检验”，进入出库检验界面，如图 2-29 所示。

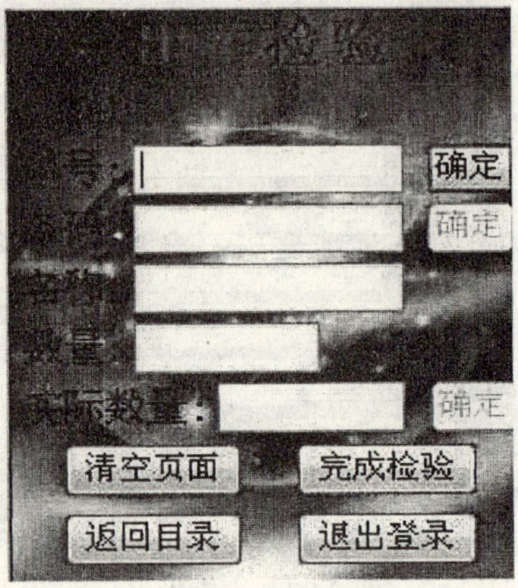

图 2-29　出库检验

输入出库单号，点确定；

输入货物条码，点确定，货物名称及数量会自动显示；

输入实际数量，点确定；

点“完成检验”。

（3）盘点。单击“仓库盘点”按钮，完成盘点任务，如图2-30所示。

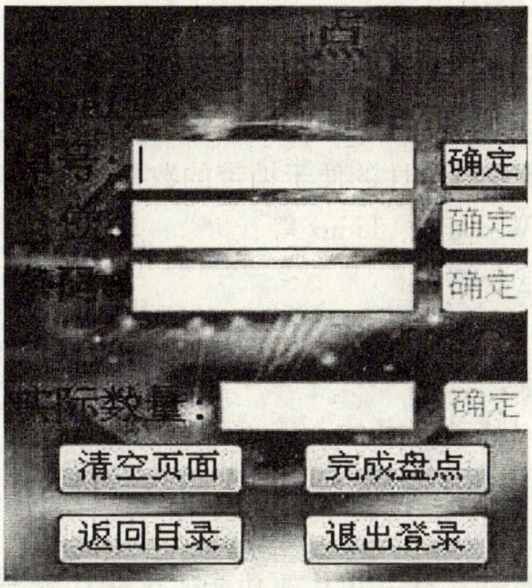

图2-30　盘点

输入盘点单据号码，点确定；

输入仓位条码，点确定；

输入货物条码，点确定；

输入实际数量，点确定；

点“完成盘点”。

在此过程中，通过使用无线手持终端完成出入库信息的反馈，方便后台任务量的汇总。

九、过程指导

（1）在PC端录入出入库信息，主要是出入库商品数量及库位的选择；

（2）在手持终端上进入出入库系统界面；

（3）利用手持终端扫描要入库、出库的货物条码；

（4）确定完成，没有确定，信息就不会反馈回PC管理软件，从而没有完成软件与硬件的对接。

十、实训展示

本次实训主要完成的实训任务为：

（1）手持终端管理软件的出入库信息管理；

（2）手持终端的使用方法；

（3）无线通信技术的应用。

十一、任务考核

利用手持终端管理软件以及手持终端完成货物的出入库信息管理。

十二、拓展学习

（一）手持终端

手持终端是指具有以下几种特性的便于携带的数据处理终端：

（1）有操作系统，如 Windows、Linux 等；

（2）有内存、CPU、显卡等；

（3）有屏幕和键盘；

（4）有数据传输处理能力；

（5）自身有电池，可以移动使用。

（二）手持终端功能

除基本功能外手持终端还具有一些其他功能，这些功能与具体的应用与系统密切相关，也是手持终端选型需要首先考虑的。

（1）条码扫描：条码扫描功能目前有两种技术，激光和 CCD，激光扫描只能识读一维条码，CCD 技术可以识别一维和二维条码，比较流行的观点是识读一维条码时，激光扫描技术比 CCD 技术更快更方便。具有条码扫描功能的手持终端通常被称为条码数据采集器。

（2）IC 卡读写：集成 IC 卡读写功能的手持终端通常称为 IC 卡手持数据终端，主要用于 IC 卡证卡管理。

（3）非接触式 IC 卡读写：集成非接触式 IC 卡读写功能的手持终端通常称为非接触式 IC 卡手持数据终端，主要用于非接触式 IC 卡管理。

（4）内置信息钮：所谓信息钮就是内置的非接触式 IC 卡芯片，主要用于巡更。

（5）指纹采集、比对：集成指纹采集模块的手持终端主要用于公安、社会保险等。

（6）GPS：行业应用主要用于公安，更大量地在于民用市场，为驾车人提供电子地图及定位服务。

（7）GSM/GPRS/CDMA 无线数据通信：主要功能为通过无线数据通信的方式与数据库进行实时数据交换。主要在两种情况下需要使用此功能，一是对数据的实时性要求很高的应用，二是应用中因各种原因无法将所需要的数据存储在手持终端的时候，可能是所需要的数据过大，也可能需要保密等。

（8）GSM/GPRS/CDMA 短信通信：几乎所有支持无线数据通信的手持终端都支持短信通信，之所以将该功能列出，是因为有些手持终端产品只支持短信通信，该功能的实时性较 GSM/GPRS/CDMA 无线数据通信的实时性稍低，并且有时因为短信服务器的原因可能会丧失实时性，除非租用专用短信服务器，并且通信过程中整体数据带宽很小。

（9）GSM/GPRS/CDMA 无线语音通信：该功能主要用于语音通话，经过二次开发后在一定程度上可替代对讲机。

（10）红外数据通信（IrDA）：作为最早的短距离无线数据通信技术，目前该功能在各种手持终端中几乎是标准配置，除了部分手机和很少的手持终端外，大部分手持终端都含此功能。不过要注意的是，并不是号称支持 IrDA 的手持终端都是真正支持 IrDA，很多手持终端只实现了 IrDA 协会给出的物理层规范，并没有实现 IrDA 协议栈，在 IrDA 的官方标准中是不承认的。

（11）红外数据通信（电力红外）：电力红外规约是中国电力部颁布的标准，是用于电力设备之间的数据通信标准，之所以在这里提到这个功能是因为国产的大量抄表机都带有该功能。

（12）蓝牙通信：蓝牙通信功能是新一代短距离无线通信技术，目前主要是 PDA 和手机中采用得比较多。其他的数据终端中也逐渐开始使用该技术，短距离蓝牙通信可达 10m，长距离蓝牙通信可达 100m，在通信数据量不是很大的情况下，蓝牙技术也可以替代 802. 11B 组网。

（13）RS232 串行通信：作为最基本的数据通信方式，基本上所有的手持数据终端都带该功能。

（14）RS485 串行通信：RS485 是用于长距离的串行通信技术，只有很少的专用手持终端带该功能。

（15）USB 通信：USB 通信技术因其通信速率快，所以目前很多手持终端都开始采用，特别是 PDA，其用途主要是与 PC 机进行大量的数据交换。但 USB 通信不是对等的，USB 设备分为主设备与从设备，主设备只能与从设备通信，无法与主设备通信，所以很少有手持终端既可以作为 USB 主设备，又可以作为 USB 从设备。选购者在这方面容易产生误区，认为两个设备都支持 USB。

（16）802. 11B：802. 11B 作为无线局域网的主流技术，目前的发展速度非常快，很多手持终端已经配备了该功能，具有该功能的手持终端可以在一个比较大的范围内组网并与 PC、服务器等进行数据交换，可在大的封闭空间（如厂房、仓库）进行无线数据交换。如果空间超过了无线信号可以覆盖的范围的话，可以增加多个节点来解决。

（17）打印：有些手持终端集成了打印功能，可以直接打印单据。

（18）手写识别：手持终端的输入功能与 PC、工控机等设备相比，一直非常弱，手写识别可以缓解这个问题，如果用户需要大量的文字输入，那么必须要有此功能。

（19）汉字输入：对于一些没有手写识别功能的手持终端，如果要进行汉字输入的话，那么该功能是必不可少的，并且输入法也要考虑，全拼已经落伍，T9 相对来说更能接受。

（20）其他功能：还有些手持终端带有一些其他的功能，比如拍照、可插 CF 卡、可插 SD 卡等，可根据用户的需要选择。

十三、设备保养

（1）保持实训室清洁；

（2）严格按要求来进行实训任务的操作；

（3）每使用叉车 8 小时就进行叉车的充电；

（4）每隔一天对叉车的各个活动部位进行润滑检测；

（5）使用手持数据采集终端时，轻拿轻放拿好握稳，根据电量按需及时充电。

任务三　叉车驾驶——龙工 LG16B 技术

一、实训目标

本次实训的目标在于学生能够通过对龙工叉车的熟练使用来取得叉车工上岗所必需的证件，该证件为国家安全生产监督管理局颁发的《中华人民共和国特种作业操作证》。

二、任务导入

在物流企业以及生产型企业中，可驾驶性叉车在企业中应用广泛，它能够提供更大的起升高度和搬运力量，为了能够在毕业后就胜任这一工作，我们开展可驾驶性的龙工叉车操作学习。

三、实训步骤

（1）认识龙工 LG16B 叉车的各个部件及功能；

（2）掌握一般的驾驶技巧：叉车的前进与倒库操作；

（3）驾驶叉车完成取货与堆码操作；

（4）驾驶叉车沿指定路径完成移库操作。

四、发任务书

如表 2-4 所示。

表 2-4　　任务考核形式表

任务编号	任务形式
任务一	龙工叉车部件指认
任务二	龙工叉车前进与后退
任务三	“工”字形路径取货、运行、堆码考核
任务四	“8”字形考核取货、运行、堆码考核

五、任务分配

第一轮：每组选同学指认部件，完成任务一；

第二轮：每个同学轮流完成任务二；

第三轮：将学生分成两组，进行龙工叉车的两种考核方式练习。当每组都完成后，两组进行互换练习，确保掌握两种考试方式。

六、任务说明

（一）龙工 LG16B 型叉车

龙工 LG16B 型叉车如图 2-31 所示。

图 2-31　龙工 LG16B 叉车

（1）首先学习龙工 LG16B 叉车参数，以便我们正确地使用叉车，安全操作是驾驶的保障。

额定载荷：	1600kg
载荷中心距：	500mm
最大起升高度：	3000mm
自由起升高度：	150mm
货叉尺寸：	920 * 100 * 35mm
门架倾角：	6/12deg
小转弯半径：	1950mm
前悬距：	425mm

爬坡能力（满载/空载）：　15%/20%
自重：　3200kg
轮距（前轮/后轮）：　890/920mm
最小离地间隙：　110mm
轴距：　1370mm
蓄电池：　48/460V/Ah
工作压力：　16Mpa
机器总长（含货叉）：　3030mm
机器总宽：　1080mm
门架不起升高度：　2030mm
安全架高度：　2135mm
行走速度（满载/空载）：　13.5/14km/h
起升速度（满载/空载）：　270/390mm/s
电机行走功率：　5.2kw
电机起升功率：　8.2kw

（2）LG16B 蓄电池平衡重式叉车部件及功能：

①手刹：用于在脚刹不方便和上坡起步时使用；

②挡位：分为前进和后退挡，挂挡时要用手掌心轻靠控制柄；

③方向盘：方向盘的最上面有车喇叭；

④脚刹：用于制动；

⑤油门：控制车速，要轻踩，保持车的匀速行驶；

⑥电源：供叉车的整体电源；

⑦灯光：控制车的行进方向和夜间行驶使用；

⑧货叉控制杆：控制货叉的升降，向前推货叉下降，向后压货叉上升；

⑨门架控制杆：控制门架的前倾和后仰，向前推门架前倾，向后压门架后仰；

⑩系统开关：电源接通后，控制叉车的起动，可以作为紧急停车按钮。

（二）LG16B 蓄电池平衡重式叉车特点

（1）整车关键部位，从电控系统、电机、仪表等，都采用国内知名品牌，重要部件经过严格的可靠性实验，保证了整机性能的稳定性。

（2）宽视野的门架设计，优化了门架结构，使操作者的视野开阔。

（3）各操纵系统合理布局，充分体现人机工程原理，提高舒适型，降低操作者的劳动强度。

（4）噪音低、无污染、安全性好、工作平稳。

（5）整车结构简洁、紧凑，使得维修更为方便。

（三）驾驶员操作基本要求

驾驶员在日常操作中应做到的基本要求是："一安"、"二严"、"三勤"、"四慢"、

"五掌握"。

"一安"，指要牢固树立安全第一的思想。

"二严"，指要严格遵守操作规程和交通规则。

"三勤"，指要脑勤、眼勤、手勤。在操作过程中要多思考，知己知彼，严格做到不超速、不违章、不超载、要知车、知人、知路、知气候、知货物。要眼观六路，耳听八方，瞻前顾后，要注意上下、左右、前后的情况。对车辆要勤检查、勤保养、勤维修、勤搞卫生。

"四慢"，指情况不明要慢，视线不良要慢，起步、会车、停车要慢，通过交叉路口、狭路、弯路、人行道、人多繁杂地段要慢。

"五掌握"，指要掌握车辆技术状况、行人动态、行区路面变化、气候影响、装卸情况等。

七、教师演示

（1）叉车的直线行驶：叉车沿固定直线进行前行和后退。主要掌握的技能为：

①油门的控制，能够使叉车匀速的缓慢行走。

②控制方向盘，掌握何种情况下轮胎的转向不零，即叉车沿直线行驶。

③掌握倒车时的观察点。

④掌握安全带的使用。

⑤掌握座椅和方向盘的调整。

⑥掌握上车前的准备工作。

（2）根据线路图，驾驶叉车完成流程规定的 12 个操作步骤，边操作边讲解操作要点，以及容易出现的错误或小技巧。

行驶路线：叉车从车库出到 1，叉起一货盘后倒车至 2，从 2 驶到 3，放下货盘后倒车至 4，从 4 驶到 5 叉起剩下的货盘倒车至 6，从 6 驶到 7，放下货盘后倒车至 8，再前行至到 9，叉起两货盘后退至 10，由 10 驶到 11，放下两货盘后倒车至车库 12。

八、任务执行

两种考核方式均考核学生在转弯、倒车、叉取货物、码放货物以及车辆驾驶的基本技艺与方法（例如挡位控制、转向灯、刹车、夜间行驶、上坡起步、转变空间等），这两种方式难度适中，能够反映出学生的操作能力和应变能力。

（一）"工"字形考核方式

考核线路图：见图 2-32。

场地尺寸：	A＝车总长+500mm	B＝2 倍车宽	C＝车宽+600mm
D＝1300mm	M＝2A+B（mm）	N＝B+B+B（mm），两货盘尺寸相同	

行驶路线：叉车从车库出到 1，叉起一货盘后倒车至 2，从 2 驶到 3，放下货盘后倒车至 4，从 4 驶到 5 叉起剩下的货盘倒车至 6，从 6 驶到 7，放下货盘后倒车至 8，再前行至到 9，叉起两货盘后退至 10，由 10 驶到 11，放下两货盘后倒车至车库 12。

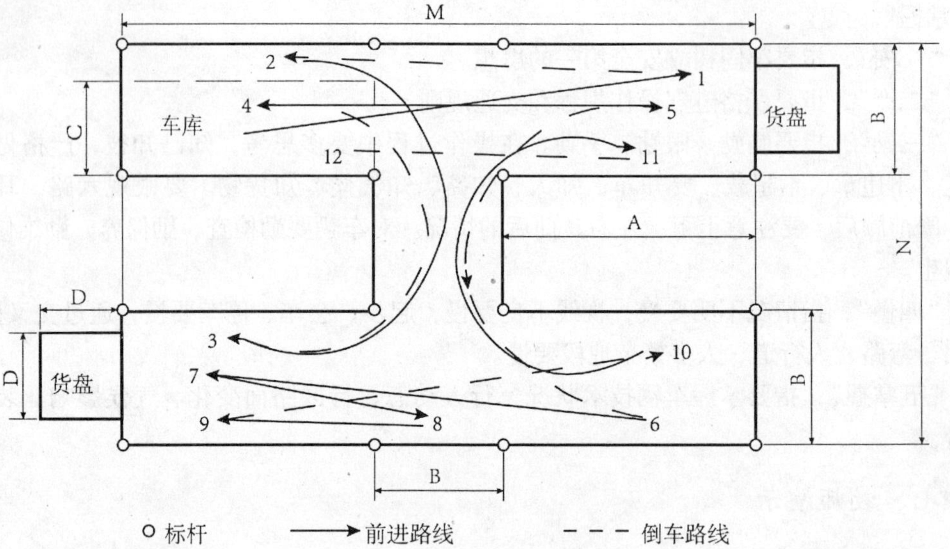

图 2-32 “工”字型考核图

技术要求：

（1）车辆要求：叉车一般采用 2 吨或 3 吨叉车，结构、设备完整，技术状态良好，经广州市质量技术监督局检验合格，证照齐备。

（2）场地要求：场地尺寸必须符合该车型尺寸参数，地面要平整坚实，没有障碍物，周围设置安全标线和标志，保证场地与设备为考试专用，场地内显眼地方悬挂安全操作规程、考场纪律及候考区有遮阳挡雨设施等。

（3）时间要求：5 分钟内完成。计时从叉车起步行驶开始至整个叉载“工”字形行驶考核完成人离驾驶室时结束。要求起步和结束时都要鸣号示意。

（4）场地标线要求：用黄色油漆描画，线宽 50mm。

（5）场内标杆要求：与场内 8 字形行驶考核相同。

（6）货盘尺寸要求：叉板共二件，每件尺寸为长×宽×高（内孔）= 1100×1100×100mm，上下面板用 10mm，侧板和中间隔板用 15mm 钢板焊接而成。

（7）操作要求：

①车辆严格按规定路线行驶；

②起步要鸣号，起步和转向时都要打转向灯；

③行驶中不准碰桩，发动机不得无故熄火；

④行驶中和停车后，车辆任何部分都不能出线和压线；

⑤装卸货盘时门架要垂直，拉手刹，挂空挡；

⑥操作要平稳，不得碰撞和推移货盘，叉载时叉齿必须完全进入货盘，卸载时货盘必须放置在画线范围内并且堆叠要整齐；

⑦行驶中货盘离地面 200～300mm，门架要略往后倾，不得边行驶边调整货叉高度和角度；

⑧不得原地打方向盘和长时间半联动行车；

⑨车没停稳不得反向起步；

⑩倒车时必须向后瞭望，确定安全后再倒车；

⑪动作要规范，操作要熟练准确，不得有明显的失误；

⑫整个操作过程要连贯，中途不得无故停顿、反复操作和调整；

⑬行驶中车轮不得频繁左摇右摆或车速过高造成单边车轮离地；

⑭行驶中双手不准同时离开方向盘；

⑮操作完成后，整车必须停在车库内，挂空挡，拉手刹，货叉水平落地，并鸣号示意；

⑯听从指挥，不得有违规违纪行为。

（二）“8”字型考核方式

考试线路图：见图2-33。

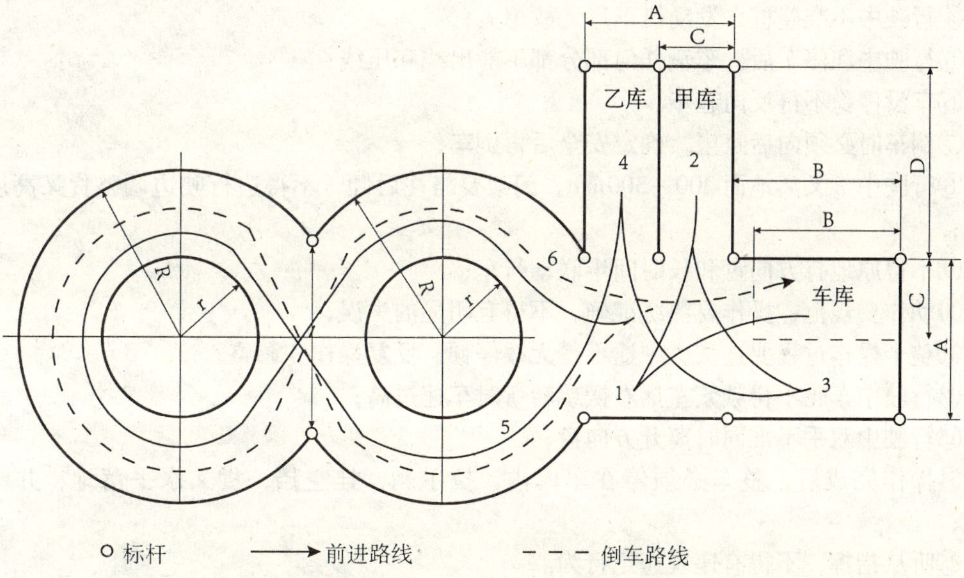

图2-33　“8”字型考核图

场地尺寸：　A=2倍车宽+1200mm　　B=车长+500mm

C=车宽+600mm　　D=车长+1000mm

R=2倍轴距的长度+600mm　　r=轴距的长度+200mm

行驶路线：采用空车行驶，叉车从车库驶出到达1，由1倒车至2（甲库），从2前进到3，由3倒车至4（乙库），从4前进到5走一次8字，经6行驶到7，由7倒车经5走第二次8字，由6回至车库。

技术要求：

（1）车辆要求：叉车一般采用2吨或3吨叉车，结构、设备完整，技术状态良好，经广州市质量技术监督局检验合格，证照齐备。

（2）场地要求：场地尺寸必须符合该车型尺寸参数，地面要平整坚实，没有障碍物，周围设置安全标线和标志，保证场地与设备为考试专用，场地内显眼地方悬挂安全操作规程、考场规定及候考区有遮阳挡雨设施等。

（3）时间要求：4 分钟内完成。计时从叉车起步行驶开始至整个场内“8”字行驶考核完成，人离驾驶室时结束。要求起步和结束时都要鸣号示意。

（4）场地标线要求：用黄色油漆描画，线宽 50mm。

（5）场内标杆要求：桩头高度 15 厘米，杆孔直径 40mm，采用考委会指定的扇形铸铁桩头，以保证标杆的稳定性和防止桩头被车轮挤压飞出伤人。标杆高度 1500mm，采用红白相间，间距 300mm。

（6）操作要求：

①叉车货叉全开，空车行驶；

②严格按规定路线行驶；

③起步要鸣号，起步与转向时都要打转向灯（8 字形行驶除外）；

④行驶中不准碰桩，发动机不得无故熄火；

⑤行驶中和停车后，车辆任何部分都不能出线和压线；

⑥车没停稳不得反向起步；

⑦倒车时必须向后瞭望，确定安全后再倒车；

⑧行驶中货叉离地面 200～300mm，门架要略往后倾，不得边行驶边调整货叉高度和角度；

⑨不得原地打方向盘和长时间半联动行车；

⑩动作要规范，操作要熟练准确，不得有明显的失误；

⑪整个操作过程要连贯，中途不得无故停顿、反复操作和调整；

⑫行驶中车轮不得频繁左摇右摆或转弯时车速过高；

⑬行驶中双手不准同时离开方向盘；

⑭操作完成后，整车必须停在车库内，拉手刹，挂空挡，货叉水平落地，并鸣号示意；

⑮听从指挥，不得有违规违纪行为。

九、过程指导

（1）方向盘的正确控制、速度的正确把握；

（2）龙工叉车的转弯半径，保证转弯半径以不压线；

（3）龙工叉车的驱动方式，前轮驱动，后轮转向；

（4）不得原地打方向盘，熟能生巧；

十、实训展示

教师根据线路图，驾驶叉车完成流程规定的 12 个操作步骤，边操作边讲解操作要点，以及容易出现的错误或小技巧。

上车前检查叉车：车胎、电源、钥匙、指示灯、喇叭等；上车调整座位，系好安全带，回顾安全知识；进挡位，加油门，前进取托盘，注意：货叉平放，平行运行至托盘前方，慢速驶入，抬起托盘及货物。

行驶路线：叉车从车库出到1，叉起一货盘后倒车至2，从2驶到3，放下货盘后倒车至4，从4驶到5叉起剩下的货盘倒车至6，从6驶到7，放下货盘后倒车至8，再前行至9，叉起两货盘后退至10，由10驶到11，放下两货盘后倒车至车库12。

十一、任务考核

正确启动车辆，按照取得叉车证的两种考试方式训练开展训练，最后驾驶龙工叉车完成“工”字型和“8”字型考试。

考评要求：考评员要熟悉评分标准，严格按照考核评分表中的评分项目进行评分。个别项目由于包含的内容很多，如考核细则中“动作不规范或操作不熟练”一项，考评时要把握好评分尺度，因为驾驶操作要领中对头、眼、颈、身体、手、腿、脚等部位都有具体要求：又如多次挂不入挡、行驶中方向两边摆、车速控制不稳、起步后溜等，属于操作不熟练，考评时注意力一定要集中，做到公平公正，准确评分。

场内8字形行驶考试有二次机会，第一次不合格，可进行第二次，但第二次重考的次序由考评员根据考生的实际情况来确定。

十二、拓展学习

（一）叉车的概述

叉车是工业搬运车辆，是指对成件托盘货物进行装卸、堆垛和短距离运输作业的各种轮式搬运车辆。国际标准化组织ISO/TC110称为工业车辆。常用于仓储大型物件的运输，通常使用燃油机或者电池驱动。

（二）技术参数

叉车的技术参数是用来表明叉车的结构特征和工作性能的。主要技术参数有：额定起重量、载荷中心距、最大起升高度、门架倾角、最大行驶速度、最小转弯半径、最小离地间隙以及轴距、轮距等。

（1）额定起重量：叉车的额定起重量是指货物重心至货叉前壁的距离不大于载荷中心距时，允许起升的货物的最大重量，以t（吨）表示。当货叉上的货物重心超出了规定的载荷中心距时，由于叉车纵向稳定性的限制，起重量应相应减小。

（2）载荷中心距：载荷中心距是指在货叉上放置标准的货物时，其重心到货叉垂直段前壁的水平距离，以mm（毫米）表示。对于1t叉车规定载荷中心距为500mm。

（3）最大起升高度：最大起升高度是指在平坦坚实的地面上，叉车满载，货物升至最高位置时，货叉水平段的上表面离地面的垂直距离。

（4）门架倾角：门架倾角是指无载的叉车在平坦坚实的地面上，门架相对其垂直位置向前或向后的最大倾角。前倾角的作用是为了便于叉取和卸放货物；后倾角的作用是当叉车带货运行时，预防货物从货叉上滑落。一般叉车前倾角为 3° ~ 6°，后倾角为10° ~ 12°。

（5）最大起升速度：叉车最大起升速度通常是指叉车满载时，货物起升的最大速度，以 m/min（米/分）表示。提高最大起升速度，可以提高作业效率，但起升速度过快，容易发生货损和机损事故。目前国内叉车的最大起升速度已提高到 20m/min。

（6）最高行驶速度；提高行驶速度对提高叉车的作业效率有很大影响。对与起重量为 1t 的内燃叉车，其满载时最高行驶速度不少于 17m/min。

（7）最小转弯半径：当叉车在无载低速行驶、打满方向盘转弯时，车体最外侧和最内侧至转弯中心的最小距离，分别称为最小外侧转弯半径 Rmin 外和最小内侧转弯半径 rmin 内。最小外侧转弯半径愈小，则叉车转弯时需要的地面面积愈小，机动性愈好。

（8）最小离地间隙：最小离地间隙是指车轮以外，车体上固定的最低点至地面的距离，它表示叉车无碰撞地越过地面凸起障碍物的能力。最小离地间隙愈大，则叉车的通过性愈高。

（9）轴距及轮距：叉车轴距是指叉车前后桥中心线的水平距离。轮距是指同一轴上左右轮中心的距离。增大轴距、有利于叉车的纵向稳定性，但使车身长度增加，最小转弯半径增大。增大轮距，有利于叉车的横向稳定性，但会使车身总宽和最小转弯半径增加。

（10）直角通道最小宽度：直角通道最小宽度是指供叉车往返行驶的成直角相交的通道的最小宽度。以 mm 表示。一般直角通道最小宽度愈小，性能愈好。

（11）堆垛通道最小宽度：堆垛通道最小宽度是叉车在正常作业时，通道的最小宽度。

（三）叉车品牌

林德、力至优、海斯特、丰田、BT、斗山、柳工、台励福、令工、合力、TCM、三菱、小松、山河智能、伦迪叉车、如意西林，等等品牌。

十三、设备保养

电动叉车成为叉车行业最有潜力的产品，市场非常大，近几年电动叉车客户日益增多，但是电动叉车如何保养不当的话，会导致叉车故障频发，轻者影响生产和工作，重则发生安全事故，如何来做好电动叉车保养呢?

（1）保持实训室清洁、保持叉车车库整洁。

（2）严格按要求来进行实训任务的操作，保障设备安全、保障人身安全。

（3）叉车保养须知：

①清洗叉车上污垢、泥土和污垢，重点部位是：货叉架及门架滑道、发电机及起动器、蓄电池电极叉柱、水箱、空气滤清器。

②检查电动叉车各部位的紧固情况，重点是：货叉架支承、起重链拉紧螺丝、车轮螺钉、车轮固定销、制动器、转向器螺钉。

③检查电动叉车脚制动器、转向器的可靠性、灵活性。

④检查电动叉车渗漏情况，重点是：各管接头、柴油箱、机油箱、制动泵、升降油

缸、倾斜油缸、水箱、水泵、发动机油底壳、变矩器、变速器、驱动桥、主减速器、液压转向器、转向油缸。

（4）注意事项：

①在电动叉车不使用的时候，必须将货叉降到最低，防止活塞杆裸露在空气中生锈。

②电动叉车不使用的时候需要充满电，注意各部件的润滑。

考 核 项 目

一、考核目的

本次考核旨在通过在装卸搬运实训室中利用托盘平移式叉车、液压堆高叉车、林德叉车、龙工叉车分别将货物沿指定路线送到托盘货架指定货位，其中使用到无线手持终端进行信息的统计与发送，实现入库操作。让学生学会基本的叉车操作技能等装卸搬运作业。

二、考核内容

（一）任务驱动

目前，我们的库房来了一批康师傅类的方便面和诺基亚等手机产品需要入库，我们的库管员们准备好了吗？

（二）考核任务

如表2-5和表2-6所示。

表2-5　　入库任务单

入库货物	货物条码	仓库地点	入库仓位	叉车型号	信息反馈设备
康师傅红烧牛肉面	6911988013484	1号库	A00101	液压堆高叉车	无线手持终端
康师傅香菇炖鸡面	6925009902572	2号库	B00201	林德L10叉车	无线手持终端

表2-6　　出库任务单

出库货物	货物条码	仓库地点	出库仓位	叉车型号	信息反馈设备
康师傅红烧牛肉面	6911988013484	1号库	A00101	液压堆高叉车	无线手持终端
康师傅香菇炖鸡面	6925009902572	2号库	B00201	林德L10叉车	无线手持终端

（三）操作流程

（1）录入入库订单；

（2）货物到达；
（3）理货包装；
（4）手持终端使用；
（5）货物码盘；
（6）叉车按指定线路行驶；
（7）入库上架；
（8）叉车复位。

三、考核实施说明

入库流程描述如下：

1. 录入入库订单

进入第三方物流仓储管理系统，点击订单管理-订单录入模块，按要求增加入库订单并生成作业计划。（由工作人员完成）

2. 货物到达

准备入库的货物由工作人员摆放到入库理货区。（由工作人员完成）

3. 理货包装

根据入库单上货物的名称和数量，在理货区将零散货物装箱并粘贴商品条码（粘贴在包装箱的右下角），使用半自动打包机进行田字型打包方式打包。打包完成后在入库单上保管员处签字确认，完毕将入库单交给工作人员。（评分标准1）

4. 手持终端使用

对货物进行码盘后，通过RF手持设备扫描货物标签进行数据确认。（评分标准2）

5. 货物码盘

用叉车从空托盘区取一空托盘放到理货区，并将货物码放到托盘上。（评分标准3）

6. 叉车按指定线路行驶

按照场地设置好的线路图操作叉车将托盘搬运到托盘货架区。（评分标准4）

7. 入库上架

利用手持终端找到货物的储存位置，并在手持上面确认货位地址，将托盘放入指定货位。（评分标准5）

8. 叉车复位

将叉车退回至指定叉车存放处。（评分标准6）

四、示范操作

（一）准备工作

（1）入库订单、出库订单；
（2）对应的条形码10个；
（3）电脑发布入库信息（导出数据——恢复数据——启动服务）。

（二）请一名同学操作，一名同学协助

（1）拿到入库单和条形码（一号入库单，康师傅红烧牛肉面 69084523175），按要求在指定地点理货、装箱、粘贴条码，在入库单上签字，入库单交老师保管；

（2）启动手持终端，访问服务器地址 http：//127.0.0.1：8060/pwm，使用户名 01 和密码 1 登录；

（3）选择入库，完成理货，扫描商品条码，确认无误（协助同学拿好手持终端）；

（4）到叉车存放处，使用液压叉车取托盘，不可压线，到理货区，完成码盘（条码向内）；

（5）使用叉车将码盘好的康师傅红烧牛肉面沿着指定线路运抵货架区（不可压线或撞柱）；

（6）根据手持终端提示，找到相应的货位，扫描货位，单击下一条，完成上架任务。手持显示上架完成。手持终端由协助同学交老师检查是否完成；

（7）使用液压叉车将货物提升，完成上架任务，后放下货叉，沿着线路返回叉车停放处，报告“操作完成”，计时截止。

（三）操作要点

（1）找到正确的货物、货位、货箱；

（2）正确操作手持终端完成信息传递；

（3）叉车运行过程中需放下货叉；

（4）取托盘时，货叉需与托盘边沿保持平行，否则托盘放下时不稳。

（5）协助者只能帮助拿手持终端，操作完毕将手持终端送还老师，不允许代劳。

五、竞赛演练

（一）分组

每 6 人一组，第一轮 1、2 组各派一人比赛一人协助，第二轮 3、4 组各派一人比赛一人协助。比赛时间为 8 分钟。时间有加分，每节约 1 分钟，加 1 分。超时 1 分钟扣 1 分。

（二）定岗

订单发布员、入库操作员。每组各一人，轮流。

操作：取托盘—理货—贴条码—码盘—扫描—搬运—上架。

六、考核依据

评分标准如表 2-7 所示，按步骤打分。

表 2-7　　装卸搬运项目测评标准

评分标准	项目	总分	任务及分值	扣分点（出现以下情况，在标号上打"√"）	扣分	注意事项
1	理货包装	30	①按照入库单进行理货装箱（7分） ②打包（15分） ③粘贴条码（5分） ④入库单签字（3分）	①未按照入库单上货物名称、数量在理货区进行理货装箱（-7）； ②未使用半自动打包机进行打包（-15），已打包但未按田字型方式进行打包（-5）；打包不规范（-5）； ③未粘贴条码（-5），条形码已粘贴但粘贴位置不正确（-3）； ④入库单未签字确认或者签字位置错误(-3)。		参赛选手在打包过程中应注意安全，在将打包带环绕纸箱、插入收缩孔时，应尽快将手指移开，以免手指被打包带捆扎。
2	手持终端使用	10	扫描货物标签进行数据确认（10分）	未扫描货品条码（-10）。		
3	货物码盘	10	①从空托盘区取一空托盘放到理货区（8分） ②将货物码放到托盘上（2分）	①空托盘未入理货区（-4）， 托盘蹭地（-2），托盘没有放正（-2），货叉未放下扣分见评分标准4（④）； ②货物码放不整齐（-1分）， 货箱粘贴条形码面未向着叉车方向（-1分）。		
4	叉车按指定线路行驶	20	叉车按指定线路绕障到达托盘货架区（20分）	①叉车未按指定路线行驶（-20分）；②叉车按路线行驶但碰撞（桩）1次（-5分），最多扣10分，③叉车压线（-5分） ④叉车行驶过程中未放下货叉1次扣（-5分）		
5	入库上架	25	①利用手持终端确认货位地址(10分) ②将托盘放入指定货位（15分）	①未使用手持终端扫描货位地址（-10分），扫描货位但未点击"确认"（-5分）； ②托盘放入的货位错误（-5分）；③托盘上架对位不准确，载重不均衡（-3分）； ④托盘刮蹭货架或相邻托盘（-2分）。 上架完毕未将叉车的货叉放下或在将货叉放下的过程中速度不均匀（-5分）		
6	叉车复位	5	叉车复位（5分）	未将叉车放回指定位置（黄线内）　（-5分）。		

备注：因打包安排为专项课内模块实训，此项目实施过程中省略打包作业，不打包不扣分。

七、要点强调及教师总评

装卸搬运实训操作要点，以下操作要点是成功实施装卸搬运实训的关键，请大家一定要牢记并掌握。

（一）控制电脑

（1）导出数据，到 F 盘改文件名；
（2）恢复数据，启用新的入库单；
（3）启动服务，让手持终端可接收数据。

（二）无线手持终端使用方法

（1）开机；
（2）双击 internet explorer；
（3）登录地址：http：//127.0.0.1：8060/pwm；
（4）用户登录：01，1；02，1……10，1；
（5）入库—理货—理货完成—上架—扫描条码—确认—扫描货位—确认入库—下一条—入库完成。

（三）注意

（1）手持终端无法扫描时：start->program->_ sutility->laser scanner read；
（2）首先选择入库作业。（注意：扫描完一项货物和货位后应该选择下一条）

八、得分统计

注意：
1. 操作时间为 8 分钟，时间到操作即终止；
2. 效率加分点：如果提前完成可适当加分，分值=10-完成时间。
得分统计：最后得分=评分标准 1+评分标准 2+评分标准 3+评分标准 4+评分标准 5+评分标准 6+效率加分。

九、作业布置

依据本次竞赛型的实训课，写一份实训报告，重点如下：
（1）你通过竞赛取得什么收获？
（2）使用无线手持终端的要点是什么？
（3）你该如何提高装卸搬运的效率？

模块三　分拣与包装实训

任务一　分拣——电子标签货架的控制

一、实训目标

了解电子标签辅助分拣的两种分拣方式（摘取式分拣与播种式分拣）；掌握使用电子标签进行播种式分拣、摘取式分拣的操作流程和方法。

二、任务导入

什么是分拣作业？仓库新来了一批商品或者要出库一些商品，我们如何迅速准确地将商品从其储位拣取出来，并能按一定方式进行分类集中？

三、实训步骤

首先了解什么是电子标签拣选系统？电子标签拣货作业两种分拣方式？首先了解两种分拣方式，后根据任务将商品入库、分拣。

四、发任务书

现有一批农夫山泉饮用天然水需要入库，商品条码为 6921168509256，规格为 550ML，将商品利用电子标签录入到货架管理系统，完成入库任务，根据任务单完成分拣等操作。

五、任务分配

一个同学作为商品管理员将商品信息录入系统，按摘取式分拣方式做订单，并显示在电子标签货架的显示器上，第二个同学依据显示数据实施分拣、完成订单。

六、任务说明

通过本实训针对分拣操作的实际模拟，可实现实际物流运作中的提高货物处理速度，降低物流配送中心运行成本。本实训用于开展电子标签分拣系统实验，可模拟播种式分拣、摘取式分拣、入库、盘点、补货等多项分拣操作实验，并可由计算机控制软件扩展实验内容。系统由一个订单显示器、多个电子标签分拣终端组成，可显示中文汉字、英文字母、数字及各种特殊符号等。其中订单显示器用于显示每次分拣操作所对应的订单号，每个电子标签分拣终端对应一种商品或一个客户。

七、教师演示

此系统集成了两种分拣模式：即“摘取式分拣模式”和“播种式分拣模式”。

（一）摘取式分拣

操作流程：打开软件→订单管理→摘取式分拣，建立订单并确定（订单号、货位、数量）→返回主页面，进入分拣，选择摘取式分拣，输入或选取订单号并确认→电子标签点亮，分拣作业，完毕后按下完成键，完成分拣。

（二）播种式分拣

操作流程：打开软件→订单管理→播种式分拣，建立订单并确定（订单号、货位、数量）→返回主页面，进入分拣，选择播种式分拣，输入或选取订单号并确认→电子标签点亮，分拣作业，完毕后按下完成键，完成分拣。

八、任务执行

（一）　进入操作界面

点击桌面“电子标签实验单元”，出现以下主界面，学习电子标签辅助分拣系统的意义和作用，如图 3-1 所示。

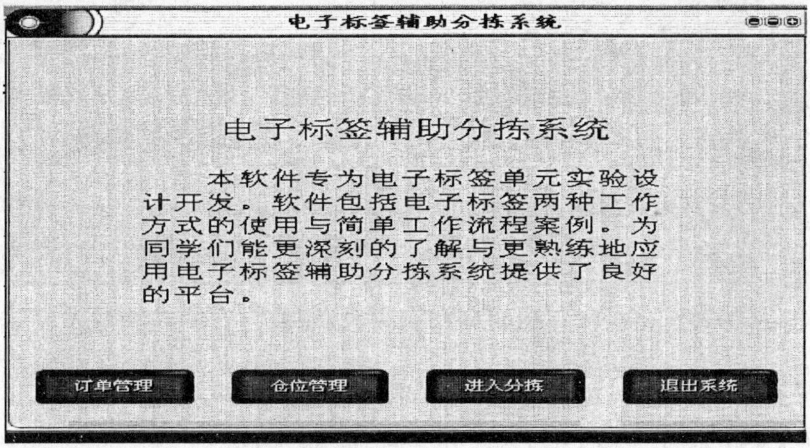

图 3-1　电子标签辅助分拣系统界面

（二）订单管理

点击“订单管理”，出现“订单管理”界面如图 3-2 所示。

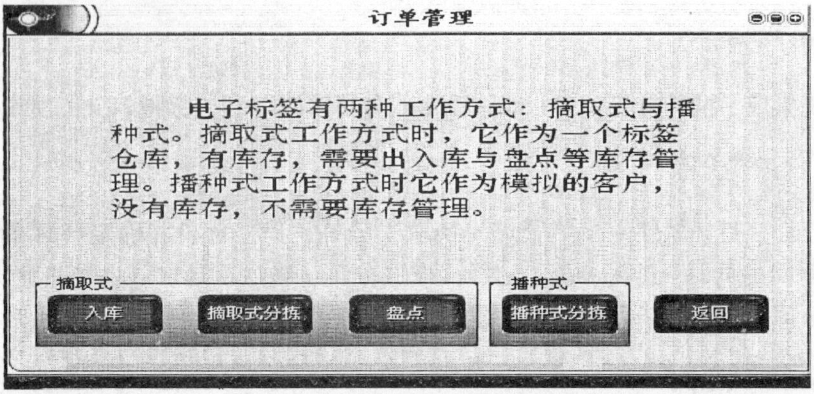

图 3-2　订单管理界面

1. 入库订单设置

点击“入库”按钮，进入入库订单设置界面，对其进行设置，如图 3-3 所示。

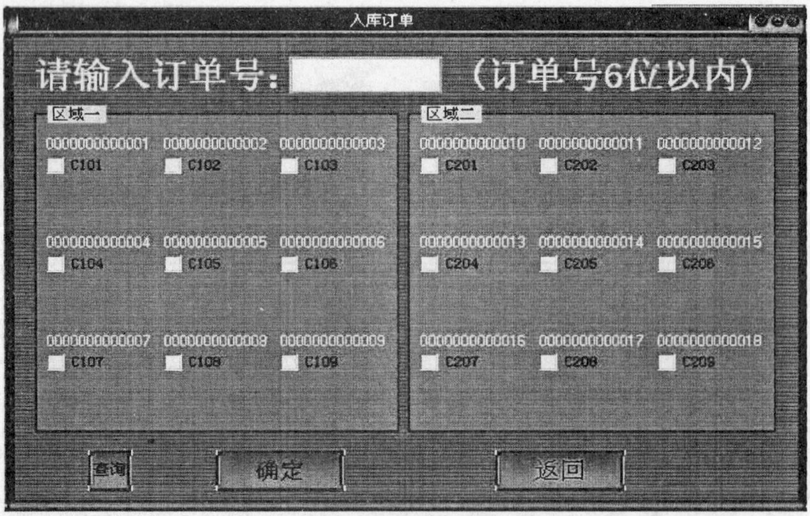

图 3-3　入库订单设置界面

可点击“查询”按钮，出现“订单查询”界面，如图 3-4 所示。

点击“入库单查询”我们可以查到以前没有完成的订单。

回到订单设置界面，填写订单号，选择入库仓位并输入货物数量，如图 3-5 所示。

点击“确定”，出现“订单建立”界面，点击“确定”即确认该订单设置完成。

2. 摘取式分拣订单设置

点击“订单管理”中“摘取式分拣”，出现“摘取式分拣订单”界面，如图 3-6 所示。

图 3-4 入库单查询界面

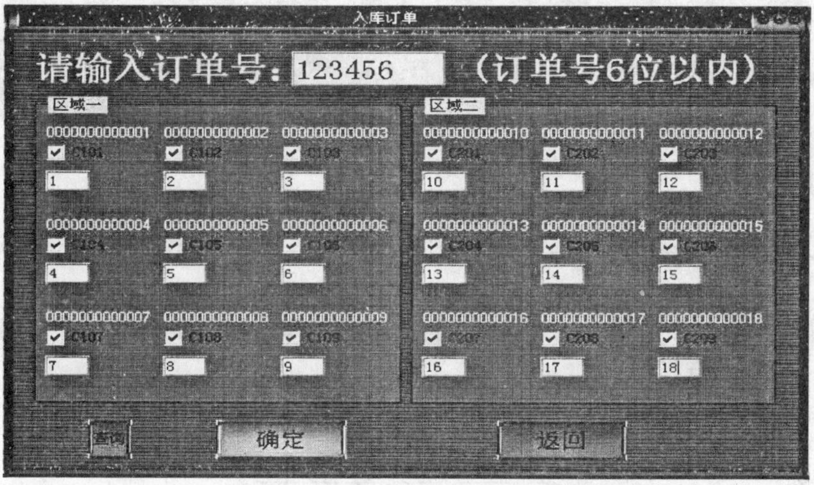

图 3-5 确定界面

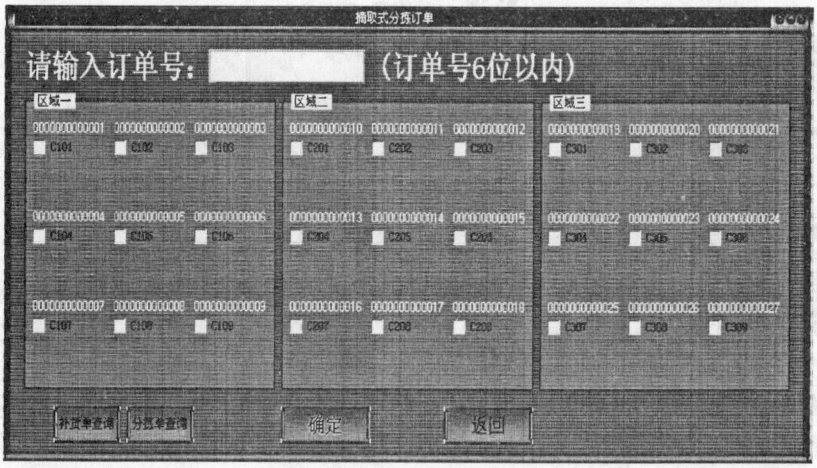

图 3-6 摘取式分拣订单界面

输入订单号，选择客户需要的物品和对应物品数量，如图 3-7 所示。

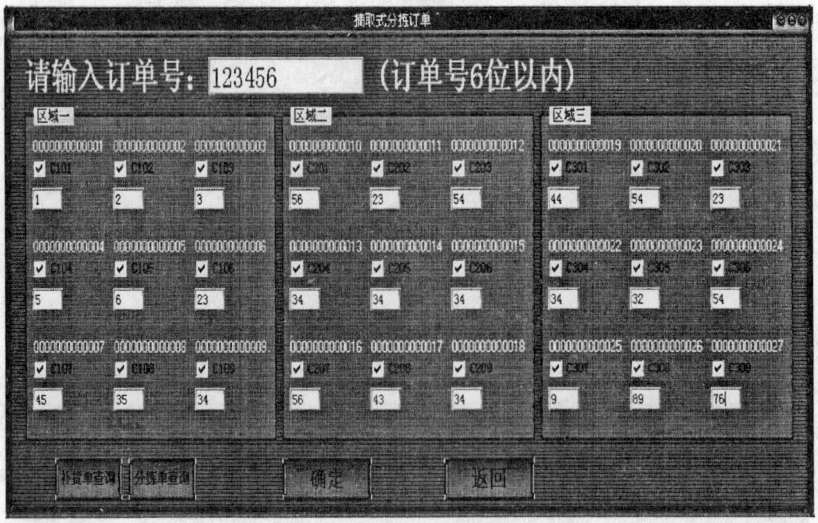

图 3-7　摘取式分拣订单设置界面

点击“确定”，出现订单生成确认对话框，点击“确定”按钮，即该摘取式分拣订单生成。

在订单设置界面中，可分别对没有执行的“补货单”和“分拣订单”查询。

3. 电子标签盘点指令

点击“订单管理”中的“盘点”，出现界面如图 3-8 所示。

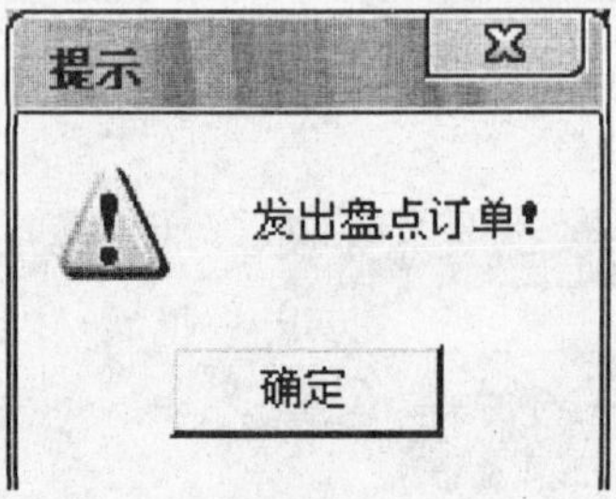

图 3-8

发出电子标签盘指令，点击“确定”即可。

4. 播种式分拣订单设置

点击“订单管理”中的“播种式分拣”，出现界面如图 3-9 所示。

输入货物条码，选择相应客户，填写货物数量，点击“确定”即可。在这里也可以对没有完成的“播种式订单”查询。

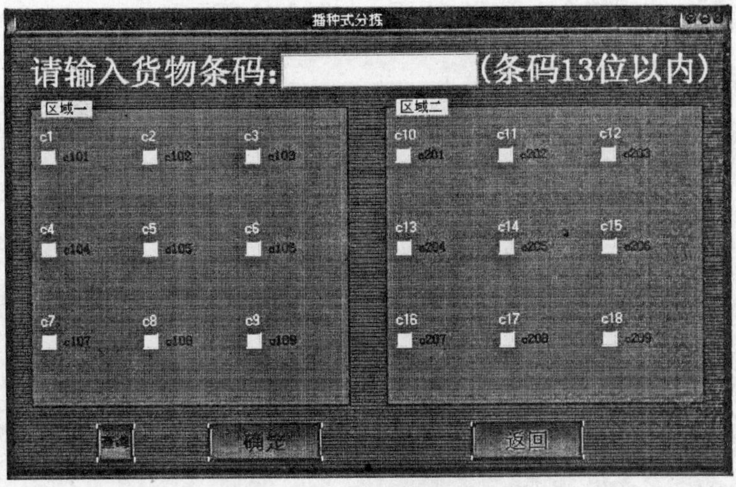

图 3-9　播种式分拣订单设置界面

（三）仓位管理

点击主界面中的“仓位管理”，出现与货架电子标签“连接硬件”的界面，如图 3-10 所示。

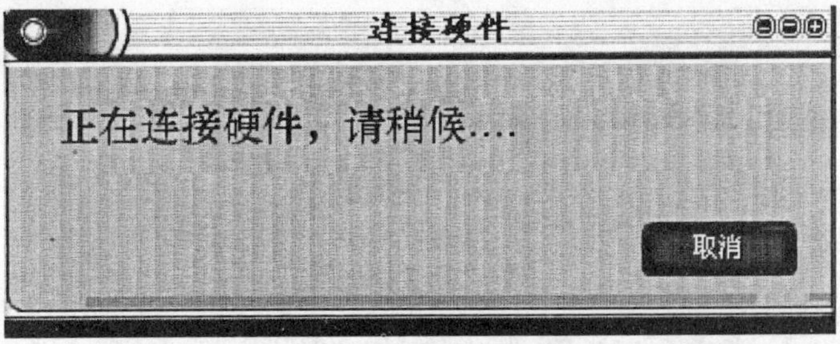

图 3-10　正在连接界面

当硬件正常工作的情况下，会出现“硬件连接成功”的提示，如图 3-11 所示。

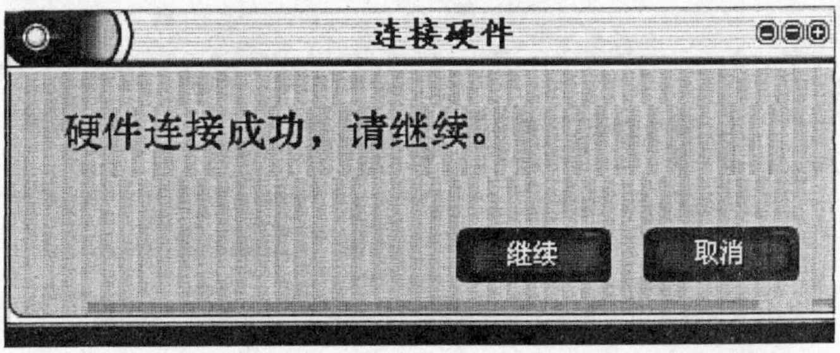

图 3-11　连接成功界面

点击“继续”，出现“仓库管理”界面，如图 3-12 所示。

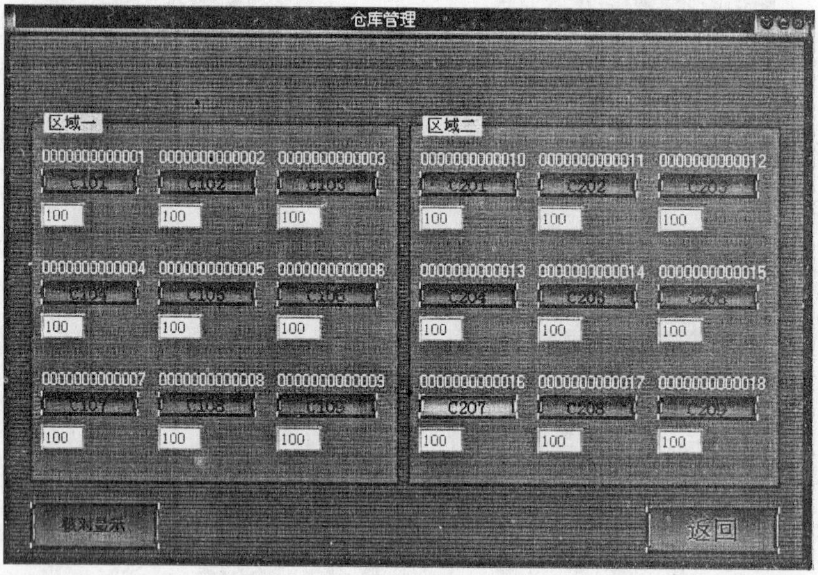

图 3-12　选择仓位号界面

选择仓位号，并点击“核对显示”，出现“仓位修改”界面，如图 3-13 所示。

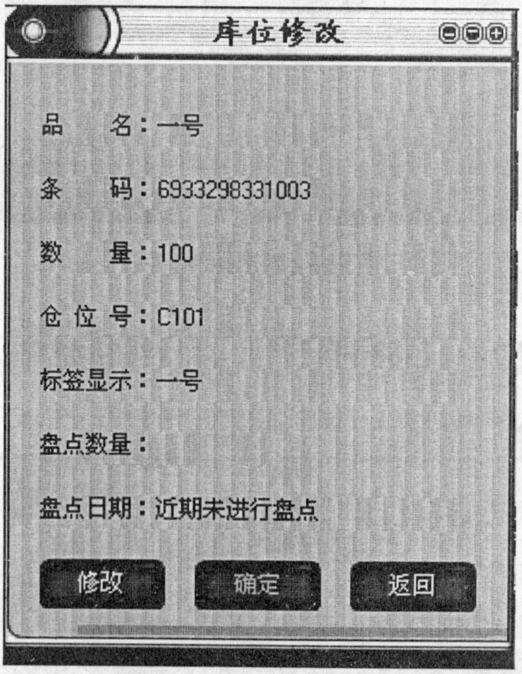

图 3-13　库位修改界面

点击“修改”，出现界面如图 3-14 所示。

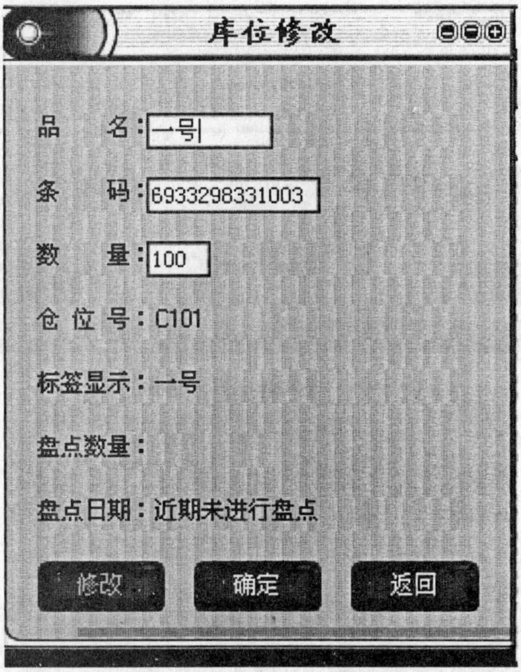

图 3-14 修改库位确定界面

根据实际情况，填好仓位信息，“盘点数量”和“盘点日期”会显示最近一次盘点后的信息，点击“确定”即可。

修改好仓位信息后，点击“仓位”管理中的“核对显示”，“标签显示”就会显示“品名”的内容，等校对完后会出现界面如图 3-15 所示。

图 3-15 “核对完成”界面

点击“确定”即可。

（四）进入分拣

点击主界面中的“进入分拣”，出现分拣模式的选择界面如图3-16所示。

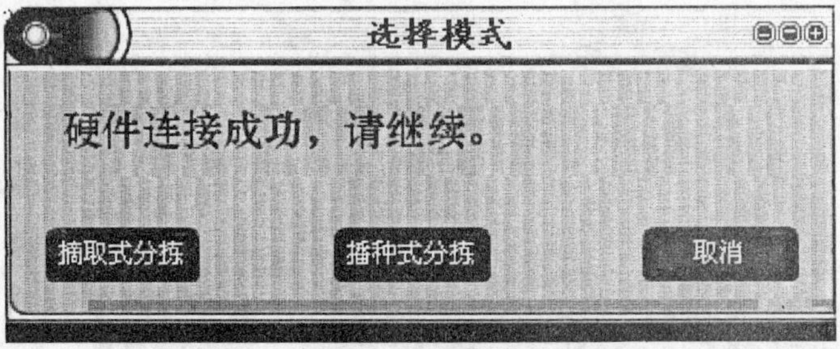

图3-16　进入分拣模式选择界面

1. 摘取式分拣

点击“选择模式”界面中的“摘取式分拣”，出现界面如图3-17所示。

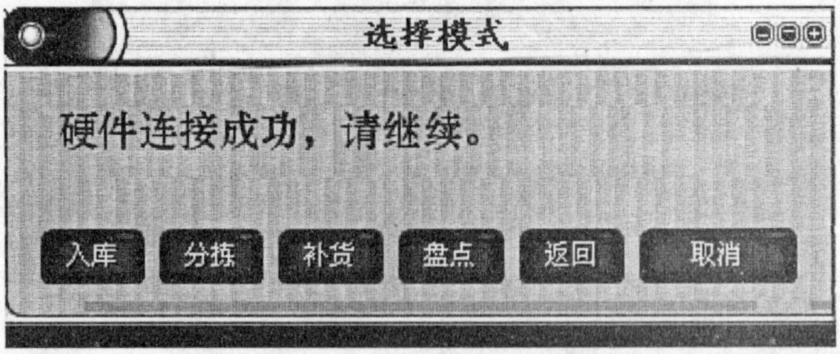

图3-17　进入摘取式分拣界面

（1）入库。点击“入库”，出现界面如图3-18所示。

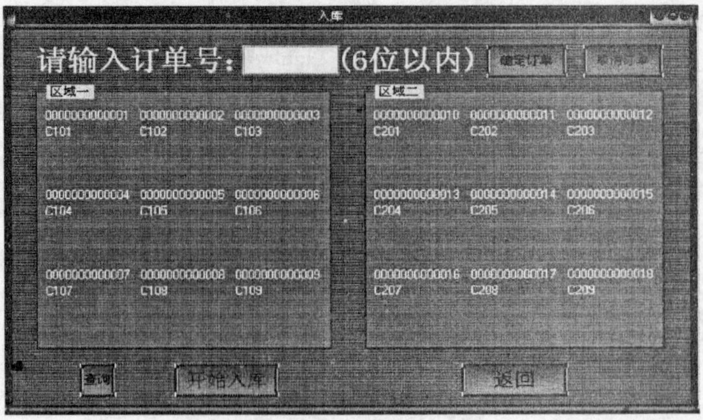

图3-18　进入入库界面

在此界面中，点击“查询”，可以查到没有执行的入库订单。输入订单号，点击“确定订单”，如图 3-19 所示。

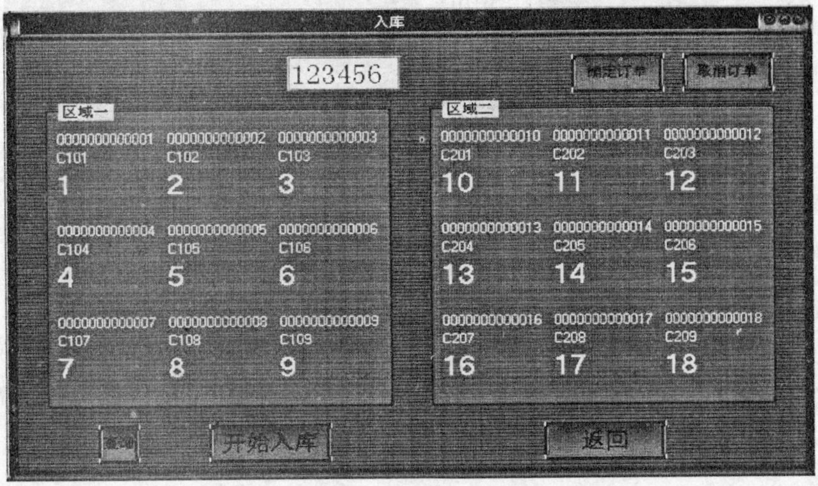

图 3-19　进入查询界面

点击“开始入库”，此时电子标签上就会显示入库货物的数量，当操作人员按标签上的“完成”键时，信息就会反馈给计算机，如图 3-20 所示。

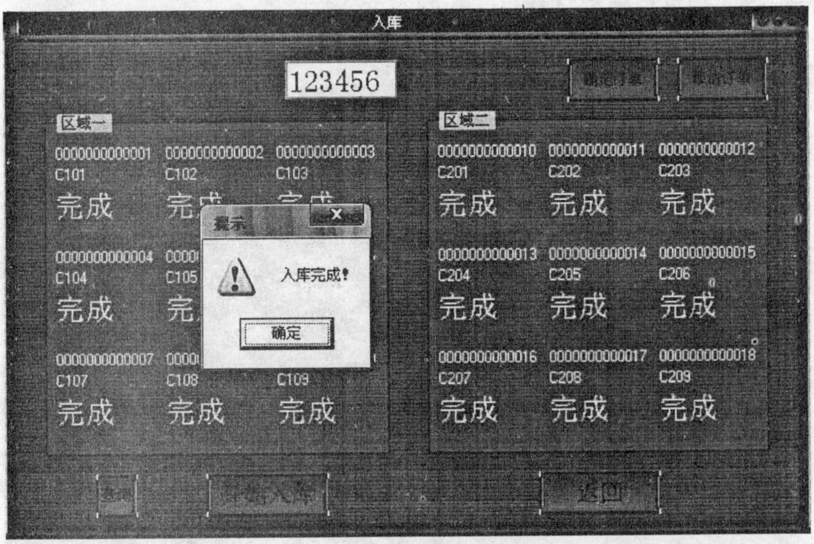

图 3-20　进入入库完成界面

点击“确定”，完成入库操作。

（2）分拣。回到“选择模式”界面，点击“分拣”，将需要分拣的订单号填入，点击“确定订单”，展示该订单需要在各个仓位分拣的具体信息，如图 3-21 所示。

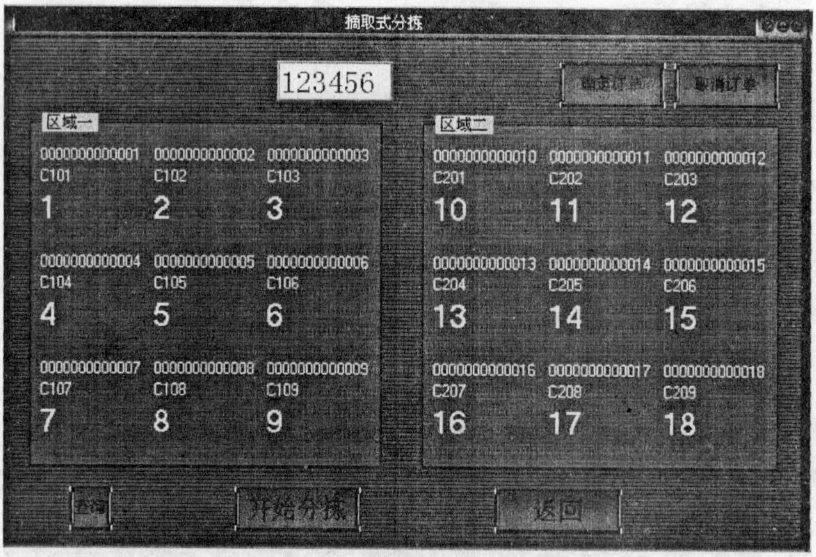

图 3-21　展示订单分拣信息界面

在此界面中，点击“查询”，可以对以前没有完成的“摘取式分拣订单”进行查询。

当点击“开始分拣”按钮时，电子标签显示摘取式分拣的数量，操作人员按照电子标签上面的显示数据实施分拣，按“增加”或“减少”键，调整标签上显示的数量，最后按“完成”键，信息反馈到计算机，如图 3-22 所示。

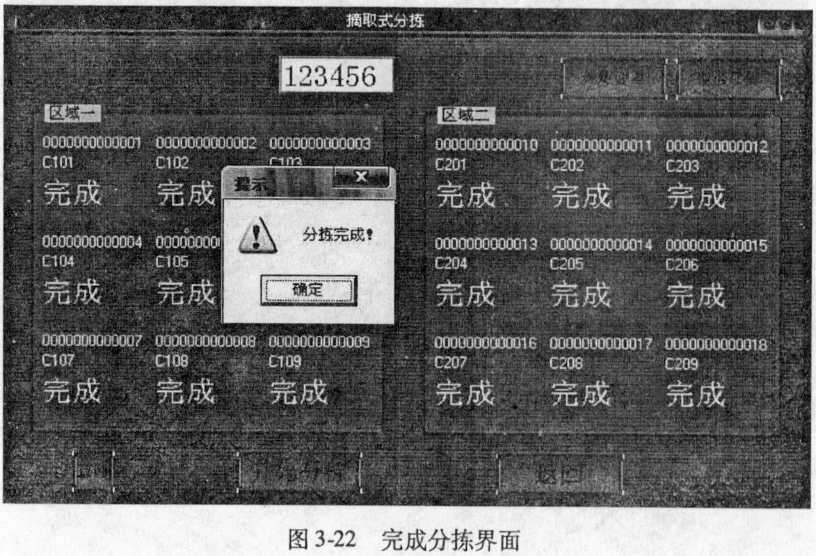

图 3-22　完成分拣界面

点击“确定”，完成摘取式分拣。

（3）补货。在摘取式分拣过程中，如果货架上的货物数量比订单中的少，分拣完成后，就要对仓位进行补货，点击“补货”，填写摘取式分拣过程中缺货的订单号，点击“确定订单”，就会出现对应仓位缺货的信息，如图 3-23 所示。

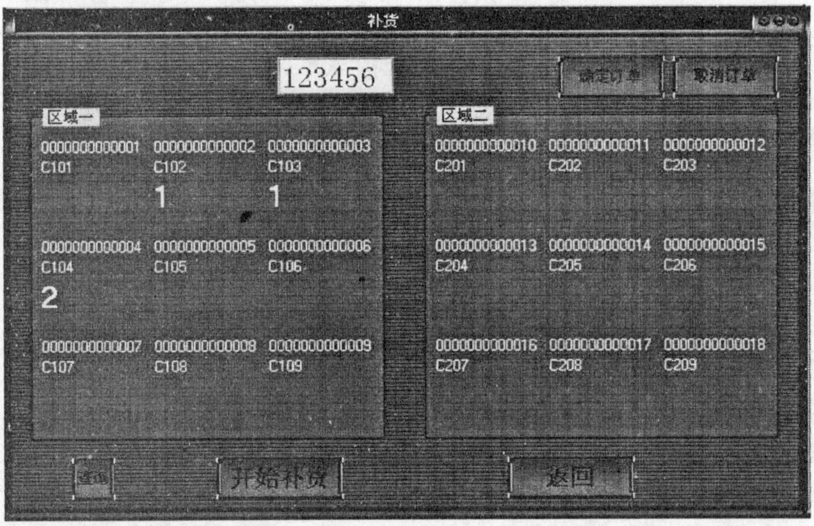

图 3-23　“开始补货”界面

通过“查询”也可以查到以前缺货的订单号。

点击“开始补货”，电子标签就会显示补货的数量，当操作人员完成任务，按电子标签上的“完成”键时，信息反馈给计算机，如图 3-24 所示。

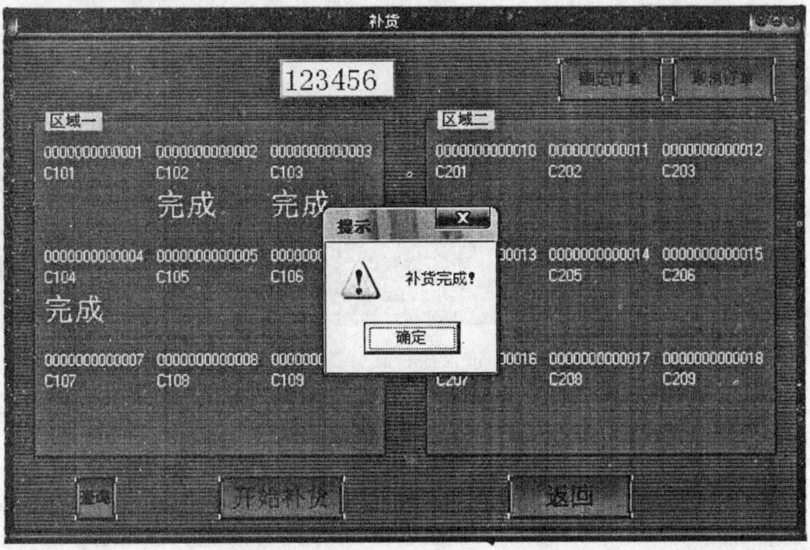

图 3-24　“补货完成”界面

点击“确定”，补货操作完成。

2. 播种式分拣

回到分拣模式的选择界面，如图 3-25 所示。

图 3-25　选择分拣方式界面

点击“播种式分拣”，出现界面如图 3-26 所示。

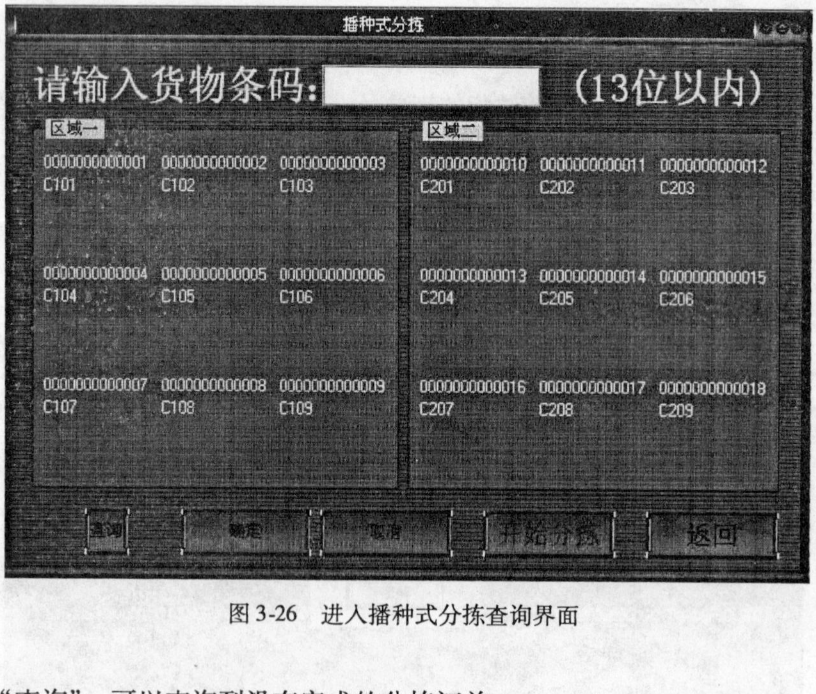

图 3-26　进入播种式分拣查询界面

点击“查询”，可以查询到没有完成的分拣订单。

输入订单货物的条码，点击“确定”，如图 3-27 所示。

点击“开始分拣”，电子标签显示对应仓位上的货物数量，当操作人员完成分拣后，信息反馈给计算机，如图 3-28 所示。

点击“确定”，回到主界面，播种式分拣完成。

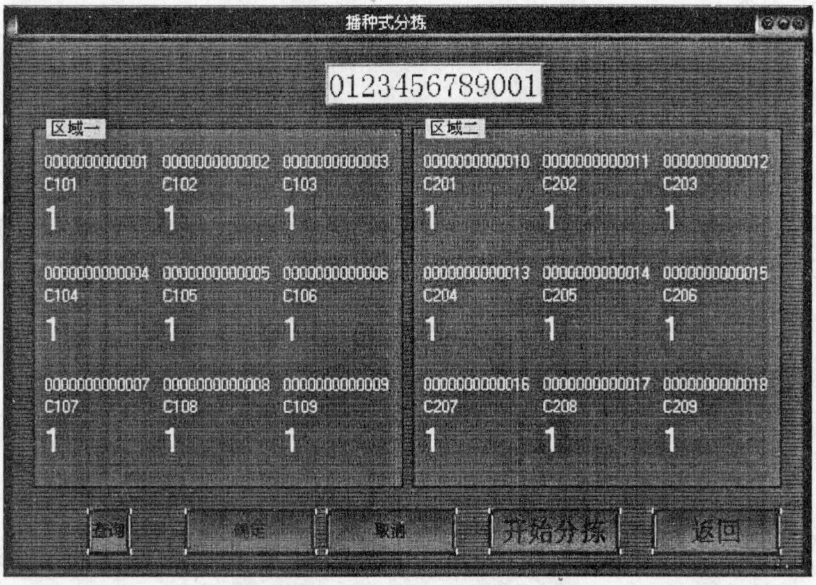

图 3-27　输入订单货物条码界面

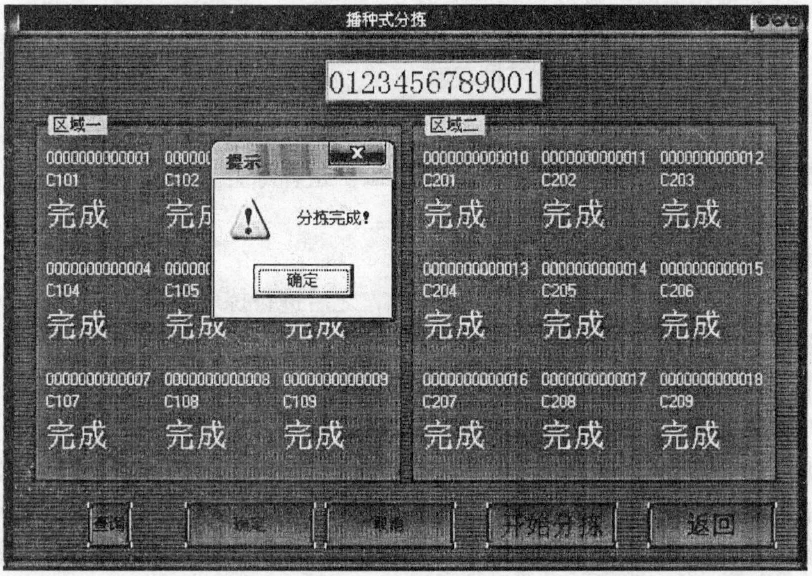

图 3-28　分拣完成界面

九、过程指导

学生在操作过程中，要记住订单号，记住订单与货架的对应关系，根据显示的数目正确完成任务。

十、实训展示

请操作最好的一组同学，一边操作，一边讲解要点，分析该实训的技能要素，积累经验。

十一、任务考核

每两个同学一组，将以下商品：农夫山泉饮用天然水，商品条码为6921168509256，规格为550ml，完成入库，再完成出库。一个同学操作，第二个同学配合；第二轮，角色进行交换。

十二、拓展学习

（一）什么是电子标签拣选系统

电子标签拣选系统是一种计算机辅助的无纸化的拣货系统。

其原理是：在每一个货位上安装数字显示器，利用计算机的控制将订单信息传输到数字显示器内，拣货人员根据数字显示器所显示的数字信息拣货，拣完货之后按确认钮即完成拣货工作。

优点：加快拣货速度，降低拣货错误率。

（二）电子标签拣货作业两种分拣方式

1. 摘取式分拣

即拣货人员将每一张订单中的货品逐一选出。这种拣货方式多应用于多货品配送。适用于货品品项多，但商品储位相对固定的情形。

2. 播种式分拣

即把多张订单根据商品品项数合并成一批，之后进行拣取，再依据客户订单分配。适用于处理客户数量多、商品种类少、商品储位经常变化情况。

（1）在摘取式电子辅助分拣系统中，把电子标签安装在货物储位上，原则上一个储位内放置一种货品，即一个电子标签对应一个货品。以一张订单为处理单位，订单中所需商品对应的电子标签会亮起，拣货人员依据电子标签上所显示的数量将货品从货架上取出。

（2）在播种式电子辅助分拣系统中，每个电子标签所代表的是一个订货厂商或是一个配送对象，即一个电子标签代表一张订货单，工作人员汇集多家订货单的多张订单，按货品分类，以一类货品为处理单位。拣货人员先取出某一种货品的需求总数，然后需配此项货品的订货单位所对应的电子标签亮起，拣货人员依电子标签上显示的数量进行配货，依次完成其他货品。

该套设备是上海优为科技物流设备有限公司开发的电子拣选设备，采用LED5位汉字电子标签安装在流利货架前端，通过系统控制标签显示拣货订单号和数量，该套设备广泛应用于物流中心、零售加工企业，具有加快拣货速度，降低拣货错误率，免除表单作业等优点。

十三、设备维护

（1）定期对设备进行保养，给轮轴部位加注黄油；
（2）经常对设备进行清洁、假期不用期间，需要用防尘布遮罩；
（3）正确使用电子标签，轻压轻按，防撞击，严格按照教师规范操作。

任务二　盘点——阁楼式货架的盘点操作

一、实训目标

通过本次实训，学生了解掌握了解盘点的操作方法以及阁楼式货架的作用。

二、任务导入

现在到了季度盘点的时间，我们作为库管员要对整个仓库的商品进行一次盘点，应通过怎样的方式既快捷又准确将商品盘点？

三、实训步骤

首先了解什么是盘点，通过电子标签以对阁楼式货架上的商品进行盘点。

四、发任务书

一组同学负责盘点楼下1号仓库，二组同学负责盘点楼上2号仓库。

五、任务分配

收到任务单，一个同学先在电脑上通过电子标签拣选系统将商品盘点的界面打开，然后核对上面显示的数量是否和任务单上的实际数量一致，如果不一致，另外一名配合的同学在阁楼式货架上将商品的数量通过电子标签将数量和任务单上的数量达到一致。

六、任务说明

一个同学根据阁楼式货架上盘点的商品数量进行盘点，将点好的数量通过电子标签将信息反馈到商品管理员那里，一个同学作为商品管理员将电子标签系统反馈的信息重新进行登记，最后核查电脑上记录的商品数量是否和阁楼式货架上的数量是否一致，不一致的要通过分析原因作好记录，利用电子标签上面的增减按钮，使最终货物总数与显示数据达到一致。

七、教师演示

操作流程：打开软件→订单管理→盘点，建立订单并确定（订单号、货位、数量）→返回主页面，进入分拣，选择盘点，输入或选取订单号并确认→电子标签点亮，盘点作业，完毕后按下完成键，完成盘点。

八、任务执行

启动电子标签管理软件，到摘取式分拣界面中，点击“盘点”，如图3-29所示。

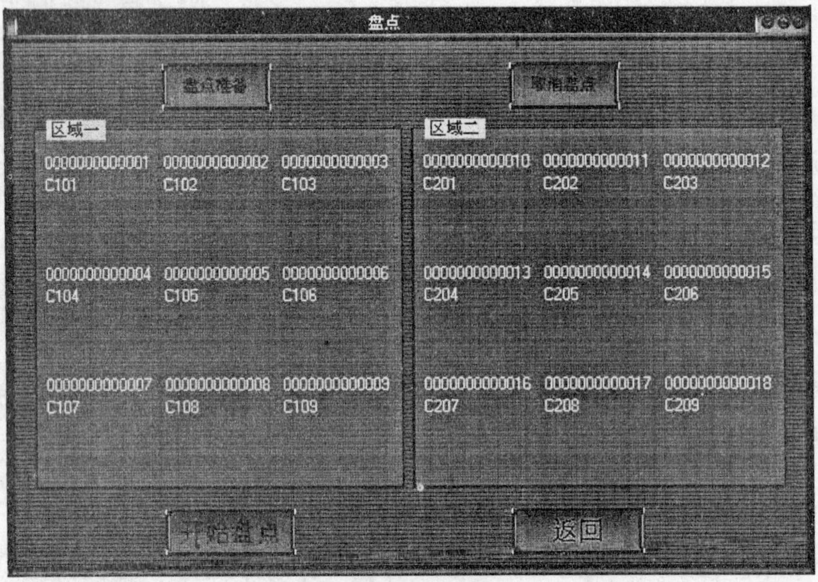

图3-29　盘点准备界面

点击“盘点准备”，如图3-30所示。

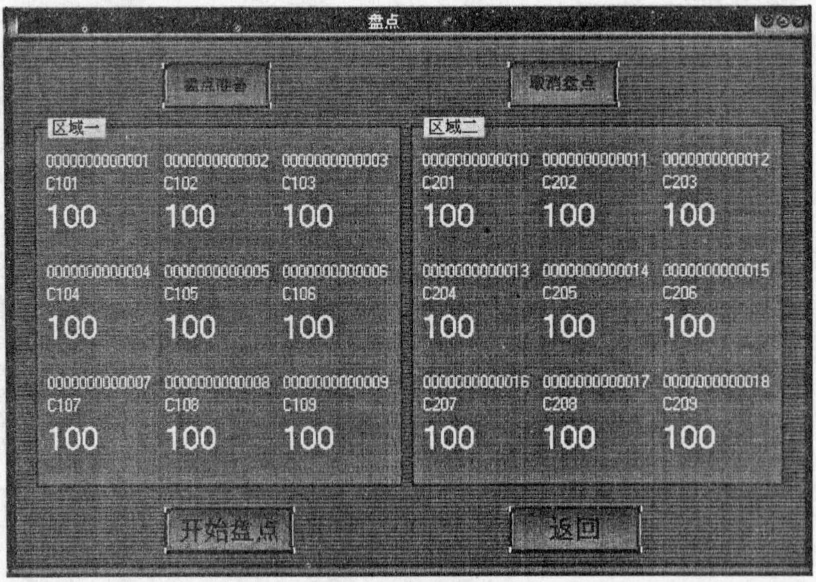

图3-30　进入盘点界面

点击“开始盘点”，电子标签显示对应仓位上的物品数量。

仓储分拣员开始到货架区针对每一个仓位开始盘点，检查显示数目与实际商品数量是否一致，若一致，轻按电子标签旁的“完成”按钮，不一致的仓位，要对底单进行核对，分析原因，做好记录，通过电子标签旁的“增加”和“减少”按钮，使数目一致。操作人员完成每一个仓位的盘点后，按盘点完成按钮，信息反馈到计算机，如图3-31所示。

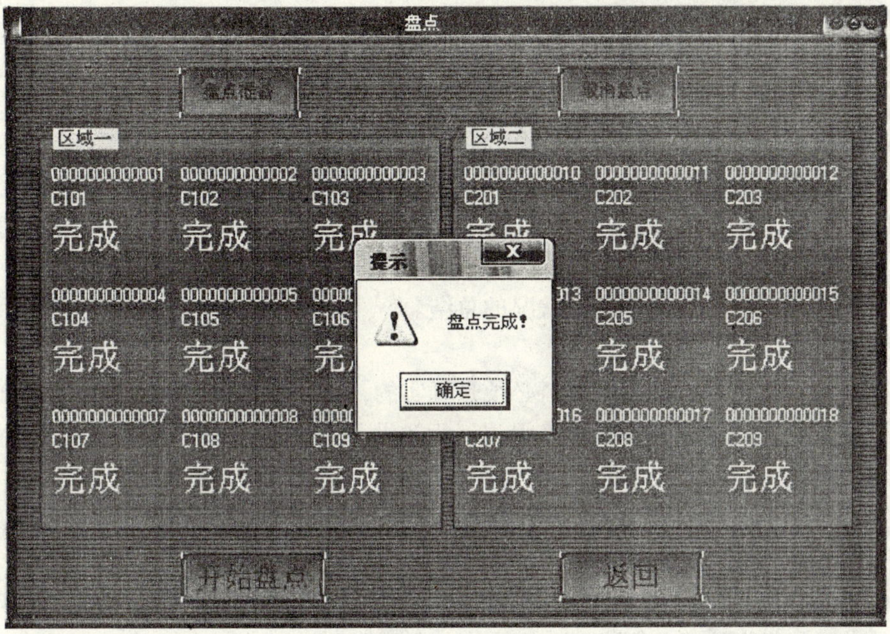

图3-31　盘点完成界面

点击“确定”完成盘点。

当完成盘点后，可在“仓位管理”中，看到盘点的具体信息，根据盘点信息，修改仓位中货物的具体数量。

九、过程指导

盘点要细心，不能漏判，错盘；对于盘点异常要作好记录，写清情况。

十、实训展示

发出盘点任务的同学，与实施盘点的同学配合，高效准确的完成盘点任务。

十一、任务考核

教师检查底单与盘点数目是否一致，异常仓位是否处理正确。

十二、拓展学习

（一）盘点的概述

所谓盘点，是定期或临时对库存商品实际数量进行清查，清点的作业，即为了掌握货物的流动情况（入库、在库、出库）对仓库现有物品的实际数量与保管账上记录的数量相核对，以便准确掌握库存数量。

盘点的目的：

（1）及时了解商品的销售情况，以便进行定量分析及商品结构的调整，做到定位准确；

（2）掌握商品进、销、存情况，有利于控制商品库存；

（3）通过盘点，掌握商品的损耗情况，分清责任，及时处理并采取相应措施，杜绝漏洞，减少损失，通过账实核对，对经营过程中的溢、缺及时查明原因，按规定制度进行处理，保证账实相符；

（4）对公司月、季、年度盈亏状况的总结。

盘点的原则：

（1）真实：要求盘点所有的资料必须是真实的，不允许弄虚作假，掩盖漏洞和失误；

（2）准确：盘点的过程要求准确无误，无论是资料的输入、陈列的核查、盘点的点数都必须准确；

（3）完整：所有盘点过程的流程，包括区域的规划、盘点的原始资料、盘点的点数都必须完整，不要遗漏区域或商品；

（4）清楚：盘点过程属于流水作业，不同人员负责不同工作，所以所有资料必须清楚，人员书写与货物整理必须清楚，才能使盘点顺利进行；

（5）团队精神：盘点是全部工作人员都参加的过程，整个部门必须要有良好的配合协调意识，以大局为重，使整个盘点计划顺利进行；

盘点的准备工作：

（1）确定盘点的方法程序；

（2）盘点日期确定应配合公司生产及客户要求；

（3）确定盘点、复盘、监盘和抽盘人员；

（4）盘点用表的事先印制；

（5）盘点人员培训演练；

（6）仓库的清理与账目的结清。

（二）盘点的方式

（1）定期盘点：即仓库全面盘点，在一定时期内，一般是每季度、每半年或年终财务结算进行一次全面盘查。

（2）临时盘点：即当仓库发生货物损失事故，或保管员更换，或仓库认为有必要盘点对账时，组织一次局部或全面盘点。

十三、设备养护

阁楼式货架整体结构为拼装式，无须现场焊接，整体美观、大方。与混凝土结构或型钢结构相比，由于底楼货架本身起到上面楼层的支撑作用，具有成本低、空间利用率高的优点。楼上操作时应该注意安全和噪音。

阁楼式货架面板有平板、花纹钢板、冲孔钢板等品种以适应防火、通风、光照等不同使用要求。货物上下楼层可选择叉车、液压升降台、货梯等方式；货物同层运输通常使用小型手推车完成。为方便存取，一般楼上存放轻质货物。

阁楼式货架通常承载能力在300～1000KG/平方米，立柱选择承载能力强、用钢量少的圆管；注意存放货物的总重在货架承载范围内。

阁楼式货架楼面板可以根据实际需要选择不同的楼面板以满足消防或防灰尘、防小件坠落要求。楼面下方也可根据需要配置照明系统。

阁楼式货架广泛应用于库房较高、货物较小、人工存取、存储量较大的情况下，可充分利用空间，节约库房面积。根据实际场地和具体要求，可设计成单层或多层阁楼，一般为2～3层。特别适用于汽配、电子器件等企业系列产品的分类保存，承载≤500kg/层。

任务三　出库——提升机与滑块式分拣系统的控制

一、实训目标

通过本次实训，学生了解掌握与阁楼式货架配合使用的装卸设备——提升机的操作方式和注意事项。了解掌握了解滑块式分拣系统实训设备组成及功能；熟悉滑块式分拣系统工作安排及流程；掌握商品分类和输送链控制系统操作要点及技巧。

二、任务导入

现在有一批商品，存放在阁楼货架区的二楼，存储期满，现在要用提升机将存储于阁楼二楼的货物出库，如何利用滑块式分拣系统将货物分拣到相应的出口？方便客户提货呢？

三、实训步骤

首先认识提升机和滑块式分拣系统，了解什么是滑块式分拣系统，认识滑块式分拣系统，后根据任务将商品通过欢快滑块式分拣系统将货物分拣到相应的出口。

四、发任务书

现有农夫山泉饮用天然水两箱，存放在阁楼货架的二楼，需要出库，商品条码为6921168509256，规格为550ml，通过滑块式分拣系统将货物分拣到三号出口。

五、任务分配

学生分组，每三人一组：分拣员在阁楼二楼负责商品分拣放至提升机，理货员在一楼提升机旁负责商品上分拣系统，系统操作员操作“滑块式分拣系统”软件负责正确出库。

六、任务说明

七、教师演示

（一）提升机的操作方法

（1）打开电闸；
（2）将货物箱放置于提升机上；
（3）按下提升（下降）按钮。

（二）滑块式分拣系统的控制方法

（1）双击打开条码软件及输送链控制系统软件；
（2）单击出库作业；
（3）扫描条码；
（4）选择分拣出口；
（5）执行指令。

八、任务执行

根据任务单，二楼的分拣员将订单货物放在提升机载物台，按下降钮货物下行；货物到一楼，理货员接货物，放到滚筒链；系统操作员根据订单，扫描条码：6921168509256，选择安排出口为出口三，启动滑块式分拣系统，完成货物出库任务。

九、过程指导

（一）提升机的注意事项

（1）提升机上下时严禁载人，放物品时不可站在上面；
（2）提升过程中，提升机下面不能站人，如有防护栏要随时关好防护栏；
（3）停止使用时，必须将提斗放到地面；
（4）提升物品时首先检查钢丝绳有无脱落和断裂，如有应立即停止使用；
（5）放置物品时靠中心或对称放置，以免造成重心不稳，损坏提升机甚至发生安全事故；
（6）如发现提升机有异常，应立即停止使用，在按钮上贴上禁止使用的标志。

（二）滑块式自动分拣链注意事项

（1）与设备保持安全距离，不触碰红外扫描设备；

(2) 切勿将头、手、脚或物品放进滑块之间；

(3) 滑块运行过程中，无需手动关闭，任务完成系统自动停止。

十、实训展示

观看视频，了解物流企业分拣系统的工作状况，了解分拣工作的重要性。请配合最好的一组同学，一边操作，一边由系统操作员讲解。

十一、任务考核

每两个同学一组，将以下商品：农夫山泉饮用天然水，商品条码为6921168509256，规格为550ml，完成出库。一个同学操作滑块式分拣系统，第二个同学配合将商品从阁楼二楼利用提升机运载下楼，后放在滚筒上面；任务完成后角色进行交换。统计每个人的操作时间，看谁做的又快又好。

十二、拓展学习

自动分拣系统（Automatic Picking System）是先进配送中心所必需的设施条件之一。具有很高的分拣效率，通常每小时可分拣商品6000~12000箱；可以说，自动分拣机是提高物流配送效率的一项关键因素。

自动分拣机是自动分拣系统的一个主要设备；它本身需要建设短则40~50米，长则150~200米的机械传输线，还有配套的机电一体化控制系统、计算机网络及通信系统等，这一系统不仅占地面积大（动辄20000平方米以上），而且还要建3~4层楼高的立体仓库和各种自动化的搬运设施（如叉车）与之相匹配，这项巨额的先期投入通常需要10~20年才能收回。

（一）自动分拣系统作业描述

自动分拣系统（Automated Sorting System）是第二次世界大战后在美国、日本的物流中心中广泛采用的一种自动分拣系统，该系统目前已经成为发达国家大中型物流中心不可缺少的一部分。该系统的作业过程可以简单描述如下：物流中心每天接收成百上千家供应商或货主通过各种运输工具送来的成千上万种商品，在最短的时间内将这些商品卸下并按商品品种、货主、储位或发送地点进行快速准确的分类，将这些商品运送到指定地点（如指定的货架、加工区域、出货站台等），同时，当供应商或货主通知物流中心按配送指示发货时，自动分拣系统在最短的时间内从庞大的高层货存架存储系统中准确找到要出库的商品所在位置，并按所需数量出库，将从不同储位上取出的不同数量的商品按配送地点的不同运送到不同的理货区域或配送站台集中，以便装车配送。

（二）自动分拣系统的主要特点

(1) 能连续、大批量地分拣货物　由于采用大生产中使用的流水线自动作业方式，自动分拣系统不受气候、时间、人的体力等的限制，可以连续运行，同时由于自动分拣系统单位时间分拣件数多，因此自动分拣系统的分拣能力是人工分拣系统可以连续运行100

个小时以上，每小时可分拣7000件包装商品，如用人工则每小时只能分拣150件左右，同时分拣人员也不能在这种劳动强度下连续工作8小时。

（2）分拣误差率极低　自动分拣系统的分拣误差率大小主要取决于所输入分拣信息的准确性大小，这又取决于分拣信息的输入机制，如果采用人工键盘或语音识别方式输入，则误差率在3%以上，如采用条形码扫描输入，除非条形码的印刷本身有差错，否则不会出错。因此，目前自动分拣系统主要采用条形码技术来识别货物。

（3）分拣作业基本实现无人化　国外建立自动分拣系统的目的之一就是为了减少人员的使用，减轻工员的劳动强度，提高人员的使用效率，因此自动分拣系统能最大限度地减少人员的使用，基本做到无人化。分拣作业本身并不需要使用人员，人员的使用仅局限于以下工作：

①送货车辆抵达自动分拣线的进货端时，由人工接货。

②由人工控制分拣系统的运行。

③分拣线末端由人工将分拣出来的货物进行集载、装车。

④自动分拣系统的经营、管理与维护。

如美国一公司配送中心面积为10万平方米左右，每天可分拣近40万件商品，仅使用400名左右员工，这其中部分人员都在从事上述①、③、④项工作，自动分拣线做到了无人化作业。

（三）自动分拣系统的组成

自动分拣系统一般由控制装置、分类装置、输送装置及分拣道口组成。控制装置的作用是识别、接收和处理分拣信号，根据分拣信号的要求指示分类装置、按商品品种、按商品送达地点或按货主的类别对商品进行自动分类。这些分拣需求可以通过不同方式，如可通过条形码扫描、色码扫描、键盘输入、重量检测、语音识别、高度检测及形状识别等方式，输入到分拣控制系统中去，根据对这些分拣信号判断，来决定某一种商品该进入哪一个分拣道口。

分类装置的作用是根据控制装置发出的分拣指示，当具有相同分拣信号的商品经过该装置时，该装置动作，使改变在输送装置上的运行方向进入其他输送机或进入分拣道口。分类装置的种类很多，一般有推出式、浮出式、倾斜式和分支式几种，不同的装置对分拣货物的包装材料、包装重量、包装物底面的平滑程度等有不完全相同的要求。

输送装置的主要组成部分是传送带或输送机，其主要作用是使待分拣商品鱼贯通过控制装置、分类装置，并输送装置的两侧，一般要连接若干分拣道口，使分好类的商品滑下主输送机（或主传送带）以便进行后续作业。

分拣道口是已分拣商品脱离主输送机（或主传送带）进入集货区域的通道，一般由钢带、皮带、滚筒等组成滑道，使商品从主输送装置滑向集货站台，在那里由工作人员将该道口的所有商品集中后或是入库储存，或是组配装车并进行配送作业。

以上四部分装置通过计算机网络联结在一起，配合人工控制及相应的人工处理环节构成一个完整的自动分拣系统。

（四）自动分拣系统的适用条件

第二次世界大战以后，自动分拣系统逐渐开始在西方发达国家投入使用，成为发达国家先进物流中心、配送中心或流通中心所必需的设施条件之一，但因其要求使用者必须具备一定的技术经济条件，因此，在发达国家，物流中心、配送中心或流通中心不用自动分拣系统的情况也很普遍。在引进和建设自动分拣系统时一定要考虑以下条件：

1. 一次性投资巨大

自动分拣系统本身需要建设短则 40 ~ 50 米，长则 150 ~ 200 米的机械传输线，还有配套的机电一体化控制系统、计算机网络及通信系统等，这一系统不仅占地面积大，动辄 2 万平方米以上，而且一般自动分拣系统都建在自动主体仓库中，这样就要建 3 ~ 4 层楼高的立体仓库，库内需要配备各种自动化的搬运设施，这丝毫不亚于建立一个现代化工厂所需要的硬件投资。这项巨额的先期投入要花 10 ~ 20 年才能收回，如果没有可靠的货源作保证，则有可能系统大多由大型生产企业或大型专业物流公司投资，小企业无力进行此项投资。

2. 对商品外包装要求高

自动分拣机只适于分拣底部平坦且具有刚性的包装规则的商品。袋装商品、包装底部柔软且凹凸不平、包装容易变形、易破损、超长、超薄、超重、超高、不能倾覆的商品不能使用普通的自动分拣机进行分拣，因此为了使大部分商品都能用机械进行自动分拣，可以采取两条措施：一是推行标准化包装，使大部分商品的包装符合国家标准；二是根据所分拣的大部分商品的统一的包装特性定制特定的分拣机。但要让所有商品的供应商都执行国家的包装标准是很困难的，定制特写的分拣机又会使硬件成本上升，并且越是特别的其通用性就越差。

十三、设备保养

（一）课前准备

每次上课前，需要检查滑块表面的干净及保证沟槽内的清机油没有干涩，并做试运行。检查滑块两侧板与铝材及链条连接的螺钉是否有松动。

（二）日常清洁

检查滑块表面清洁，当个别滑块沟槽清机油变黑，需擦净此滑块后在滑套三孔处重新滴油。

（三）长期不使用

设备最后一次使用后需用干毛巾擦干净滑块表面及沟槽，保证每个滑块表面的清洁：

①先擦干净上表面的滑块，然后将滑块分拣机控制柜打到手动，变频器频率调至 10，按滑块分拣机按钮，让之前没有擦到的下部的滑块运行到表面擦拭（重要：每次清洁后都必须变频器的频率设置回自动分拣频率）；

②将频率调回自动分拣输送频率，按全自动，设置连续两次分拣作业，先放置第一个物流盒，当岔道打开后，滑套被拨动到另外一侧，然后将分拣机的运行频率调节到10，擦拭之前没有擦到的滑板侧的铝材表面及沟槽，擦干净后，将变频器频率调回自动分拣设置频率，放置物流盒完成第二个分拣动作后，滑块分拣机自动停止。

（四）长期不使用后第一次使用

每次上课前，设备处需在滑套上三个孔处对应的铝材沟处用油壶各滴一滴清机油（要求粘稠度低）保证滑块运行顺畅，上表面滑块滴油后，需将控制柜打到手动，按滑块分拣按钮，将下面不能滴到油的滑块翻到上面来滴。保证每个滑块都有滴油。

（五）定期清洁

分拣机使用10～15天后，大部分滑块机油变黑，机油粘稠度增加，参考长期不使用后第一次使用来维护。

（六）链条的维护

滑块线的链条每隔一个月需在两侧的链条上滴刷粘稠度较高的机油，机油需直接滴到链条滚子上，保证80%链条的链条都能滴到油（注意：此处滴油不得滴到铝材滑块的背面，以免机油在滑块上干后增加摩擦）。

任务四　打包——手动打包与自动打包

一、实训目标

通过本次实训，了解“分拣与包装”打包设备组成及功能。掌握商品手动打包作业和自动打包作业操作技巧。

二、任务导入

在物流活动中频繁进行装卸、搬运、运输和堆码等物理性活动，为了保护物料和提高效率，需要适当的包装措施。现在有一批规格不同的商品，要我们对其进行打包，我们应该如何包装，以及选择什么样的包装方式？

三、实训步骤

根据所要包装商品的大小决定选择哪种包装方式，接着再选择一种合适包装容器，最后再对其进行打包。

四、发任务书

现有两箱农夫山泉饮用天然水需要出库，商品条码为6921168509256，规格为550ml，将两箱商品分别用手动打包机和半自动打包机进行打包，看看哪种方式更便捷。

五、任务分配

同学分为两人一组：理货员一名，整理商品，装箱；打包员一名，对已经装箱的商品进行打包。

六、任务说明

（一）手动打包机

如图 3-32 所示。

图 3-32　手动打包机

打包机又称捆包机，用来包装产品的快捷的机器，可以保证在运送时不因产品捆扎不牢而散落或损坏产品。使用打包机能有效地提高我们的生产效率。

此款打包机由机体和钳子组合一体。

（二）半自动打包机

如图 3-33 所示。

半自动打包机广泛用于食品、医药、五金、化工、服装、邮政等行业，适用于纸箱打包、纸张打包、包裹信函打包、药箱打包、轻工业打包、五金工具打包、陶瓷制品打包、汽车配件打包、日化用品打包、文体用品打包、器材打包等各种大小货物的自动打包机捆扎。

打包机捆扎采用自动电热熔接，捆扎速度快、省时省力、接口平整牢固，能提高产品包装外观的档次。自动打包机主要用于商业、邮政、铁路、银行、食品、医药、书刊、发行等行业的纸箱、木箱、纸包件、布包件的包装捆扎。纸板打包机捆紧力度，出带长短都可调，灵活适用于诸多行业捆扎使用。

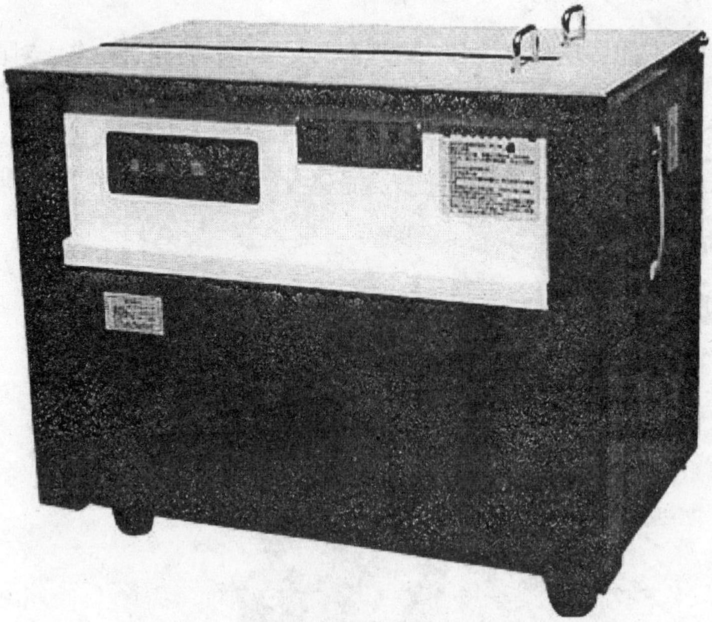

图 3-33　半自动打包机

自动打包机的设计特点：

（1）集成电路设计：新型电路设计，打包机采用插入式电路板控制整个打包动作和烫头温度，电路板更换相当方便，打包机服务便捷。

（2）瞬间加热，立即打包：创新高速热熔系统设计，5 秒种内可使打热片工作，使 PET 打包机进入最佳打包状态。

（3）自动停机装置，省电实用：当捆包动作完成，60 秒内不再操作时，打包机结构设计紧凑，马达会自动停止，进入待机状态。

七、教师演示

商品装箱，先使用手动打包机，按手动打包机操作方法完成打包；后使用半自动打包机操作方法完成打包。

（一）手动打包机使用方法

（1）将打包机平放在打包物体上，掀手将后机身移至后顶端；

（2）把打包带箍在包件上，打包带一头压在前压脚下面，一头压在后压脚下面，然后前后晃动手柄将包件压紧；

（3）将多余的打包带用刀切断，在打包带的接头处套上铁皮扣子，然后用钳子在扣子上紧扎，成凹凸形即可；

（4）将手柄向后掀，使抬脚板抬起后压脚，同时前后刺爪受手柄压力与齿轮脱开，再将前压脚手柄下掀，此时打包机与打包带已全部松开，机身可移出。

（二）半自动打包机操作

（1）检查电源是否连接，将机面电源开关置 ON 位置，机器开始运行；

（2）包装烫头是即热式的，开机 60 秒后方可开始工作；

（3）调节带长调节器，调节器安装在机器正面开关板上，刻度盘上有 0～5 刻度，操作人员可根据包装物的大小调节刻度大小；

（4）临时包装带送出不够长可按手动出带按钮而任意送带，手放即止；

（5）将包装物放在工作台上，靠近固定拉手，拿起已出的包装带绕包装物一周，并插入机器的包装口促动机器的微开关，机器自动工作；

（6）包装完成后，如不连续工作，将电源开关 OFF。

八、任务执行

第一轮：理货员先将商品用纸质的包装箱装箱，打包员利用手动打包机完成打包操作，然后角色互换。

第二轮：理货员先将商品用纸质的包装箱装箱，打包员利用半自动打包机完成打包操作，然后角色互换。

九、过程指导

（一）打包要求

在打包过程中应注意安全，在将打包带环绕纸箱、插入收缩孔时，应尽快将手指移开，以免手指被打包带捆扎。

（1）按田字形进行打包；

（2）打包规范整齐；

（3）将货物放入指定配货暂存区条码向外。

（二）注意事项

（1）手动打包过程中，放带尺寸要合理，避免浪费；

（2）防止金属扣夹夹到手指；

（3）打包过程中注意姿势正确，站立位置方便操作，防止烫手。

十、实训展示

请一组表现好的同学完成两项打包任务，老师进行现场点评。

十一、任务考核

现有十件商品，请两组同学，一组将五件商品分装五箱，用手动打包机操作；一组同学将五件商品分装五箱，使用半自动打包机打包。老师计时，看看哪组完成的时间少，质量好。

十二、拓展学习

（一）认知包装容器及包装机械

打包机的功用是使塑料带能紧贴于被捆扎包件表面，保证包件在运输、储存中不因捆扎不牢而散落，同时还应捆扎整齐美观。

1. 手动打包机

需要人工操作来完成整个过程，正常情况下有：电动热熔、铁扣夹紧的方式。

2. 半自动打包机

需要手动插入打包带后，机器才会自动完成聚带、粘合、切断、出带的打包过程。由于每个产品都需手动操作。

3. 全自动打包机

无需人工插带，触发方式分有点动、手动、连打、球开关、脚踏开关，只需按动开关就可以自动完成打包，方便快捷。

4. 全自动无人化打包机

无需人工插带，只需设定即可：自动完成聚带、粘合、切断、出带整个过程。

（二）半自动打包机的故障排除

状况一：卡带处理，当带子卡在滚轮中间，或有异物塞住无法取出时，处理方法如下：

（1）折下1部分的六角螺帽的垫圈。

（2）松开中间连接轴心上的两个M5沉头螺丝，由于此两个螺丝固定在连接轴心的缺口部分，所以须将螺丝转上些。

（3）取下连接轴心，将上轮机拿起，取出卡住物。

状况二：不自动出带，遇此情形时，首先检查“出带长度调整”是否在0处，然后再看穿带过程是否正确，如果不行，LS5如在归零状态下，接点未能碰触凸轮，则往内调些即可，另外送带滚轮附近卡住异物，亦会造成此一情况。

状况三：捆紧后不切带，有很多情况会造成此一情形，略述如下：

（1）松紧调整得太紧，以及第二节所说的紧度调整方法调整。

（2）打滑片或打滑皮带有油，皆位于松紧调整附近，必须拆下擦掉油。

（3）皮带太紧，将皮带传动座往下调些，或将马达往后调些即可。

（4）改用较薄的带子或退带滚轮间隙太大，参考送退带滚轮的调整方法调好。

状况四：粘合效果欠佳：

（1）温度太高或不够，有时较特殊的带子粘性较差，温度必须很准确才可以。

（2）使用电压不够，有很多工厂的电压往往不足，如果再便用延长线或电缆线，造成压降，使原先调整的温度变低，甚至于马达捆紧时烧掉，所以尽量避免用电缆线，如果一定要用延长线，则需接较粗而不要太长的电线。

（3）中刀下方的635轴承破掉，如此则有加温而完全无法粘合。

（4）电热怪手（摆杆）上的长拉弹簧疲乏，如此则无法将怪手拉至定位，导致粘合一半，甚至更少。

（5）电热钢片太高太低，或偏左偏右，因此碰到上、下方的PP带，或是左、右的刀具，而无法进入加温，需视情况调整。

（6）排烟的微风扇故障，使得温度太高。

十三、设备保养

（一）手动打包机维修保养及注意事项

（1）本机采用机械原理，必须经常保持清洁。定时加润滑油，以减少磨损；

（2）使用的打包带宽度为12～16毫米，厚度为1毫米左右；

（3）打包带按头扎紧，取出机身时应先下掀手柄，切勿先下掀前压脚手柄，以免机件损坏。

（二）半自动打包机维修保养及注意事项

机器的保养与润滑要定期进行。首先注意保持机器的干燥。不可让它淋雨，或在上面放置有水的东西。在此提供参考：

（1）一个星期一次将机器内部的包装带屑脏物清除掉。

（2）一个月一次，将之前所提到的上滑板与中刀以及前顶刀的清洁保养润滑做好。

（3）每三个月，需要做一次除了将以上两个保养做过之后，再将有轴、心、及轴承处加点润滑油。

（4）每两年一次补充减速机齿箱内的机油。

（5）需要注意以下几个零件不可以加油：送退带滚轮、所有皮带、打滑片及其周围、所有齿轮，每次加油的时候，不要加得太多，以免微开关浸油而发生故障。

考核项目

一、实训目标

通过本次实训，了解分拣与包装作业的基本流程，对分拣与包装实训室中的阁楼货架上商品的分拣作业，自动提升机、半自动打包机、电子标签软件，条码扫描软件及输送链控制系统软件进行综合训练。

二、任务导入

同学们，分拣物流是当今第三方商业物流最重要的组成部分之一。我们在前面的课程中已经完整学习了阁楼货架上商品的分拣作业，自动提升机、半自动打包机、电子标签软件，条码扫描软件及输送链控制系统软件的操作，那么在实际操作中如何完整连贯的综合运用，是我们今天这节课程的主要实训任务。

三、考核流程

介绍分拣与包装实训综合流程与岗位分配，分拣与包装的作业流程，如图 3-34 所示。

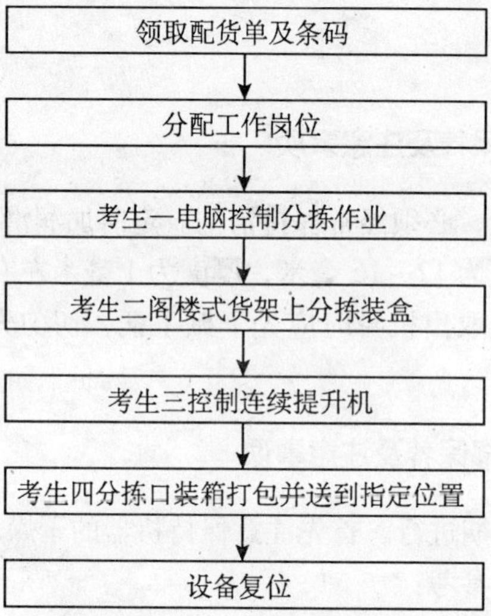

图 3-34　分拣与包装的作业流程图

四、考核任务

（一）入库补货

货位 C105 西瓜补货 10 个，C202 青椒补货 10 箱，C208 草莓补货 8 箱。

（二）拣货清单

根据以下拣货清单，使用摘取式分拣方式分拣商品，如表 3-1 所示。

表 3-1　　拣货清单

序号	储位	商品名称	商品编码	包装单位			拣取数量	备注
				整托盘	箱	单件		
1	C105	西瓜				√	2	
2	C108	梨				√	5	

续表

序号	储位	商品名称	商品编码	包装单位			拣取数量	备注
				整托盘	箱	单件		
3	C202	辣椒				√	4	
4	C206	冰露纯净水				√	1	
5	C208	草莓				√	4	

五、考核说明

（一）领取配货单及条码

小组代表考生从工作人员处领取配货单及条码，并根据配货单中商品与分拣信息开始工作。

（二）电脑操作员

双击打开阁楼货架电子标签软件→单击订单管理→单击摘取式分拣按钮，输入订单号及客户需要货物的数量→单击确定，建立订单→返回主页面，进入分拣，选择摘取式分拣，输入或选取订单号并确认。

双击打开条码软件及输送链控制系统软件→单击出库作业→扫描条码→选择分拣口→执行指令。

（三）分拣员

需要分拣的货位对应电子标签点亮后，分拣人员根据显示信息逐一分拣，分拣完毕后，按下订单显示器的完成键完成分拣，并将货物装盒，在物流盒上粘贴条形码，搬运至提升机入口。

（四）提升机操作员

控制提升机上升或下降，并将货物从提升机上搬运到动力辊筒链上。

（五）包装员

在分拣口，将物流盒中货物装箱，使用半自动打包机进行田字形打包并粘贴条码后，将货物搬运至指定的配货暂存区。

六、考核实施

（一）学生分组

按照学号次序，4组，每6个学生一组，指定组长，分配实训设备及工作任务。

（二）学生进行滑块式分拣

操作提升机，以及打包机的训练。

（三）岗位抽签

岗位1：滑块分拣控制员

（1）进行条码的设计与打印（评分标准：a. 条码未按指定要求作出，但是做出来一个条码，扣20分。b. 条码打印出来未在一张纸上，扣20分。c. 条码设计完成后，条码没有占整个打印页面的3/4，扣10分）。

（2）进行分拣信息的发布（评分标准：a. 没有打开条码程序的，扣30分。b. 没有选择正确货物出口的，扣20分）。总分100分。

岗位2：电子标签分拣员

（1）分发操作员打印好的条码给打包员和货物分拣员（评分标准：a. 条码分配不正确，扣30分）。

（2）电子标签信息的发布（评分标准：a. 仓位选择不正确的，扣20分。b. 出货数量不正确的，扣30分。c. 操作不熟练的，扣20分，像订单号不记得又重新录入数据的，或者某一项操作不知道的情况下）。总分100分。

岗位3：货物分拣员

（1）根据电子标签货架上面标签的信息进行货物的分拣，将分拣好的货物装于物流盒内（评分标准：a. 没有进行总订单的完成，扣20分）。

（2）将B操作员交予的条码正确的粘贴于物流盒上（评分标准：a. 条码没有粘贴在物流盒的中央，扣20分。b. 条码粘贴不平整的，扣10分）。

（3）利用连续提升机将货物从阁楼货架运送至一楼（评分标准：a. 提升机操作不当，扣50分）。总分100分。

岗位4：打包员

（1）将各个分拣口分拣出来的货物进行装箱打包（评分标准：a. 没有提前进行预热，扣20分。b. 打包不正确但是打完成的，扣10分。c. 预热但不会打包的，扣20分）。

（2）将B操作员交予的条码粘贴在打包好的包装箱上面（评分标准：a. 条码没有粘贴在包装箱的正确位置（侧面右下角或正面右下角），扣30分。b. 条码粘贴不平整的，扣20分）。总分100分。

（四）考核开始

计时，计分。

七、考核评分

根据以上岗位分值，可进行个人操作评分。根据表3-2分拣与包装实训考核标准介绍，可进行整组评分。

表 3-2　**分拣与包装实训考核标准**

评分标准	项目	总分	任务及分值	扣分点（出现以下情况，在标号上打“√”）	扣分	注意事项
1	分拣订单建立并发送	30	①录入摘取式分拣订单（20分） ②发送指令（10分）	①未输入正确的订单号（-5） ②未正确录入分拣商品货位一次（-5），最多（-10） ③未正确录入分拣商品数量一次（-5），最多（-10） ④未发送指令（-10）		
2	分拣口选择	10	①扫描条码（5分） ②选择正确分拣口（5分）	①未正确使用扫描枪扫描条码(-5) ②未选择正确的分拣口（-5）		
3	分拣作业	20	①拣选货品（15分） ②按订单显示器完成按钮（5分）	①拣选商品不正确一次（-10）拣选商品正确但数量不正确（-5）货物落地或碰撞造成货损一次(-5) ②未按完成按钮（-5） ③拣选后未粘贴条码或位置不正确（-5）		
4	提升机操作	10	①控制提升机上升下降（5分） ②搬运货物至动力辊筒链上（5分）	①未正确控制提升机上升或下降（-5） ②搬运货物至动力辊筒链后条码未扫描到（-5）		
5	包装配货	30	①打包（20分） ②将货物放入指定的配货暂存区（10分）	①未使用半自动打包机进行打包（-20） ②已打包但未按田字形进行打包（-5） ③打包不规范（-5） ④未粘贴条码或粘贴位置不正确（-5） ⑤未将货物放入指定配货暂存区（-10）条码未向外（-5）		参赛选手在打包过程中应注意安全，在将打包带环绕纸箱、插入收缩孔时，应尽快将手指移开，以免手指被打包带捆扎
比赛计时：			效率加分：			

第一步：学生按四人一小组进行分组。

第二步：学生以小组为单位阐述分拣与包装的工作流程，此工作流程要与企业真实的流程相稳合，每一个工作环节需要注意什么问题，遇到问题应当如何解决。阐述完毕后将工作流程形成文字说明记录下来。

第三步：在教师对第二步操作完成考评，且考评结果为合格以上的情况下方可进行。每组学生抽签决定考试内容。

第四步：以小组为单位进行整体操作总结及评价（总结在操作过程中每个人遇到的问题或者是困难，是如何进行解决的，并提出改进方案）。

注：第一项和第四项完成良好的，可以酌情进行加分，加分范围在 5 ~ 30 分。

模块四　仓储与配送实训

任务一　系统管理——LED 信息发布

一、实训目标

了解 LED 显示屏的原理和功能；掌握使用 LEDshow TW 软件进行 LED 显示屏信息发布的操作技能。

二、任务导入

随着科学技术的不断进步，LED 显示屏已经逐渐取代了传统的平面广告牌，在生活中无处不见，LED 显示屏显示画面色彩鲜艳，立体感强，静如油画，动如电影，广泛应用于金融、税务、工商、邮电、体育、广告、工厂、厂矿企业、交通运输、教育系统、车站、港口码头、机场、商场、医院、学校、宾馆、银行、市场、建筑市场、拍卖行、工业、企业管理、政府机关和其他公共场所等户内外场所；是目前国际上信息传播、发布、公告宣传极为先进的显示媒体。

LED 显示屏（LED panel）：LED 就是 Light Emitting Diode，发光二极管的英文缩写。它是一种通过控制半导体发光二极管的显示方式，其大概的样子就是由很多个通常是红色的发光二极管组成，靠灯的亮灭来显示字符，用来显示文字、图形、图像、动画、行情、视频、录像信号等各种信息的显示屏幕。

现代物流企业经常使用到 LED 显示屏，那么我们要如何让它为我们服务？

三、实训步骤

了解 LED 显示屏的原理和功能，根据实际需要，使用 LEDshow TW 软件进行设计并将信息发布到 LED 显示屏幕上进行播放。

四、发任务书

发布一个 LED 屏幕文件，主题定为《阳春三月好踏青》。

（一）内容要求

（1）明确活动时间、地点；

（2）明确必带物品、集合地点、活动内容；

（3）明确团队口号、注意事项。

（二）格式要求

（1）包含字幕，字幕设置合理，动画美观；
（2）包含文本，文本内容排版，停留时间恰当；
（3）包含表格，注意表头修改，表格内容要点突出；
（4）至少三个节目，播放时间合理，循环播放。

五、任务分配

每组三人，每人负责一个节目板块，分工合作，协同完成显示屏任务。

六、任务说明

LED 显示屏信息发布软件有很多种，不同的 LED 显示屏需要有与之配套的软件系统才能进行信息设计与发布，本机安装的软件如图 4-1 所示。

图 4-1　LEDshow TW Super 软件图标

（一）LEDshow Super 主要功能特点

（1）支持显示屏参数软件的初始化设置、加载；
（2）支持多区域画面编辑与显示；
（3）支持中英文时钟编辑与显示；
（4）支持字幕编辑与显示；
（5）支持正负温度、湿度等传感器信息编辑与显示；
（6）支付软件自动开关机；
（7）支持画面显示特效；
（8）支付图片信息的编辑、浏览和播放；
（9）强大的超文本编辑器（RTF 格式）；
（10）显示信息的预览；
（11）各页面显示方式、运行速度、停留时间均可软件调节；
（12）显示信息的发送；
（13）图片编辑（BMP 格式）；
（14）表格编辑（BLS 格式）；
（15）多种通信模式的选择包括支持网络传输接口；
（16）多种调亮方式选择（包括手动、自动、从何时起调亮）；

（17）区域内的各种修饰方式（空心、轮廓、阴影）；
（18）广播发送。

（二）软件界面

LEDshow Super 图文编辑系统》软件运行界面如图 4-2 所示。

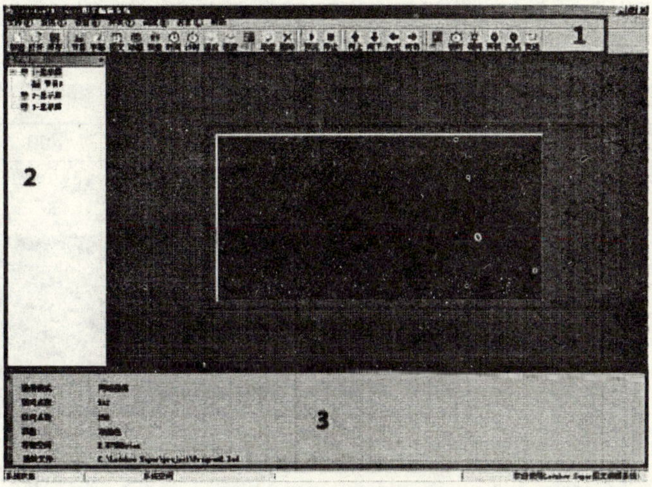

图 4-2　LEDshow Super 图文编辑系统软件运行界面

LEDshow Super 图文编辑系统软件运行界面共由四部分组成：
（1）菜单工具栏；
（2）显示屏列表栏；
（3）节目属性栏；
（4）模拟显示工作区域栏。

（三）菜单

菜单栏由文件、发送、设置、开关、调试、语言和帮助七类菜单组成。
（1）文件菜单如图 4-3 所示，包括新建、打开、保存、另存为、退出。

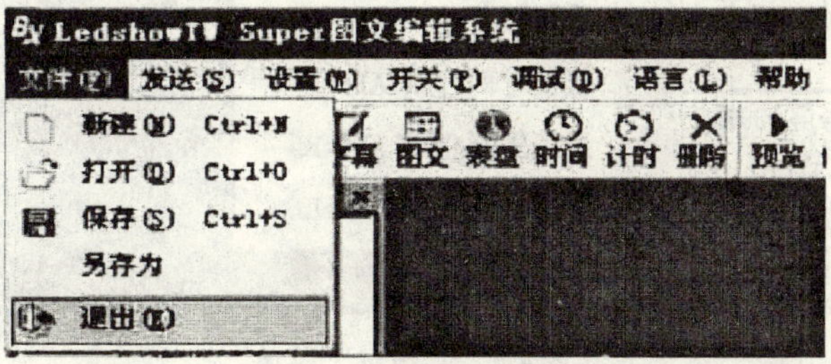

图 4-3　“文件”菜单

新建：用于新建一个指定的显示屏的节目播放文件。

打开：用于载入一个已经编辑好的节目播放文件。

保存：用于保存当前的节目播放文件。

另存为：用于把当前的节目播放文件保存为新的节目播放文件。

退出：退出 LEDshow Super 图文编辑系统。

（2）“发送”菜单如图 4-4 所示，包括单屏发送、广播发送、集群发送，该菜单类是当发送显示屏数据信息、命令（除设置、重置屏参命令外）的时候选择的发送类型。

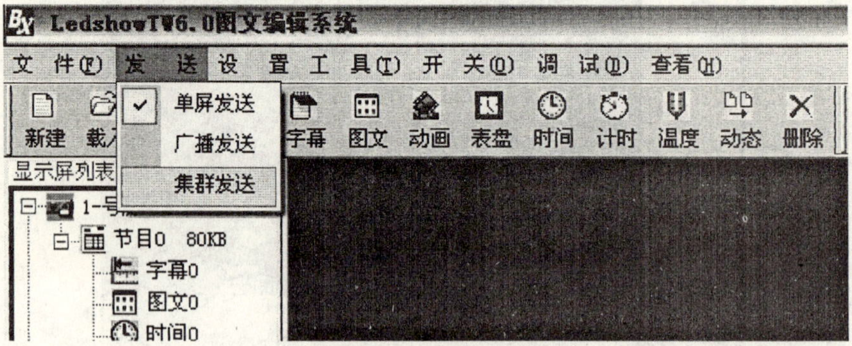

图 4-4 “发送”菜单

单屏发送：发送指定的单个显示屏信息、命令内容（设置、重置屏参命令除外）。

广播发送：将指定显示屏的信息、命令（设置、重置屏参命令除外）发达到与该显示屏参数相同的显示屏上。

集群发送：所有显示屏依次向该屏发送的相应的的信息、命令（设置、重置屏参命令除外）。

（3）“设置”菜单如图 4-5 所示，包括设置屏参、重置屏参、校正时钟、系统复位、亮度调整。

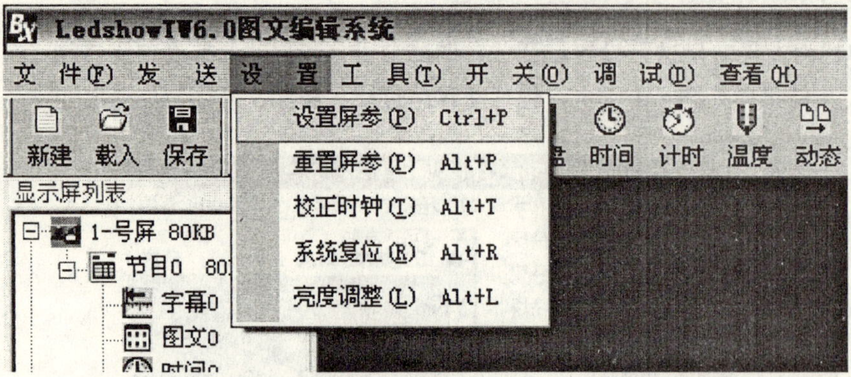

图 4-5 “设置”菜单

设置屏参：设置屏参可用来设置显示屏控制卡的参数。

单击“设置屏参”，系统弹出一个密码输入对话框，如图 4-6 所示。键入“168”，单击确定。弹出“设置屏参”对话框，如图 4-7 所示。

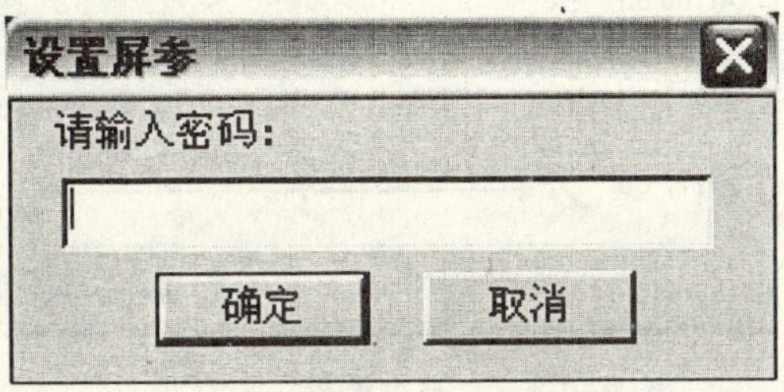

图 4-6 “设置屏参”密码输入对话框

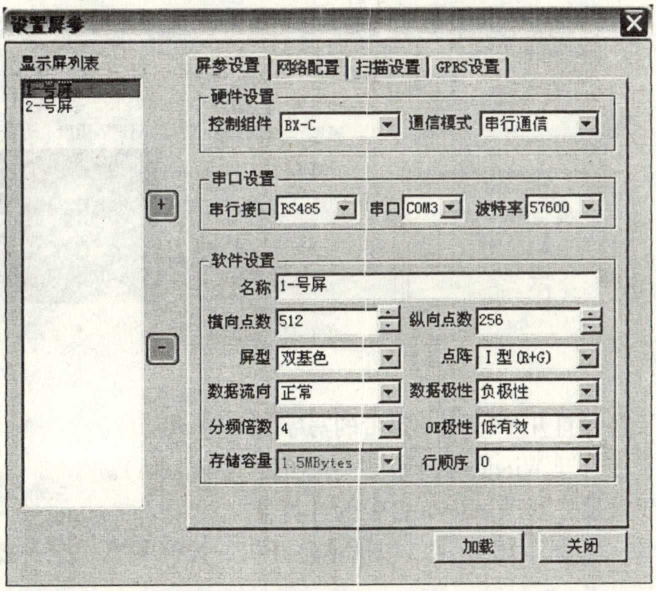

图 4-7 “设置屏参”对话框

重置屏参：用于将选中的显示屏参数重新设置一次。

校正时钟：通过校正时钟，将显示屏中的时间同操作计算机的时间保持一致。单击主窗口快捷按钮栏“校正时钟”按钮，即可校正显示屏时钟。

系统复位：当显示屏显示出现异常时，可通过系统复位的命令将系统恢复到出厂的状态。

以上三个操作都是通过串口通信的命令来实现的。

亮度调整：用于根据外界环境来调整显示屏亮度，以达到最佳的视觉效果。单击主窗口快捷按钮栏“调亮”按钮，如图 4-8 所示，即可设置调亮方式。

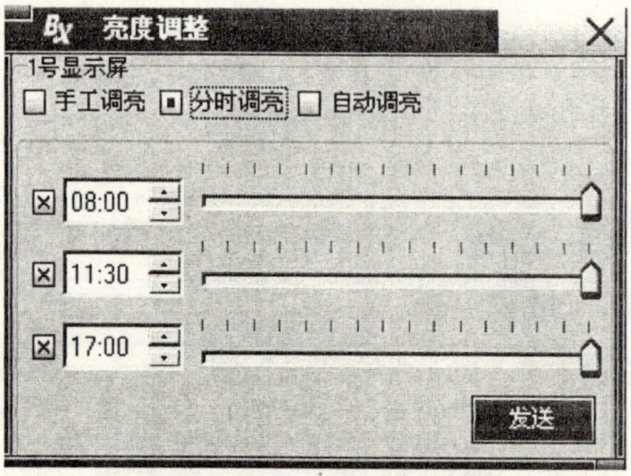

图 4-8　“亮度调整”对话框

（4）工具菜单如图 4-9 所示，包括写字板、画图、计算器。

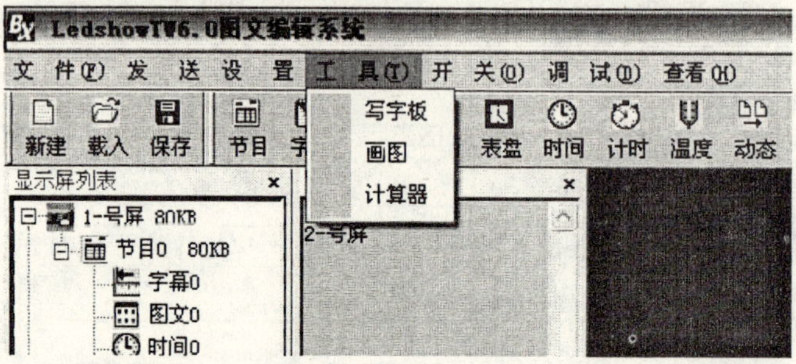

图 4-9　“工具”菜单

写字板：用于直接打开 Windows 自带的写字板（wordpad）。
画图：用于直接打开 Windows 自带的画图程序（mspaint）。
计算器：用于直接打开 Windows 自带的计算器（calc）。
（5）开关菜单：如图 4-10 所示，包括强制开机、强制关机、定时开关。

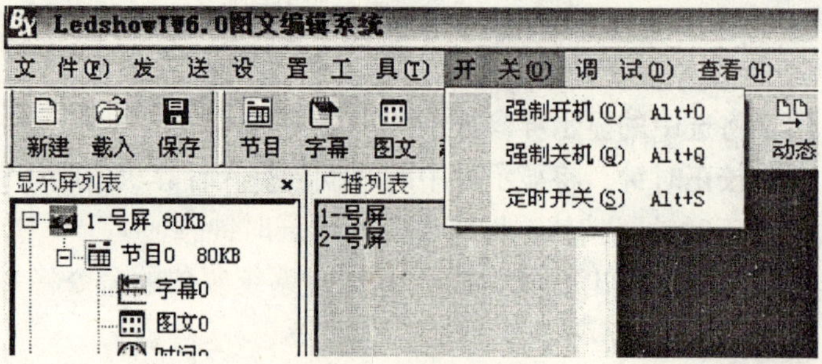

图 4-10　“开关”菜单

强制开机：用于通过软件手工打开显示屏电源。使用软件强制开机时，在主窗口的快捷栏中点击“强制开机”按钮。

强制关机：用于通过软件手工关闭显示屏电源。软件强制关机时，在主窗口的快捷栏中点击“强制关机”按钮。

以上两个操作都是通过串口通信的命令来实现的。

定时开关：用于根据显示屏工作时间的规律可以自动向显示屏设置几组参数。显示屏根据时间来自动开关显示屏电源。点击主窗口菜单的“开关→定时开关机打开“定时开关”设置对话框，如图 4-11 所示。

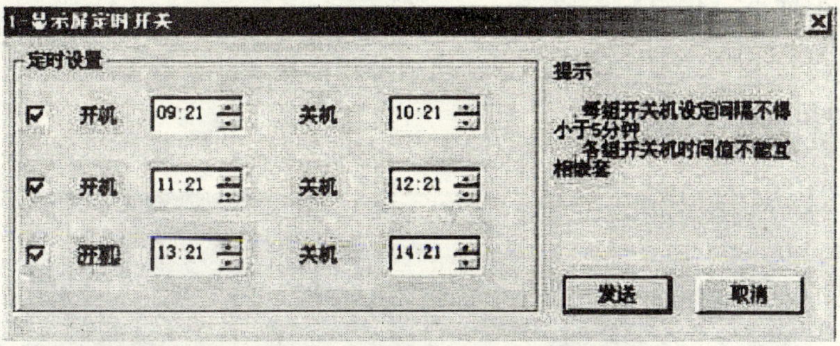

图 4-11　“显示屏定时开关”设置对话框

（6）调试菜单如图 4-12 所示，包括全屏测试。

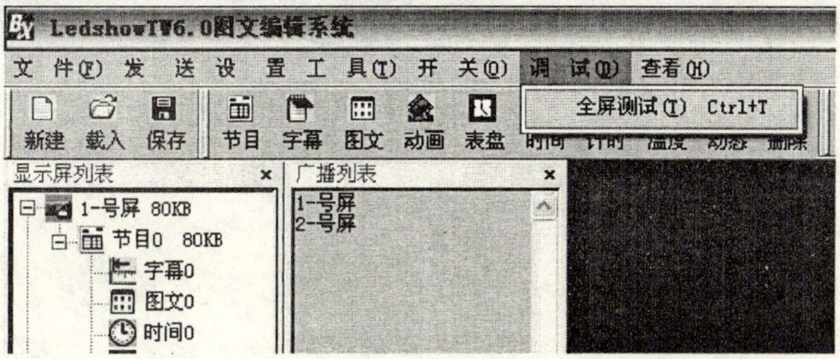

图 4-12　“调试”菜单

全屏测试：用于显示屏制作厂商在显示屏出厂前调试显示屏显示质量的测试工具。单击“全屏测试”，弹出“广播全屏测试设置”。

（7）帮助菜单是对此软件文字和图片配套的使用说明。

（四）工具栏

“新建”、“载入”、“保存”工具栏按钮与“文件”菜单栏下的“新建”、“载入”、“保存”菜单意义一致。

“校时”、“调亮”工具栏按钮与“设置”菜单栏下的“校正时钟”、“亮度调整”菜单意义一致。

“开机”、“关机”工具栏按钮与“开关”菜单栏下的“强制开机”、“强制关机”菜单意义一致。

“节目”、“字幕”、“图文”、“动画”、“表盘”、“时间”、“计时”、“温度”、“动态”、“删除”等工具栏都是显示屏的各类显示控件。

“靠上”、“靠下”、“靠左”、“靠右”等工具栏是编辑显示区域时，为了用户方便准确定位而设计的快捷停靠按钮。

（五）模拟显示、工作区域

模拟显示、工作区域如图4-13所示，可以让用户直观地查看显示效果，还可以拖动改变显示控件位置、大小属性。

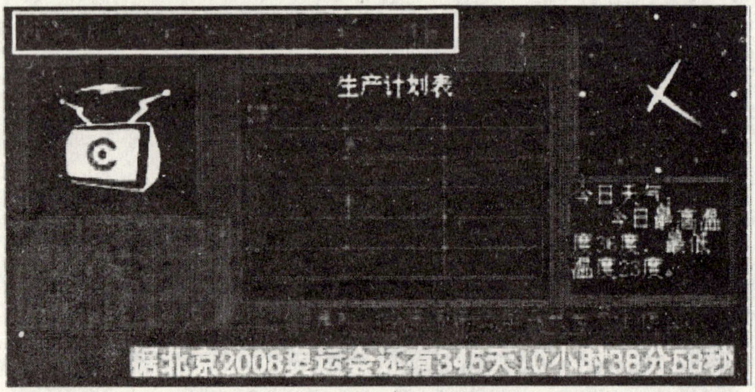

图4-13　模拟显示、工作区域

七、教师演示

（一）节目文件的组成

节目文件由一个或多个节目组成，节目用来承载您所想要播放的内容。同一个节目中最多可包括16个显示区域，您可以将每个节目区域设置为任意大小、任意位置以及任意动作方式。系统一共提供8种区域类型供选择，它们分别是：单行字幕区域、图形文本区域、动画区域、模拟表盘区域、时间/日期区域、正负计时区域、温度区域以及动态数据区域。

（二）节目的制作流程

1. 设置屏参数

用户在编辑节目内容前，首先设置显示屏的参数设置，显示屏参数设置一定要正确，否则显示屏显示可能会出现不正常，或者通信也可能会不正常。

在菜单“设置”－“设置屏参”单击，出现如图4-7所示的密码输入对话框，键入“168”，单击确定。弹出“设置屏参”对话框，如图4-14所示。

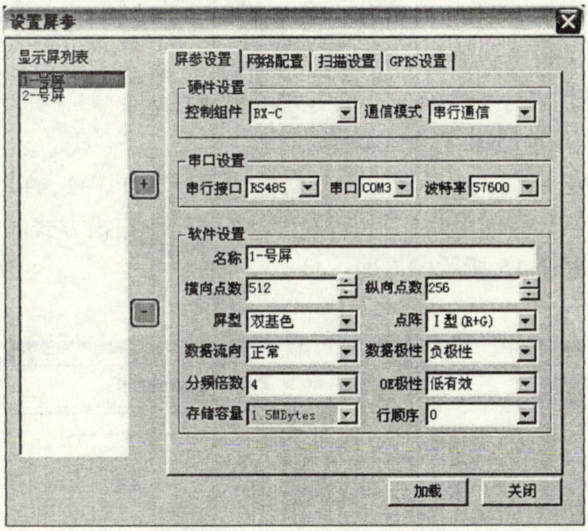

图4-14　“设置屏参”对话框

最左边的显示屏列表，该列表中列出了当前系统中的所有显示屏，在列表右边的“+”和“-”按钮分别表示添加、删除显示屏。

“屏参设置”选项卡：设置显示屏、计算机通信模式的常用参数。

控制组件：指显示屏选用的主控制器型号。

通信模式：计算机与显示屏之间的通信介质种类。目前该系统直接内嵌串行通信、网络通信、GPRS三种通信模式。

串行接口：当通信模式为串行模式的时候，可选用RS232或RS485两种通信类型。这两种通信方式定义为：

RS232：直接通过计算机串口进行数据传输，一般应用于单机的短距离的情况下（一般300m以内）。

RS485：需在计算机串口上加配RS232/485转换器，与RS485接口的控制器配套使用（一般用于长距离传输或多机通信）。

串口：选用计算机哪一个串口与显示屏通信。

波特率：向显示屏传输数据的传输速率，当前系统支持9600、28800、57600、115200四种。

名称：重新定义具有物理地址、顺序编号等特定意义的编号。

横向点数：显示屏的长度，范围在4096像素点内。

纵向点数：显示屏的高度，范围在512像素点内。

屏型：目前显示屏支持单基色、双基色。

点阵：当显示屏屏型为双基色的时候，Ⅰ型（R+G）表示左红右绿，Ⅱ型（G+R）表示左绿右红。

数据流向：可分为正常、镜像两种数据流向方式。

数据极性：可分为负极性、正极性两种数据极性。

分频倍数：用于选择最佳的扫描点频，当显示屏比较长时可以选择比较小的分频倍数，当前系统支持4、6、8、16等。

OE极性：OE极性可分为高有效、低有效两种极性。

存储容量：显示屏的Flash存储器的总存储容量。

行顺序：行顺序表示数据上下数据偏移属性，可分为0、-1、+1三种。

“扫描设置”选项卡：当用此控制器控制室内外其他扫描方式时，单击“扫描设置”选项卡，即可出现如图4-15所示的界面。

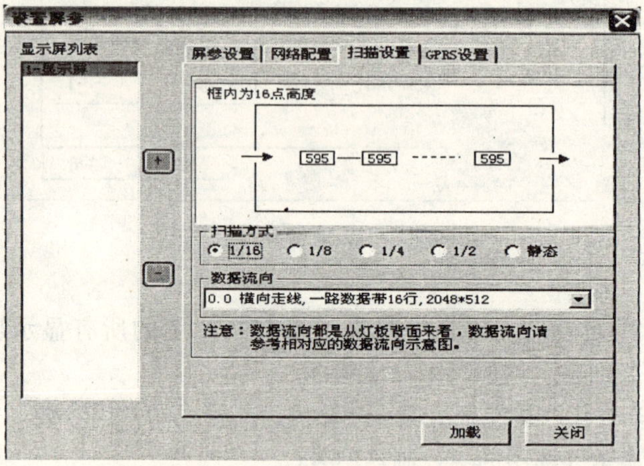

图4-15 “扫描设置”选项卡

此界面可以根据显示模组的数据流向选择对应的扫描方式和数据流向图。

当“屏参设置”选项卡中的“通信模式”为“网络通信”时，出现“网络设置”选项卡，如图4-16所示。

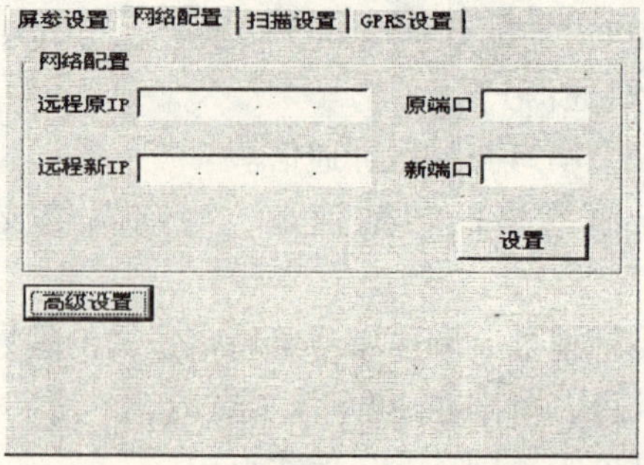

图4-16 “网络设置”选项卡

首先点击“高级设置”按钮，弹出对话框如图4-17所示。

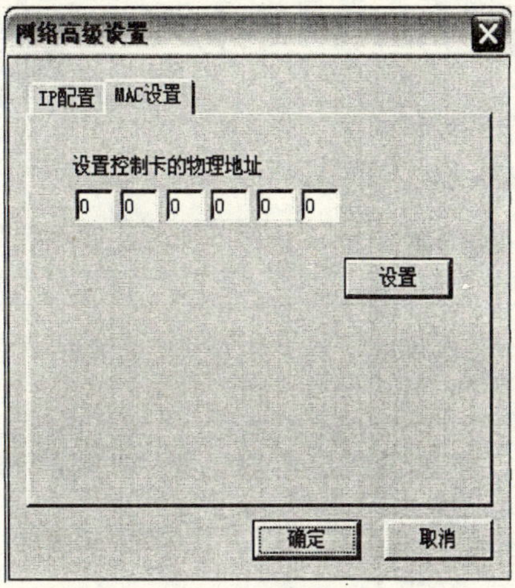

图4-17　网络“高级设置”对话框

此对话框采用UDP通信方式设置参数，首先将计算机与单个显示屏连接正确。

该对话框可以对带网络接口的显示屏主控制卡MAC物理地址、IP地址、端口进行初始化设置。注意：当用户在一个网络中安装有多块显示屏时，物理地址、IP地址不能重复。

MAC设置：在物理地址分段输入框中输入有效地址，点击设置，即可将显示屏的物理地址设置为现有地址。

IP地址：“远程IP地址”、“子网掩码”、“默认网关”、“远程端口号”分别代表显示屏主控制器的相应属性。在各输入框中输入有效数据，点击“设置”按钮，设置成功。

以上网络属性可向网络管理员咨询。设置完毕后点击确定按钮退出该对话框。

在用户系统开始使用后，如果用户想修改显示屏的IP地址或者端口，可以在“网络配置”中设置。

在网络配置中，“远程原IP”、“原端口”为修改前控制卡的地址。在“远程新IP”、“新端口”中输入有效的IP地址和端口。点击设置按钮，在系统主窗口的系统状态中提示设置成功后，显示屏IP地址信息更新为新的地址信息。

当“屏参设置”选项卡中的“通信模式”为“GPRS”时，出现“GPRS设置”选项卡，如图4-18所示。

在联机前，请先使用“正伟数字无线数据终端设置程序”设置GPRS终端设备参数。

设置完毕后，在图4-18中单击“获取本机IP”，在服务器IP地址中显示出本机IP地址，设定好端口后，单击“启动服务器”，系统提示启动服务器成功。当启动成功后，在主窗口中的显示屏列表中会提示显示屏当前是否在线。系统每40秒更新一次状态。

在GPRS终端设置中，终端ID编号是产品出厂前设定的固定地址。终端SIM号码是终端设备所装的SIM手机卡号，便于用户记忆。

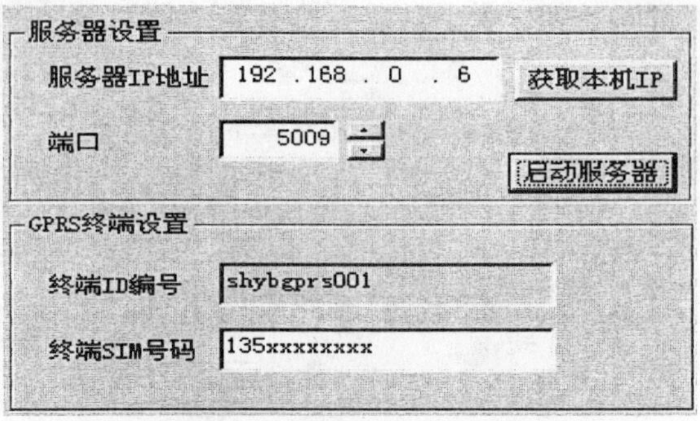

图 4-18　“GPRS 设置”选项卡

完成以上参数设定以后，单击设置屏参对话框“加载”按钮，在系统主窗口的系统状态中提示加载成功后，显示屏提示参数加载成功。

2. 创建、编辑节目文件、节目

显示屏播放的每个节目信息都保存在节目文件中。创建节目前新建一个节目文件，单击菜单“文件”-“新建”或工具栏“新建”，创建节目文件完成。

节目是节目文件的基本元素，一个节目文件可以创建最多 8 个节目。点击工具栏“节目”或右键单击显示屏列表的显示屏，出现快速工具栏如图 4-19 所示。单击“添加节目”，一个节目中最多可以包括 16 个各类显示区域。

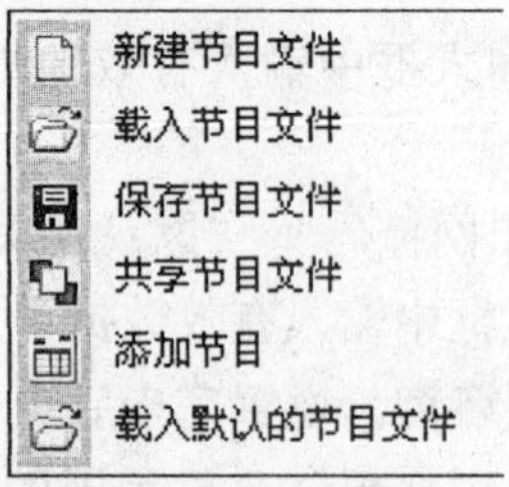

图 4-19　快速工具栏

删除节目可以点击工具栏“删除”，删除已经选择的节目。同样删除字幕、图文、模拟表盘等显示区域点击该快捷按钮。

当新建节目或选中节目，即可设置节目，如图 4-20 所示，节目属性选项有节目名称、节目播放等属性。

图 4-20　“节目属性”对话框

节目播放可分为定时播放、播放长度两种类型。

定时播放：每天的一个播放时间段。

播放长度：每次播放该节目内容的播放时间长度。单位为秒。

此外该属性框中的三个按钮还可以向显示屏通信，实现单独发送该节目、删除该节目或者锁定显示屏显示当前节目的功能。

3. 创建、编辑显示区域

节目只是一个框架，它可包含 8 个显示区域，各个显示区域中可同时播放不同的文字、图片、表格、动画、模拟表盘等。

有 10 种显示区域可选择，点击工具栏，如图 4-21 所示新建一个显示区域。下面分别对 10 种显示区域进行说明。

所有的显示区域都有共同的属性，如图 4-21 所示，名称、起点 x、起点 y、高度、宽度。

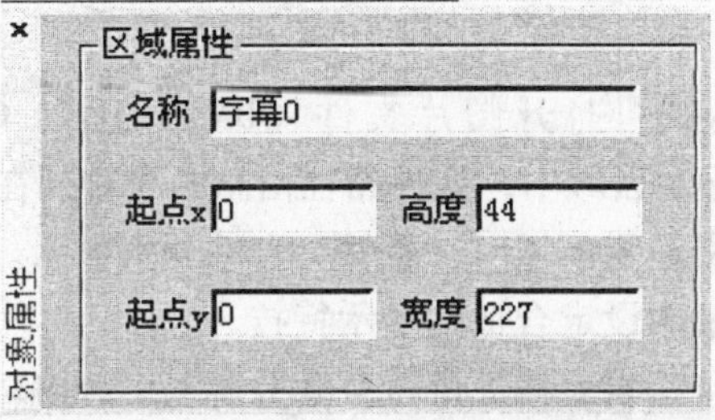

图 4-21 “区域属性”对话框

名称可以重新定义当前显示区域的标题。

模拟显示区域中，区域的左上角定义为起点坐标。起点 x、起点 y 分别表示当前显示区域偏移起点的横向、纵向长度。单位像素点。

高度、宽度表示显示区域的有效高度、宽度。单位像素点。

（1）字幕显示。在工具栏中点击“字幕”按钮，模拟显示区域中创建一个字幕显示区域。

字幕区域显示单行的显示文本，例如通知、广告等信息，如图 4-22 所示。

图 4-22 “字幕编辑”对话框

在属性框栏中，可以编辑、修改字幕区域的字体属性、显示文本、运动特技属性等信息。

(2) 图文显示。在工具栏中点击“图文”按钮，模拟显示区域中创建一个图文显示区域。

图文显示区域是最重要的显示区域，图片文件（BMP、JPG、GIF）、Word 文件（DOC、RTF）、表格文件（TBL、XLS）等类型文件都可以在该类显示区域中显示。

图文区域属性如图 4-23 所示，可以直接利用自带的写字板和表格编辑工具创建文档文件和表格文件。

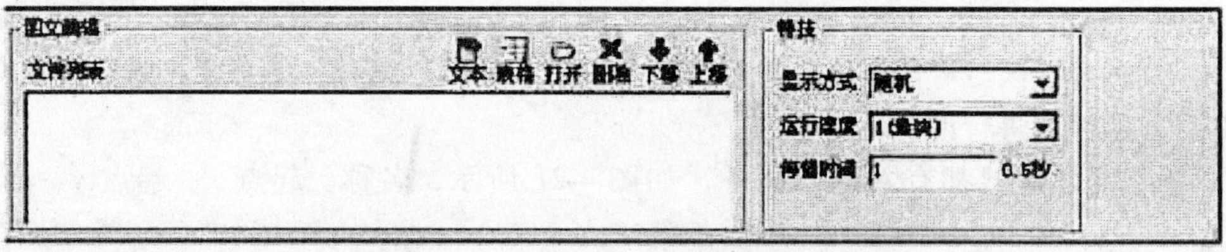

图 4-23　图文区域“属性”对话框

在图文编辑属性栏中，可打开图片文件（BMP、JPG、GIF）、Word 文件（DOC、RTF）等文件添加到图文显示区域中，文件路径信息顺序排列在文件列表中。如果打开的文件数据显示页面大于图文显示区域时，软件会自动分页显示。同时，也可以针对每个已经添加的文件在特技编辑框中设定合适的显示特技。

该表格编辑器可以直接编辑表格，进行合并分割等多种编辑方式进行编辑。其中表格编辑区域的大小与主区域点点对应，字体颜色受当前显示屏的颜色限制。

此外，如果对已经添加的文件播放顺序不满意的时候，可以使用“下移”和“上移”按钮来调节文件的播放顺序。

(3) 动画显示。在工具栏中点击“动画”按钮，模拟显示区域中创建一个动画显示区域。

动画显示可以让用户在异步显示屏中显示类似同步更绚丽的动态效果。系统中目前支持视频（*.AVI）和 Flash（*.SWF）文件。

添加动画时如图 4-24 所示，点击“文件夹”按钮，弹出对话框，选择所需显示的动画后，单击打开即可打开动画内容。

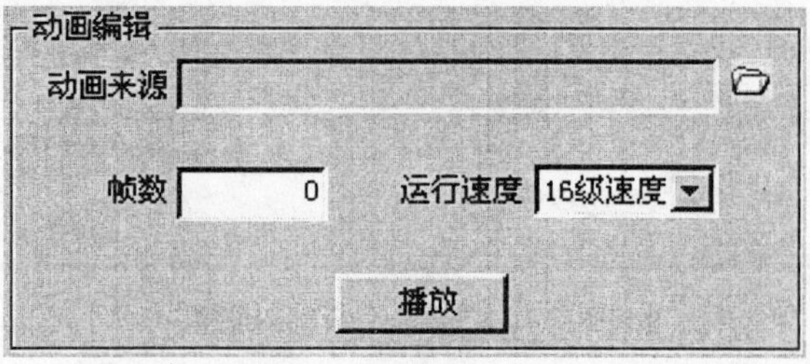

图 4-24

在动画编辑属性中，由于当前系统最多只能添加 128Kb 的动画内容，可以根据需要定义播放帧数。另外可以定义动画播放速度。

（4）模拟表盘显示。在工具栏中点击“表盘”按钮，模拟显示区域中创建一个模拟表盘显示区域，如图 4-25 所示。

图 4-25　“表盘”区域

模拟表盘可以很直观地表示世界时钟。模拟表盘属性栏中可以定义表盘的各项属性。在表盘的各项颜色、半径设置中，用户可以根据自己的喜好设置。

模拟表盘还可以用来显示世界时钟。用户可以根据时差的编辑来设定，如图 4-26 所示。另外，可以在表盘的背景页面描述一些有特征意义的字符。在背景文字属性中的四个方向箭头按钮可移动已设定的背景文字的位置。

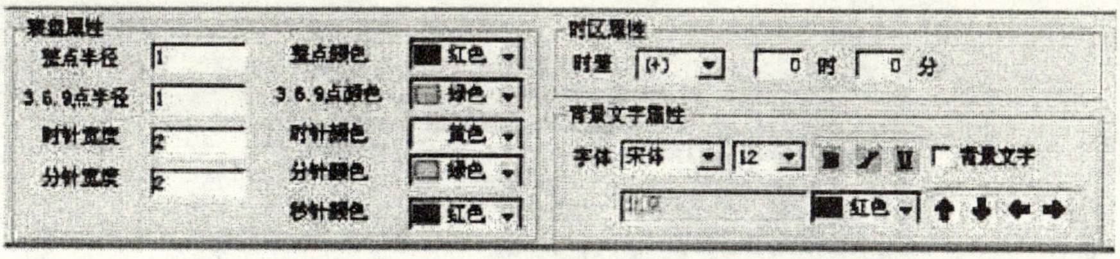

图 4-26　“表盘属性”设置对话框

（5）时间显示。在工具栏中点击“时间”按钮，模拟显示区域中创建一个时间显示区域。时间区域是以文字表示多种形式的日期、星期、时间等。

时间属性工具栏如图 4-27 所示，在该属性中提供了字体属性、前置的固定文字、世界时间的时差、时间格式、显示方式等属性。

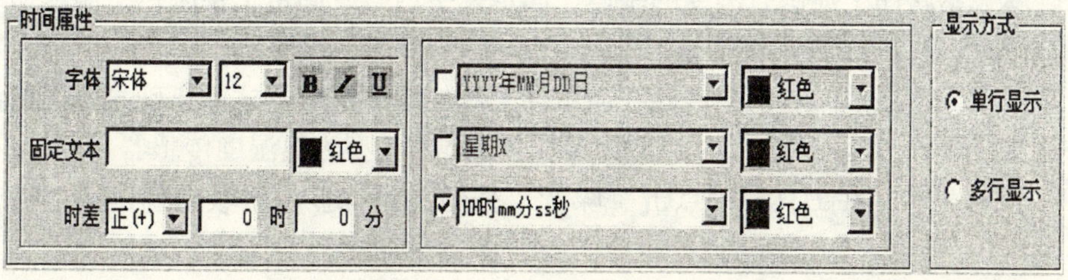

图 4-27　“时间属性”工具栏

（6）正、负计时显示。在工具栏中点击“计时”按钮，模拟显示区域中创建一个正、负计时显示区域。

在计时显示属性中提供有计时的字体、固定文字内容、固定文字颜色、具体目标时间、目标时间颜色、正负计时显示格式复选框等属性。如图4-28所示。

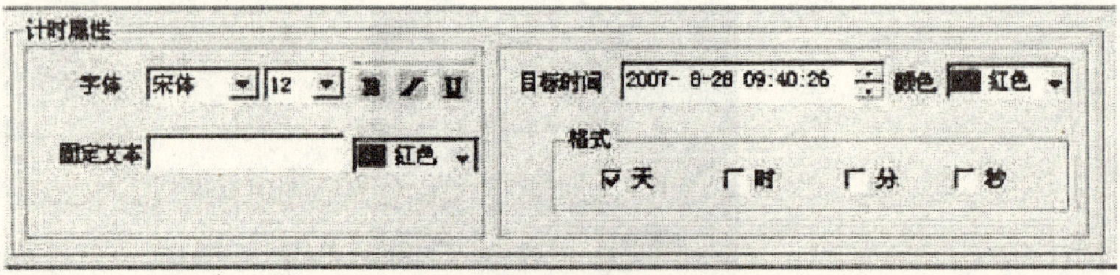

图4-28　“计时属性”对话框

（7）温度显示。在工具栏中点击“温度”按钮，模拟显示区域中创建一个温度显示区域。

在温度显示属性中提供有温度的字体、固定文字内容、笃定文字颜色、温度显示格式（有华氏、摄氏单位区别）、温度显示颜色等属性。如图4-29所示。

用户设置温度显示区域时候，需要在显示屏上添加温度感应器才能止确显示当前温度。

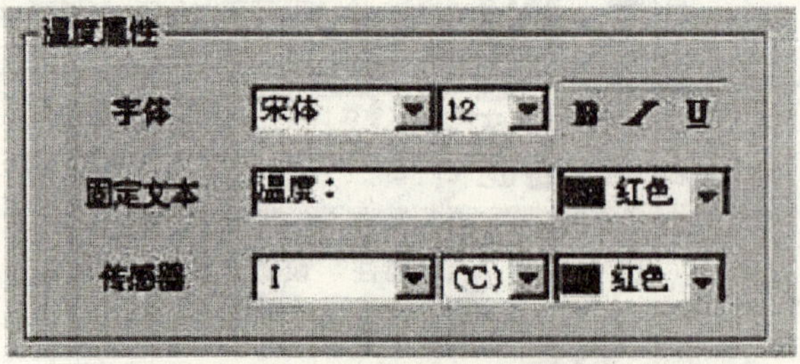

图4-29　“温度属性”对话框

（8）湿度显示。在工具栏中点击“湿度”按钮，模拟显示区域中创建一个湿度显示区域。

在湿度显示属性中提供有湿度的字体、固定文字内容、固定文字颜色、湿度显示格式（有华氏、摄氏单位区别）、湿度显示颜色等属性。如图4-30所示。

设置湿度显示区域的时候，需要在显示屏上添加湿度感应器才能正确显示当前湿度。

目前支持两种类型的传感器：1型为温度传感器；2型为温湿度传感器。

（9）噪音显示。在工具栏中点击“噪音”按钮，模拟显示区域中创建一个噪音显示区域。

在噪音显示属性中提供有噪音的字体、固定文字内容、固定文字颜色、噪音显示格

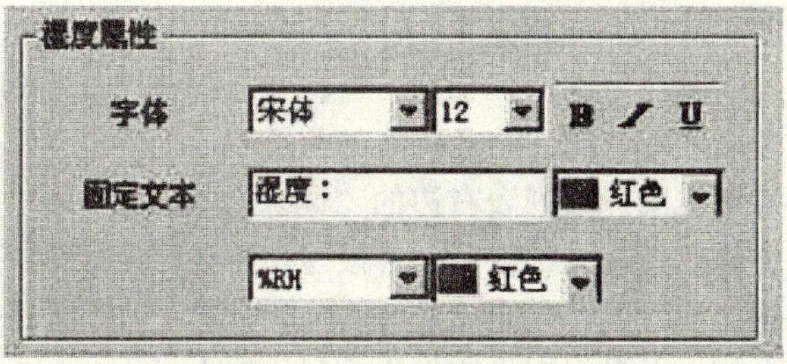

图 4-30　“湿度属性”对话框

式、噪音显示颜色等属性。如图 4-31 所示。

设置噪音显示区域的时候，需要在显示屏上添加噪音感应器才能正确显示当前噪音。

噪音传感器需要正确的连接才能显示。

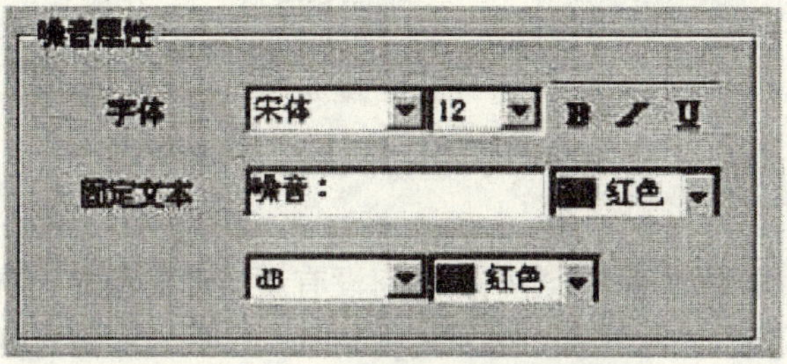

图 4-31　“噪音属性”对话框

（10）动态数据显示。当前显示屏应用环境中有很多需要应用到生产环境中，并且用户有一套独立的生产系统。在过去用户需要编写一套关于显示屏数据提取、转换、发送的程序，这样往往会增加用户的开发难度和周期。在这套系统中我们为用户提供一类可供用户动态的控制数据变化的显示区域。这些数据是通过给用户预留一个字幕字符串或者一个图片组来实现的。

动态数据显示区域主要是根据系统不断扫描用户链接文件的最后修改时间来判断文件是否更新。如果文件更新，重新发送动态显示数据。

在工具栏中点击“动态”按钮，模拟显示区域中创建一个动态数据显示区域。

在动态区域属性栏中提供了字幕链接文件路径、字幕字体属性、字幕颜色、图片文件组（最多 8 个图片）、检测时间、特技等。

图片文件组指的是在该动态区域中，用户可以一次设置显示多个图片显示页。

字幕文件与图片文件组不能同时显示，用户只能分别单独显示。

动态数据显示区域的设定方法为：

字幕文件：在指定目录下建立一个指定的文本文件（＊.txt）。在动态数据属性栏字幕前选中单选按钮，字幕编辑框变为可编辑状态。单击“文件夹”按钮，弹出对话框打开刚才新建的文本文件。在右边的字体栏中选择字体、大小、颜色等属性。

图片文件组：在制定目录下可建立 1 ~ 8 个的图片文件（ *. bmp）。在动态数据属性栏图片前选中单选按钮，图片组编辑框变为可编辑状态。在图片组列表中选定依次双击列表项，弹出对话框打开刚才新建的图片文件。如果需要取消已经新添加的图片文件。可以选中要删除的图片文件单击图片组列表右边的“删除”按钮。

设置好字幕链接文件或图片文件组后，修改显示特技。

设定好后选择扫描检测时间，单击“启动”，系统进入动态区域扫描状态。如果链接文件更新，系统会自动扫描并且根据设定发送到显示屏上。

在动态区域属性栏的下方有一个“锁定”按钮。该按钮可以锁定该区域在显示屏上的显示位置。如图 4-32 所示。

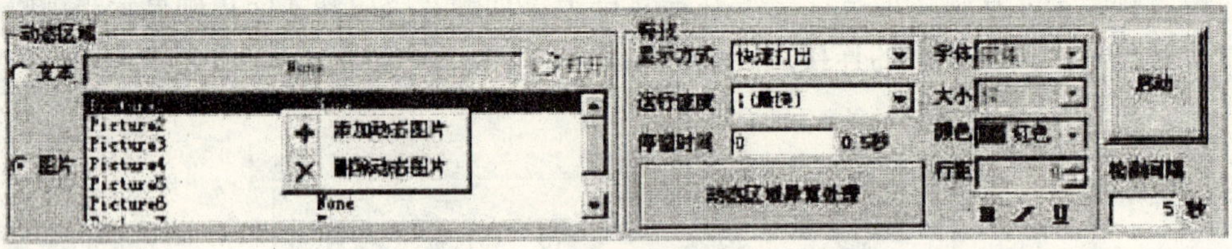

图 4-32　“动态区域”对话框

动态异常处理：异常处理是在当一段时间没有新的动态信息时显示一个固定的画面，默认是保持原信息不变，显示最后一次发送的信息，选择显示提示信息需要指定一个要显示的图片，判断通信异常的时间间隔设置，填入判断的时间。如图 4-33 所示。

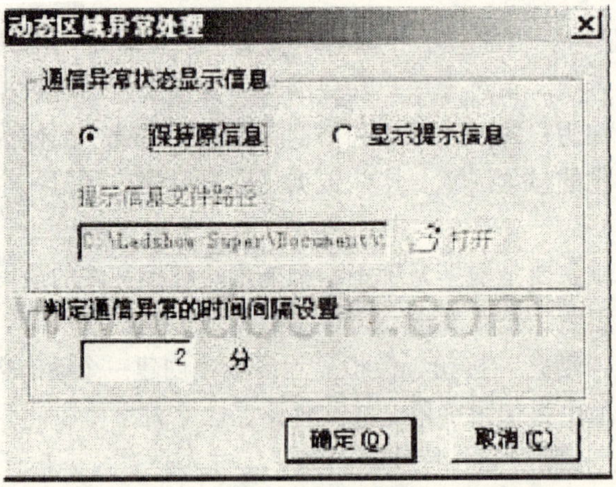

图 4-33　“动态区域异常处理”对话框

设定好后选择扫描检测时间，单击“启动”，系统进入动态区域扫描状态。如果链接文件更新，系统会自动扫描并且根据设定发送到显示屏上。

4. 预览节目文件

播放节目文件，需要先选择想播放的显示屏，然后点击工具栏中的“预览”按钮开始播放，点击“停止”则停止播放。

完成节目制作：

完成以上几个步骤后，一个节目就制作完成了。如果想编辑更多个节目，可以用同样的方法来制作。请记得在节目制作结束后及时保存节目。

八、任务执行

（1）中百超市促销商品信息如下，请做一个如图4-34所示的显示屏文件，并预览。

（一）中百超市促销商品信息

商品名称	原价（元）	现价（元）
统一冰红茶500ml	3.00	2.30
果缤纷香橙450ml	2.80	2.00
双汇鸡肉270g	3.80	3.00

××××年××月××日

图4-34　任务一

（2）做一个如图4-35所示的放假通知，利用倒计时区域做放假倒数天数。

十一放假通知

各部门：

根据国务院办公厅通知精神，现将十一国庆节的放假日期具体通知如下：10月1日至7日放假，共7天。其中，10月1日为法定节假日，10月3日（星期六）、10月4日（星期日）照常公休。离放假还有？天，请各部门做好安全防盗工作。

2012年9月24日

图4-35　任务二

（3）使用字幕按钮，字体宋体大小14，显示方式向左连移，为的士车后的显示屏做一个信息显示屏，内容如下：车价=起步价【8元】+（里程数-起步里程数【3公里】）*每公里单价【2.1元】（3<里程数<10）。

（4）做显示屏文件，第一页如图4-36所示，使用表格做武商量贩配送中心配送单，反面第二页在图文区域内放一个武商量贩的图片，如图4-37所示，交替出现。

武商量贩仓储配送信息

配送地点	配送商品	配送数量
卓豹店	雕牌洗衣粉	250 袋
中南店	相印纸巾	200 条
光谷店	蚊香	500 盒

图 4-36　任务四-1

图 4-37　任务四-2

九、过程指导

（一）写字板、表格编辑器

在前面章节的图文显示中，我们提到该显示区域的数据添加可以直接使用系统自带的写字板和表格程序进行文本或表格数据的添加。

1. 写字板

单击菜单中“文本”对话框，弹出如图 4-38 所示的写字板对话框。

该写字板用于编辑文本内容。可以点击“打开”按钮，打开已经存在 rtf（*. rtf）或 Word（*. doc）文件。

其中写字板编辑区域的大小与主区域点点对应，字体颜色受当前显示屏的颜色限制。写字板中同时可以定义文本的字体属性、段落对齐、行间距等属性。

编辑完毕后，单击写字板右上角的“关闭”，关闭写字板，同时文本内容也将自动存在。还可以点击“保存”保存为 *. rtf 超文本文件。

2. 表格

单击菜单中“表格”对话框，出现如图 4-39 所示的表格编辑器，可编辑表格，编辑完毕，保存为 *. bls 格式的表格文件。

图 4-38　写字板对话框

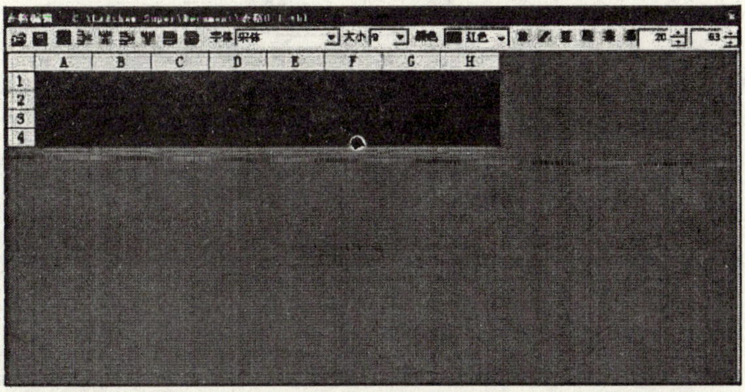

图 4-39　表格编辑器

在该表格编辑对话框中，可以点击“打开”按钮，打开已经存在的 bls（＊. bls）或 Excel（＊. xls）文件。

表格编辑同时可以定义单元表格的字体属性、对齐方式、行高、行宽等属性。此外，还可以通过“表格编辑工具栏”的按钮进行表格的合并、拆分等操作。

点击第三个按钮，打开表格标题属性对话框，如图 4-40 所示，可编辑、修改表格的标题显示属性和显示表格的网格颜色属性。

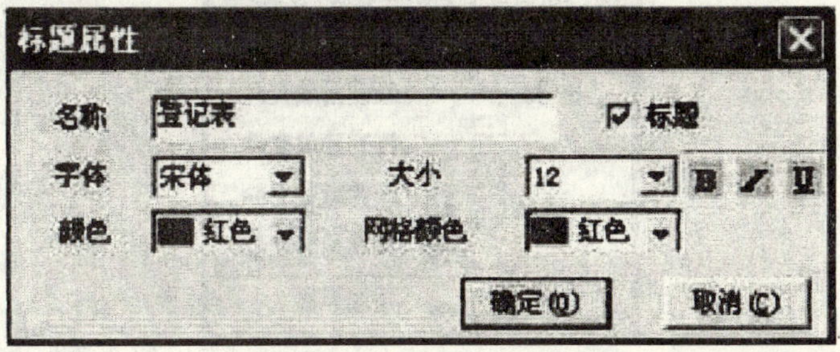

图 4-40　“标题属性”对话框

编辑表格内容后，可以点击“保存”保存到文件夹，同时将该文件添加到图文显示区域中。单击写字板右上角的“关闭”，关闭表格编辑框。如果提示文件保存修改，点击“是”文件添加到图文显示区域，点击“否”放弃添加表格信息。

（二）其他功能

1. 显示屏全屏测试

全屏测试可以直接显示屏上显示全屏测试和网格测试，如图 4-41 所示。

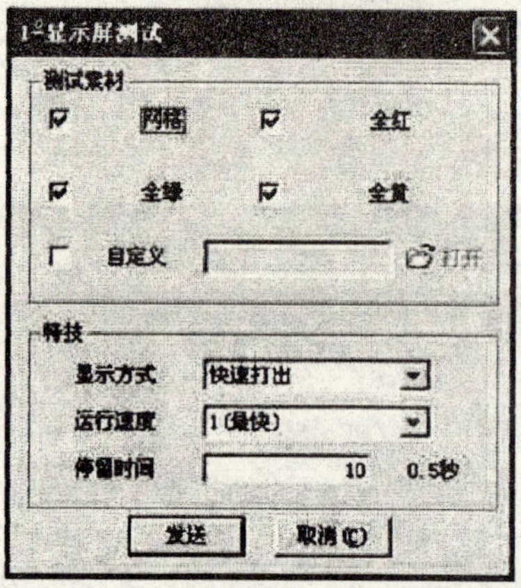

图 4-41 “显示屏测试”对话框

2. 区域停靠工具栏

由于本套系统支持鼠标随意播放区域，会出现区域间重叠或者区域间间隔过大等现象。下图的四个区域停靠按钮，四个停靠按钮对应快捷键上、下、左、右，可以快捷地将各个显示区域不重叠而且停靠整齐。

3. 节目文件共享

如果有多块显示屏的控制组件、规格和节目显示内容一致的时候，可以定义节目共享。例如，1 号显示屏的节目内容可以共享到 2、3、4、5、6 号显示屏。选中 1 号显示屏，单击右键，弹出快捷菜单，如图 4-42 所示。

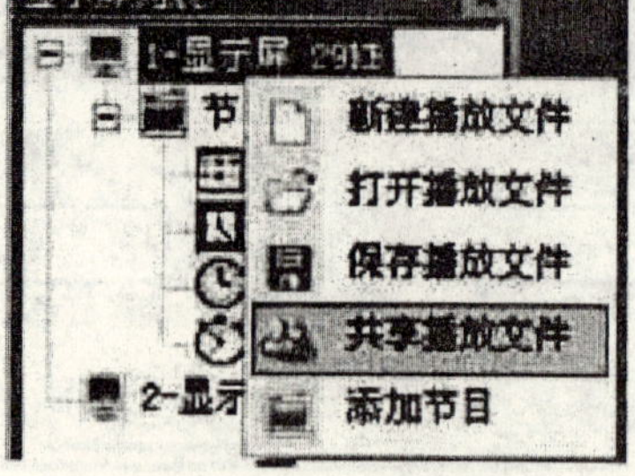

图 4-42 显示屏快捷菜单

单击“节目共享选择”对话框，如图4-43所示，在“共享同等规格屏号”列表中，列出可以共享的显示屏屏号。选中需要共享节目内容的屏号，单击“确定”。

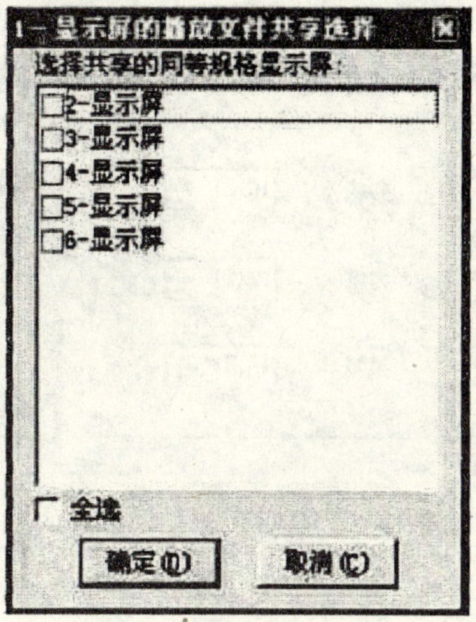

图4-43　“节目共享选择”对话框

4. 亮度调整

单击主窗口快捷按钮栏“调亮”按钮，弹出显示屏亮度调整对话框，如图4-44所示。

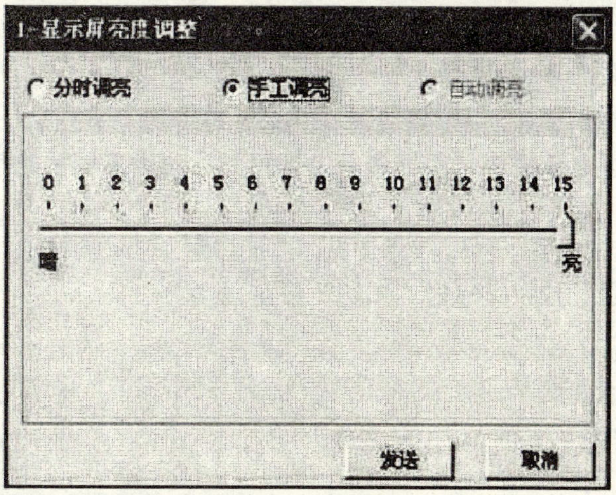

图4-44　“显示屏亮度调整”对话框

亮度调整分手工调亮、分时调亮、自动调亮三种方式。

手工调亮为手工设置亮度值，然后发送设置值即可。

分时调亮可提供三个时间段的亮度值。

自动调亮可借助外连光敏电根据外界自动调整显示屏亮度。

5. 定时开关

点击主窗口菜单栏的“开关”——“定时开关”，打开“定时开关”设置对话框，如图 4-45 所示。

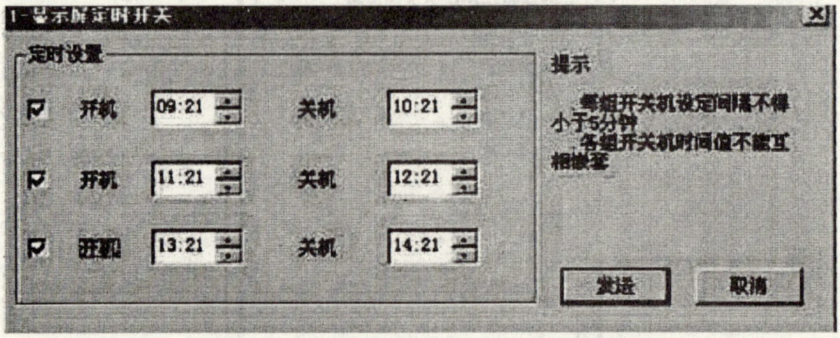

图 4-45 “定时开关”设置对话框

每天最多可设置三组开关时间值，当设置任一组时，首先选中对应的，然后置入开关机时间，点击“发送”按钮即可。

十、实训展示

（一）三组任务执行完毕，请完成最佳的一组同学，完成《阳春三月好踏青》

（1）启动软件：使用鼠标左键双击“Ledshow TW 图文编辑系统 . exe”。

（2）新建“显示屏播放文件”。

（3）修改“节目”名称（若有多个显示内容，可增加“节目”）。

（4）编辑显示屏显示内容：根据显示内容格式，使用不同的功能按钮，常用按钮、字幕、图文、时间、温度。

（5）编辑完成后，保存“另存为”（保存地址：E：\ 080X \ ）。

（6）点击“发送”按钮（点击“预览”按钮）。

（二）教师点评

十一、任务考核

任务完成后，点“发送”按钮，即可将作业任务在显示屏上显示出来。看看哪个组的效果最好。

针对用户不同的显示屏应用环境，系统提供了三种不同的发送方式，如图 4-46 所示。单屏发送、广播发送、集群发送等。

单屏发送：单击菜单“发送”→“单屏发送”，选中单屏发送，在该发送方式下，选中一个显示屏后，可以单独设置屏参、发送数据、强制开机、强制关机等全部命令。

广播发送：单击菜单“发送”→“广播发送”，选中广播发送，出现一个广播列表，

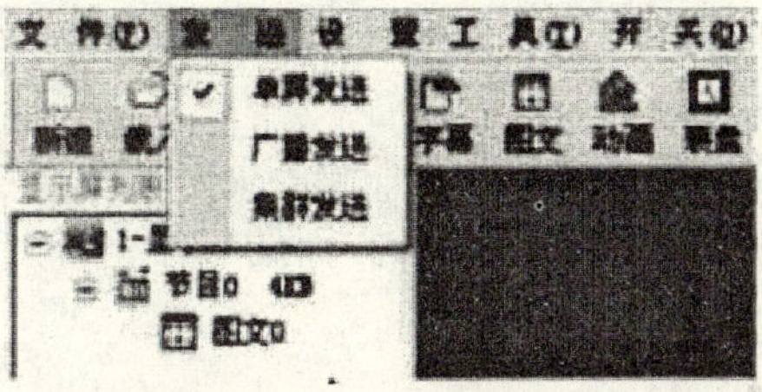

图 4-46　系统的发送方式

在该发送方式下，选中一个显示屏后，广播列表中显示出与该显示屏规格相同的全部显示屏。可以以广播形式发送除设置屏参之外的全部命令。

集群发送：单击菜单“发送”→“集群发送”，选中集群发送，出现一个集群列表。

选中该发送方式后，集群列表中显示所有显示屏。默认全部选中复选框，当用户不准备发送某个显示屏时，点击相应显示屏，取消复选框选中，可以依次发送除设置屏参之外的全部命令。

十二、拓展学习

如出现显示屏花屏，请按如下方式处理：

（1）请检查您的控制卡的供电是否正常（该电源功率是否能够达到点亮相应的显示板和控制器）；

（2）请检查控制卡上的供电电源是否和其他电源共地（是 5V 的直流地，请不要弄错成交流的地和 5V 的地弄混了）；

（3）请检查控制卡、转接卡、显示板之间的连线方向是否正确。

计算机和控制卡通信不上：

（1）请检查您的计算机和控制卡的通信线（或网线、或 GPRS 连接线）是否连接正常；

（2）请检查控制卡上的拨特率和屏号的拨码开关是否和你在软件的屏参设置上相对应（可试着先把拨码开关全拨地后，再全部重新拨回来，靠近数值这边），包括拨特率和屏号；

（3）请检查你所使用的控制卡和你在软件上所选择的控制组件是否相对应；

（4）请检查您的计算机的串口和软件上的串口设置是否对应；

（5）请检查控制卡上的跳线帽是否在你所选择的通信模式上 232/485 的跳线帽；

（6）请检查您所选择的通信方式是否和软件上的设置相一致；比如 232/485 通信方式、网络通信方式，还是 GPRS 通信方式；

（7）请将控制器拿到离计算机较近的地方进行测试，或换较低的拨特率进行测试。

十三、设备保养

请在使用过程中注意做好防静电处理或检查显示屏及计算机的零线或地线是否处理

好，在使用过程中严禁带电拔插串口，否则有可能烧坏控制卡或计算机的串口。如需要此操作请关掉计算机或显示屏电源后再拔插串口线；如果经常烧坏通信芯片或一次烧坏多片通信芯片就要仔细检查通信线路。

请在使用过程中不要用电烙铁自己动手维修控制器，或在环境恶劣的情况下请做好各种防护工作，包括防水、防尘、防腐蚀等各方面的工作，否则有可能引起控制卡无法修理，甚至报废。

任务二　商品管理——条码的制作和打印及商品的分类

一、实训目标

熟悉条形码的基本结构，重点掌握通用商品条码（EAN-13 码）的字符含义；了解条形码识别技术的工作原理；掌握使用软件设计并打印条形码的方法。

二、任务导入

条形码技术是随着计算机与信息技术的发展和应用而诞生的，它是集编码、印刷、识别、数据采集和处理于一身的新型技术。

使用条形码扫描是今后市场流通的大趋势。为了使商品能够在全世界自由、广泛地流通，企业无论是设计制作，申请注册还是使用商品条形码，都必须遵循商品条形码管理的有关规定。商品条形码的诞生极大地方便了商品流通，现代社会已离不开商品条形码。

据统计，目前我国已有 50 万种产品使用了国际通用的商品条形码。我国加入世贸组织后，企业在国际舞台上必将赢得更多的活动空间。要与国际惯例接轨，适应国际经贸的需要，企业更不能慢待商品条形码。

下面我们就来学习如何制作条形码。

三、实训步骤

认识条形码在物流行业中的重要性，熟悉条形码的字符结构及含义，制作一个通用商品条码（EAN-13 码）和一个二维条形码。

四、发任务书

（1）设计并打印一个 EAN-13 码，内容如下：

690	080X	XXXXX	X
	班级	学生自定	自动生成

（2）设计并保存一个二维条码（PDF 码），内容如下：

数据信息：日期　班级　姓名+其他

五、任务分配

每组三人，分别设计出包含自己信息的条形码，打印出来并剪切。

六、任务说明

（一）一维码

1. 条形码概念

条形码是由一组规则排列的条、空及其对应的字符组成的用以表示一定信息的符号。条形码通常用来对物品进行标识，这个物品可以是用来进行交易的一个贸易项目，如一瓶啤酒或一箱可乐，也可以是一个物流单元，如一个托盘。

2. 通用商品条码（EAN-13）的字符组成及含义

国际上通用的商品代码 EAN 码及 UPC 码（我国通用商品条形码标准也采用 EAN 条形码结构）。

罐装健力宝饮料的条码：690　　1010　10109　8

（1）前缀码。由第 1～3 位数字组成，是国家的代码，我国为 690—695，是由国际物品编码协会统一决定的。

（2）厂商代码。由第 4～7 位数字组成，我国物品编码中心统一分配并统一注册，一个企业一个代码。

（3）商品代码。由第 8～12 位数字组成，表示每个制造厂商的商品，由厂商确定，可标识 10 万种商品。

（4）校验码。由第 13 位数字组成，用以校验前面各码的正误。

（二）二维码

某种特定的几何图案，按一定规律在平面（二维方向上）分布成黑白相间的图形，用来记录数据符号信息。具有储存量大、保密性高、追踪性高、抗损性强、备援性大、成本便宜等特性。目前，在多个领域已广泛应用，如护照、驾照等证照资料登记。

七、教师演示

（一）设计并打印一维条码

（1）启动条码程序：ArgoBar_ Pro_ V202 软件；

（2）选择相应型号的条码打印机（选择：Printer Command PPLB 200dpi）；

（3）进行页面设置：条码宽度 1000，高度 700，单位毫米，选择复选框“选择依据标签自动对应”；

（4）单击一维条码图标，在编辑区绘制条码文本（注意使用水平居中和垂直居中）；

（5）选择条码类型：EAN-13 码，输入条码字符，对条码高度和宽度进行设计；

（6）制作一个 PDF 二维条码：内容为物流学院物流实训中心；

(7) 编辑完成后，单击“打印”。

(二) 分析二维条码特点

其中条码的高度，根据内容的丰富程度不断地升高，证明了二维条码的容量大，而且可以包含数字、汉字、英文等。

八、任务执行

(1) 轮流设计并打印一个 EAN-13 码，在任务书的基础上，加上“制作人：学号 姓名”作为落款，要求细线宽度为 5，水平居中，垂直居中，一组打印完了，用剪刀剪开，保存好，贴到实训报告上待交，不撕拉乱丢。

(2) 设计并保存一个二维条码（PDF 码），数据信息：日期 班级 姓名+其他；保存到每个组所建立的文件夹下，待老师检查。

九、实训展示

(1) 双击启动条码程序：认识 ArgoBar_ Pro_ V202 软件图标，如图 4-47 所示。

图 4-47 ArgoBar_ Pro_ V202 软件图标

(2) 打开 ArgoBar_ Pro_ V202 软件后，出现图 4-48，选择相应型号的条码打印机（选择：Printer Command PPLB 200dpi），按“完成”按钮。

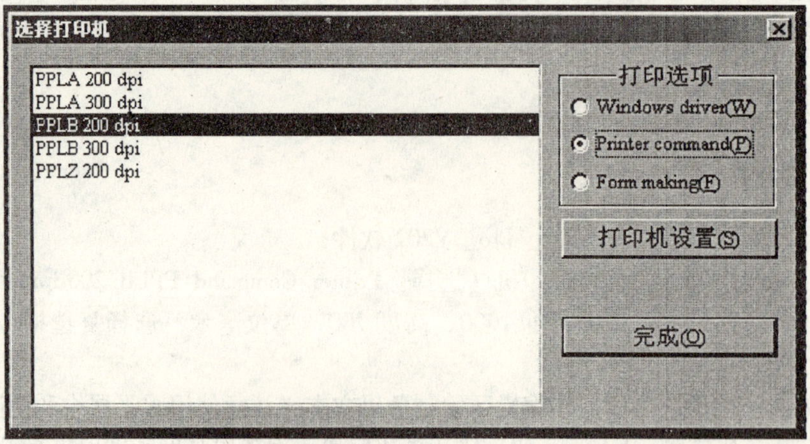

图 4-48 打印机选择对话框

（3）点击“页面设置”按钮进行页面设置：条码宽度：1000，高度：700，单位：毫米。选择复选框“选择依据标签自动对应”，如图 4-49 所示。

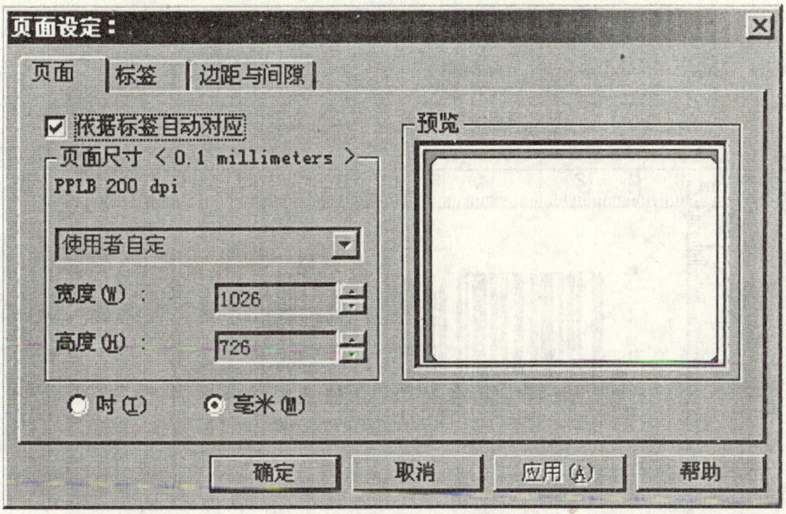

图 4-49　“页面设置”对话框

（4）单击一维条码图标，出现如图 4-50 所示编辑框，在编辑区绘制条码文本，注意使用“水平居中”按钮和“垂直居中”按钮。

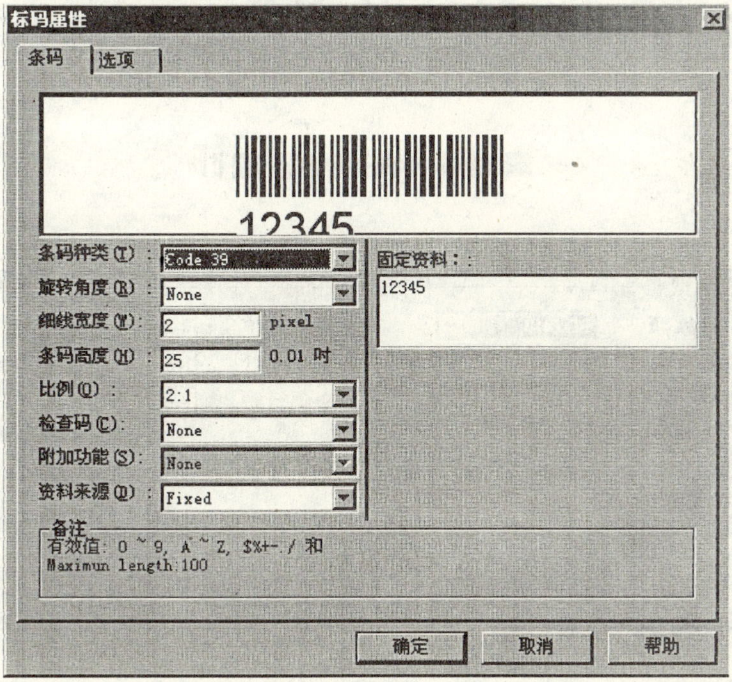

图 4-50　一维条码设计对话框

（5）点击“条码种类”按钮，选择条码类型：EAN-13 码，输入条码字符，对条码高度宽度行设计。

（6）设计完毕后，打印该条码，如图 4-51 所示。

图 4-51　一维条码设计界面

（7）点击“二维条码”按钮，出现如图 4-52 所示编辑框，制作一个 PDF 二维条码。

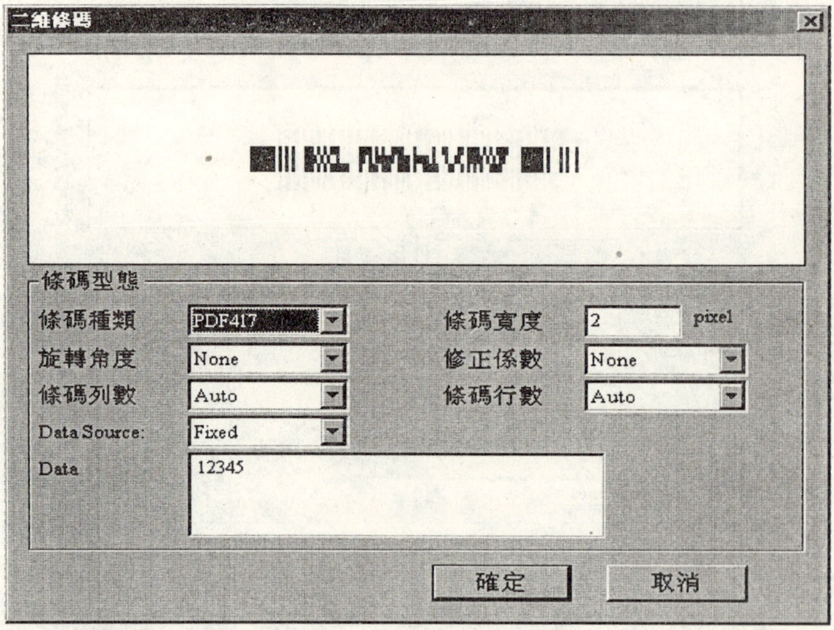

图 4-52　二维条码设计对话框

（8）在“数据框”中编辑内容，完成后，单击“打印”，即可生成二维条码，如图 4-53 所示。

图 4-53　二维条码

十、过程指导

在实际业务活动中，条码设计不仅仅只有条码本身，有时候会加入图形、文字说明、价格、生产时间等内容，那么，我们该如何加入这些因素以满足实际需要呢？

（1）点击“T”按钮添加文字内容，出现如图 4-54 所示编辑框。在“固定资料”中输入内容。

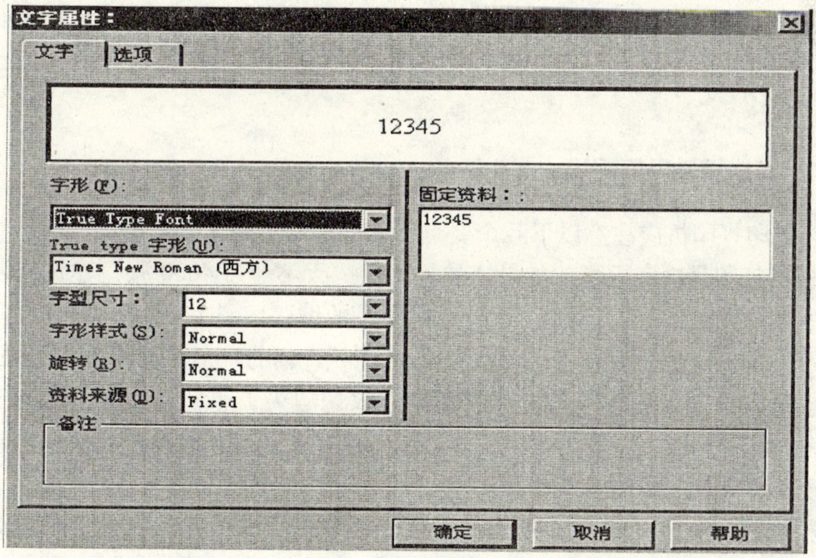

图 4-54　文字属性对话框

（2）点击“图片”按钮添加图片，本版本只支持 BMP 格式图片，同时可根据需要调整图片高度和宽度，如图 4-55 所示。

（3）画图：点击“直线”按钮可画直线和斜线；点击“十字”按钮可画实心的矩形；点击“矩形”按钮可画空心的矩形；点击“圆形”按钮可画圆形和椭圆形。

（4）制作 EAN-13 码时，只需要输入前面 12 位字符，最后一个字符为校验码，为计算机自动生成。

（5）一维条形码只能使用 0～9 数字字符。

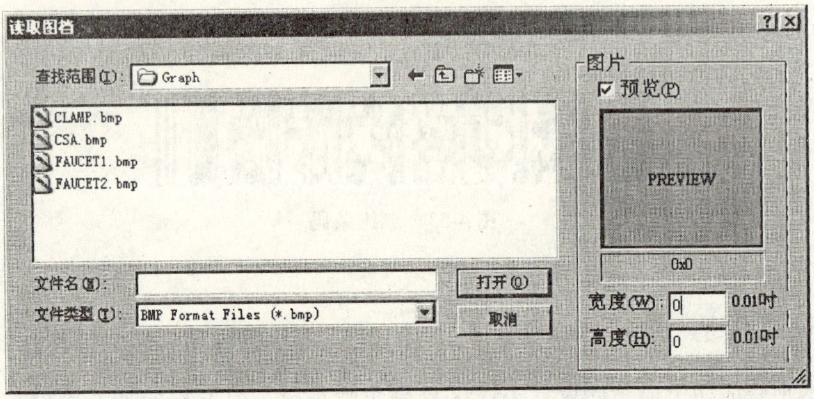

图 4-55 “读取图档”对话框

(6) 二维条码的容量大，不仅可以使用数字字符，而且可以包含、汉字、英文等字符。

条码设计需要美观，条码要大小适中，方便扫描，一般与包装大小成比例。

十一、拓展学习

(一) 如何选择条码打印机

选购热转印打印机应注意以下几个要点，才能够购买到适合的产品。

(1) 根据打印量决定机型　如果您的打印量一天不超过4000张，建议您购买普通商业型（有的俗称办公型）打印机，商业型打印机的纸张容量和碳带容量较小，整个产品的外形小巧玲珑，很适合放在办公场所，不占面积，而打印效果和打印质量都能满足需求。如果您的需要量一天超过4000张标签，建议您购买工业型打印机，因为工业型打印机主要以钢铁结构制成，可容纳大型纸卷及大长度碳带，在使用寿命及恶劣环境中，都有极佳的表现，是大型工厂的合适选择。

(2) 根据打印质量要求选择机型　如果您应用的场所对打印质量要求较高，譬如珠宝、手机或者要求打印在较小的标签上，建议您使用300DPI的打印机，其他一般麦头标签则使用200DPI即可。

(3) 根据软件需求选择机型　目前市面上绝大多数的打印机都只能使用一种打印语言，且都只能采用自己的打印命令，彼此不能兼容，选购时如果能够考虑语言兼容，就能够更大限度的提高打印机的使用场合。

(4) 选择在国内设立有正式据点的产品　有很多产品在国内都只是交给代理商来销售，很可能代理商的主要业务并不是您所想要购买的产品，或者代理商的技术支持不够等，我们建议您一定要寻找一个在国内有正式据点的品牌。

(5) 选择能够提供全面服务的经销商　有些经销商，号称所有的打印机产品他们都能够提供，事实上，对于消费者来说，最重要的并不是这点，消费者需要的应该是这个经销商对于某一种产品的技术支持、售后服务及配套相关产品是否能够齐全的提供，举例来说，搭配打印机的耗材就是一个很重要的参考，应该要在选择打印机的同时，要求经销商同时提供这款打印机的相关合适耗材，因为有些不适当的耗材和打印机的搭配不一定能够产生完美的打印效果。

（6）选择耗材通用的打印机　有些打印机品牌，为了要在耗材上面取得利润，往往指定它的产品必须搭配专用的耗材，否则无法打印出良好的效果，甚至对于因此造成的损坏，不给予保修，这个是选购打印机时绝对应该注意的，特别是现在打印机的耗材价格不断下降，更应该购买耗材通用的打印机。

（7）选择功能实用、价格真正反映成本的打印机　有些国外品牌的打印机，售价非常高昂，完全脱离了真正的打印机成本价格，而其为了提高售价往往加入了一些实际使用中不常需要的功能，现在的热转印打印机尚无法普及的原因多半与此有关，选购一款价格适中，功能合适的打印机才是降低成本的最佳方式。

（8）选择零件价格便宜维修有保障的品牌　选购打印机时，应该同时询问那些零件容易损坏，对于热转印打印机来说，最容易损坏的就是打印头，因为在各种不可预知的打印材料上打印，或者操作环境的影响，都可能导致打印头损伤，如果购买到一台光是更换打印头的价格就可以买到另一品牌的整台打印机，的确是一笔不小的损失。另外，应该询问所购买的产品其零件的准备情况，有些产品的零件不在国内备货，到了需要更换零件时，代理商往往要耗时三个月到半年重新进口零件，导致了生产单位的工作停摆。

（二）如何选择条码阅读器

条形码阅读器包括光电扫描器与译码器。选择什么样原条形码阅读是一个综合问题。目前厂家很多（国际条形码品牌有 Symbol，Zebra，Metrologic，NCR，Microscan），提供给用户选择的条形码阅读器种类也很多。

（1）光笔条形码扫描器　光笔条形码扫描器是一种轻便的条形码读入装置。在光笔内部有扫描光束发生器及反射光接收器。目前，市场上出售的这类扫描器有很多种，它们主要在发光的波长、光学系统结构、电子电路结构、分辨率、操作方式等方面存在不同。光笔类条形码扫描器不论采用何种工作方式，从使用上都存在一个共同点，即阅读条形码信息时，要求扫描器与待识读的条码接触或离开一个极短的距离（一般仅 0.2～1mm）。

（2）手持式枪型条形码扫描器　手持式枪型条形码扫描器内一般都装有控制扫描光束的自动扫描装置。阅读条形码时不需与条形码符号接触，因此，对条形码标签没有损伤。扫描头与条形码标签的距离短的在 0～20cm 范围内，而长的可达到 500cm 左右。枪型条形码扫描器具有扫描光点匀速扫描的优点，因此，阅读效果比光笔扫描器械要好，扫描速度快。

（3）台式条形码自动扫描器　台式条形码自动扫描器适合于不便使用手持式扫描方式阅读条形码信息的场合。如果工作环境不允许操作者一只手处理标附有条形码信息的物体，而另一只手操纵手持条形码扫描器进行操作，就可以选用台式条形码扫描器自动扫描。这种扫描器也可以安装在生产流水线传送带旁的某一固定位置，等待标附有条形码标签的待测物体以平稳、缓慢的速度进入扫描范围，对自动化生产流水线进行控制。

（4）激光自动扫描器　激光自动扫描器最大优点是扫描光照强，可以远距离扫描且扫描景深长。而且激光扫描器的扫描速度高，有的产品扫描速度可以达到1200次/秒，这种扫描器可以在百分之一秒时间内对某一条形码标签扫描阅读多次，而且可以做到每一次扫描不重复上一次扫描的轨迹。扫描器内部光学系统可以单束光转变成十字光或米字光，从而保证被测条形码从各个不同角度进入扫描范围时都可以被识读。

（5）卡式条形码阅读器　卡式条形码阅读器可以用于医院病案管理、身份验证、考勤和生产管理等领域。这种阅读器内部的机械结构能保证标有条形码代码的卡式证件或文件在插入滑槽后自动沿轨道做直线运动，在卡片前进过程中，扫描光点将条形码信息读入。卡式条形码阅读一般都具有与计算机传送数据的能力，同时具有声光提示以证明识别正确与否。

（6）便携式条形码阅读器　一般来讲，便携式条形码阅读器配接光笔式或轻便的枪型条形码扫描器，但有的也配接激光扫描器。便携式条形码阅读器本身就是一台专用计算机，有的甚至就是一台通用微型计算机。这种阅读器本身具有对条形码信号的译解能力。条形码译解后，可直接存入机器内存或机内磁带存储器的磁带中，阅读具有与计算机能通信的能力。通常，它本身带有显示屏、键盘、条形码识别结果声响指示及用户编程功能。使用时，这种阅读器可以与计算机主机分别安装有两个地点，通过线路连成网络，也可以脱机使用，利用电池供电。这种设备特别适用于流动性数据采集环境。收集到的数据可以定时送到主机内存储。有些场合，标有条形码信息或代号的载体体积大，比较笨重，不适合搬运到同一数据采集中心处理，这种情况下，使用便携式条码阅读器处理十分方便。

（三）条形码阅读器选择的基本因素

（1）适用范围。条形码技术应用在不同的场合，应选择不同的条形码阅读器。例如开发条形码仓储管理系统，往往需要在仓库内经常清点化验室，相应要求条形码阅读器能方便携带，并能把清点的信息暂存下来，而不局限在计算机前使用，选用便携式条形码阅读器较为合适。在生产线上使用条形码采集器时，一般需要在生产线的某些固定位置安装条形码阅读器，而且生产的零部件与条形码阅读器比较合适，如激光枪式、CCD扫描器等。在会议管理系统和企业考勤系统中，可选用卡式或槽式条形码阅读器，需要签到登记的人员将印有条形码的证件插入阅读器槽内，阅读器便自动扫描并给出阅读成功信号，从而实现实时自动签到。当然，对于一些专用场合，还可以开发专用条形码阅读器装置以满足需要。

（2）译码范围。译码范围是选择条形码阅读器的又一个重要指标。目前，各家生产的条形码阅读器其译码范围有很大差别，有些阅读器可识别几种码制，有些阅读器可识别十几种码制。开发某一条形码应用系统选择对应的码制，同时，在为该系统配置条形码阅读器时，要求阅读器具有正确的译此码制符号的功能。在物流中，往往采用 UPC/EAN 码，因此，开发商场管理系统时，选择阅读器时，应能阅读 UPC/EAN 码。在邮电系统内，中国目前使用的是矩阵 25 码，选择阅读器时，就保证阅读器该码制的符号。

（3）接口能力。条形码技术的应用领域很多，计算机的种类也很多，开发应用系统时，一般是先确定硬件系统环境，而后选择适合该环境的条形码阅读器。这就要求所选阅读器的接口方式符合该环境的整体要求，通用条形码阅读器的接口方式有以下两种：串行通信。当使用中小型计算机系统，或者数据采集地与计算机之间的距离较远时，一般采用这种通信方式。如企业考勤管理系统，计算机一般不放在出入口处，而放在办公室内，以便及时掌握考勤情况。键盘仿真是通过计算机的键盘口将阅读器采集到的条形码信息输送给计算机的一种接口方式，也是一种常用的方式。目前，IBM/PC 及其兼容机常用的有 XKAT 等键盘方式。计算机终端的键盘口也有多种形式。因此，如果选择键盘仿真，应注意应用系统中计算机的类型，同时注意所选阅读器是否能与计算机匹配。

（4）对首读率等参数的要求。首读率是条形码阅读器的一个综合性指标，它与条形码符号印刷质量、择码器的设计和光电扫描器的性能均有一定的关系。在某些应用领域可采用手持式条形码阅读器由人来控制条形码符号的重复扫描，这时对首读率的要求来太严格，它只是工作效率量度。而在工业生产、自仓库等应用中，要求有更高的首读率。条形码符合载体在自动生产线或传达带上移动，并且只有一次搜集数据的机会，如果首读率不达到百分之百，将会发生丢失数据的现象，造成严重的后果。因此，在这些应用领域中要选择高首读率的条形码阅读器，如 CCD 扫描器等。

（5）分辨率。为正确检测读入的最窄条符的宽度选择设备时，应用中使用的条形码密度来选取具有相应分辨率的阅读设备。使用中，如果所选设备的分辨率过高，则条幅上的污点、脱墨等对系统的影响将更为严重。

十二、设备保养

条码打印机维护保养：

（一）日常保养

（1）打印头清洁：每打印一卷色带，至少应该清洁一次打印头。清洁时必须先关电源。移开色带后，用棉签浸 75% 浓度的酒精轻擦打印头烫针部分。

（2）滚轴清洁：用棉布粘水擦拭，或用橡皮擦拭。

（3）传感器清洁：拉出挡纸片，用吹气（如吹气球等）工具吹传感器的上下面。

（二）电源特别注意事项

（1）打印机通电前，检查电源电压与打印机电压选择是否匹配（是 220 伏还是 110

伏）；

（2）检查电源是否接地；

（3）检查电源电压是否稳定（建议加装防凸波稳压电源）；

（4）插电时，必须先关机，电源插好后再开机；

（5）由于外界影响使打印机出现误操作，可关机后重新开机。（注意，关机后重新开机的时间间隔不能少于30秒）。

（三）故障处理原则

对于重大的机件故障、机器的质量问题、电路的各种故障等，应该知会专业公司维修人员进行维修。对于常见的操作故障，当用户确认可以自行维修时，可以尝试进行处理。在用户不能确定有否把握修理时，对判断为有风险性的维修，应该先向专业公司咨询。如果用户自行维修过程的不慎，造成机器其他故障或加重损坏程度，用户需要承担责任。

（四）常见故障排除

1. 按Feed键测试时走纸不准

（1）确认纸张、色带安装正确无误；

（2）检查纸张感应器是否在标签宽度范围内；

（3）检查纸张感应器是否粘有其他东西；

（4）调整底纸电压（请联络技术人员）。

2. 按Feed键测试时走纸准确，打印时走纸不准

（1）检查软件中标签格式；

（2）检查打印位置的设定。

3. 色带打折的情况

（1）确认纸张和色带装好；

（2）调整偏心轮；

（3）调整色带平衡板。

4. 印制不清的情况

（1）确认纸张和色带装好；

（2）检查软件温度参数是否太低；

（3）如果打印出现白线条，必须清洁印制头；

（4）调整压力分配；

（5）检查滚轴是否干净、有否破损。

5. 标签卷入滚轴的情况

（1）切勿用刀片划伤滚轴；

（2）可反转滚轴，慢慢将标签退出。

任务三 出入库管理——logis 软件对上尚货架管理

一、实训目标

让学生掌握第三方物流的一般经营方式和服务内容。从订单的接收开始，以实物流程为主线，兼顾资金流和信息流的处理，使系统使用者明晰的理清整个第三方物流企业的流程。

二、任务导入

伴随中国物流服务产业突飞猛进的发展，市场对物流人才的需求与日俱增。这就要求物流服务观念必须不断更新、技术不断进步、设备不断完善。与此同时，客户需求的不断增加引发了对多种物流人才的需求。据相关资料显示，截至 2010 年，中国物流业对相关人才的需求量将达到年均 2 万至 3 万人，按照目前发展速度，届时我国的物流从业人员缺口将达到 600 万人。物流工作岗位性质的不同，对物流人才的需求也不尽相同。物流人才需要非常专业的知识，如外语、海关、国际贸易等，不同地区、不同行业、不同管理层等岗位对物流人才需求也不尽相同。

在今后一段时期，物流企业除仓储、运输、配送、搬运加工、货运代理等领域的物流人才紧缺以外，熟知电子商务物流人才、连锁经营、国际物流、物流成本控制分析与预测、等相关知识和操作方法的国际性物流高级人才将更加缺乏，物流专业人才已被列为 12 类紧缺人才之一。

随着中国经济的稳步发展和物流业的飞速发展，物流企业的业务也不思扩大，在业务量和分支机构增加的同时，物流企业一方面对业务数据和公司的管理感到越来越吃力；另一方面也对如何保持在行业中的竞争优势，使公司能够招贤纳士稳定发展表现出越来越迫切的需求。传统的手工操作模式由于其繁琐复杂等诸多先天性不足之处与业务财务方面容易出现管理漏洞等各种弊端，已远远不能满足公司管理和发展的需要，利用计算机软件对公司进行全面的管理，实施企业的信息化建设，加强企业管理，提高工作效率，避免业务财务方面的管理漏洞，增强企业的核心竞争力，已成为众多物流货运公司迫在眉睫的问题。

Logis 物流综合业务平台系统为我们解决了这个问题。该系统适合于物流信息系统的规划与快速开发，该平台提供上层应用系统的技术和业务支撑，是一套集技术平台和业务平台于一身的应用管理和开发软件，主要功能包括基础资料管理、订单管理、仓储管理、运输管理、商务结算管理、统计分析管理、网上服务管理。综合上能够满足整个第三方物流各个执行环节的业务动作和管理决策的需要，各系统能独立使用，又能集成使用。

三、实训步骤

熟悉仓储企业出入库业务流程，应用物流管理综合模拟实训电脑系统，第三方物流软件，完成货物出入库作业。

四、发任务书

（1）将康师傅红烧牛肉面100件分别补充到储位A00000上50件、A00102上20件，A00205上30件；

（2）从电子标签仓库中分拣出20件康师傅红烧牛肉面、30件康师傅香菇炖鸡面、50件康师傅西红柿牛腩面。

五、任务分配

每组两人，一人作为系统操作员完成logis软件操作，另一人在库区依据任务书及电子标签任务要求作为分拣员完成补货或分拣。

六、任务说明

电子标签拣选系统是一种计算机辅助的无纸化的拣货系统。

其原理是：在每一个货位上安装数字显示器，利用计算机的控制将订单信息传输到数字显示器内，拣货人员根据数字显示器所显示的数字信息拣货，拣完货之后按确认钮即完成拣货工作。

其优点是：加快拣货速度，降低拣货错误率。

七、教师演示

（1）制订入库订单，将康师傅红烧牛肉面100件分别补充到储位A00000上50件、A00102上20件，A00205上30件，并完成后台补货；

（2）制订出库订单，从电子标签仓库中分拣出20件康师傅红烧牛肉面、30件康师傅香菇炖鸡面、50件康师傅西红柿牛腩面，并完成分拣任务。

八、任务执行

（一）准备工作

（1）实训室电子标签拣选系统由局域网连接，在打开软件之前，先开启局域网运行系统；

（2）软件登录账号为99999，登录密码为1；

（3）此电子标签货架为重力式货架。重力式货架采用的是先进先出的存储方式，货架深度及层数可按需而定。重力式货架采用链式轨道，适用于少品种大批量同类货物的存储，空间利用率极高。货物由高的一端存入，滑至低端，从低端取出。因此，此类货架一般采取后台补货、前台拣货的作业方式。

（二）执行过程

（1）按要求完成系统补货入库，完成实际操作；
（2）按要求完成系统分拣出库，完成实际操作。

九、过程指导

（一）系统准备工作

（1）双击启动服务器后台服务程序“startup”，图标如图4-56所示。

图4-56　服务器后台程序

出现反馈信息“Sever startup in 2013s”表示服务启动，可以继续下面的程序。

（2）双击启动Internet Explorer浏览器，登录服务器网页http：//127.0.0.1：8060/plats/，进入“Logis物流教学管理平台”页面。

（3）点击“第三方物流”按钮进入“Logis 物流综合管理平台”，如图4-57所示。

图4-57　Logis物流综合管理平台

（4）单击“订单管理系统”，进行订单设置，系统账号为99999，密码为1。

（5）选择订单类型，完成工作任务。

（二）入库

（1）在工具栏中点击“订单管理”按钮，进行订单录入，点击“新增”按钮，录入入库订单。

入库订单的录入必须资料完整，如客户名称、库房、入库方式、订单货品，缺一不可。如图 4-58 所示。

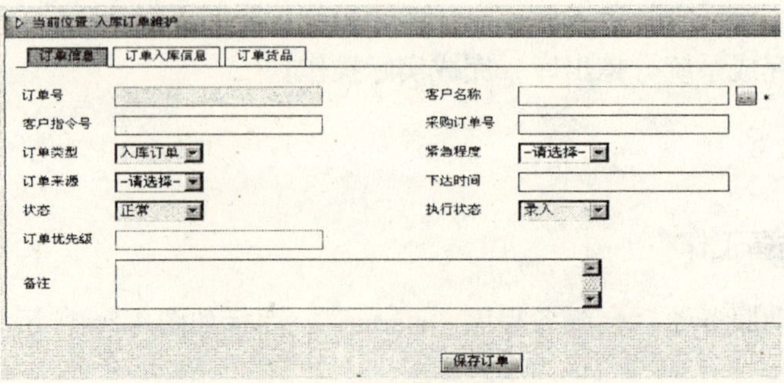

图 4-58　入库订单信息录入

（2）订单录入完成后，点击“保存订单”按钮保存订单，生成订单号（订单号为计算机流水号，按时间先后顺序排列而成，如：OR-0000000016850、OR-0000000016851）。

（3）选中所生成的订单号，点击“生成作业计划”按钮，并确认生成。

（4）在工具栏中点击“切换系统”按钮，切换到“仓储管理系统”页面，点击“仓储管理”按钮完成入库作业计划。

（5）任务栏如图 4-59 所示。

图 4-59　任务栏

在任务栏中点击“入库作业”按钮，进行“入库预处理”，选中所做订单号，点击“调度”按钮进行入库调度，出现如图 4-60 所示页面。

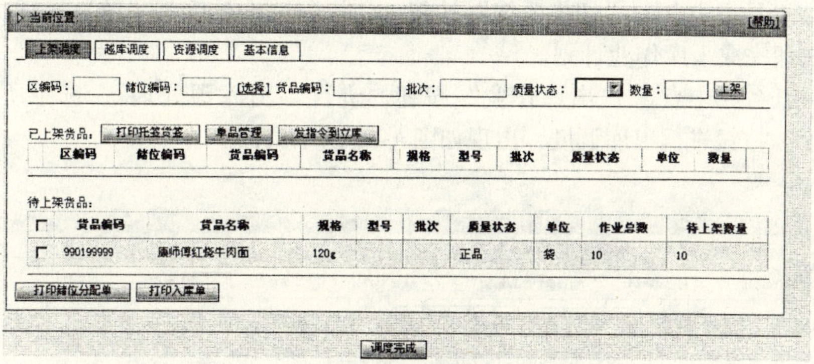

图 4-60　入库调度

(6) 选中“待上架货品”栏目下的货品后，该货品编码即出现在“货品编码框”中，点击“选择”按钮，为该货品选择存储仓位。

(7) 点击“上架”按钮，该货品完成入库调度，点击“调度完成”确认。

(8) 点击“打印储位分配单”和“打印入库单”可以打印储位分配单和入库单；工作人员凭分配单和入库单进行入库补货作业。

(9) 入库补货作业完成后，点击任务栏中“入库反馈”按钮，进行作业计划单反馈，并确认完成。

(三) 出库

(1) 在工具栏中点击“订单管理”按钮，进行订单录入，点击“新增”按钮，录入出库订单。

出库订单的录入必须资料完整，如客户码、库房、出库方式、订单货品，缺一不可。如图 4-61 所示。

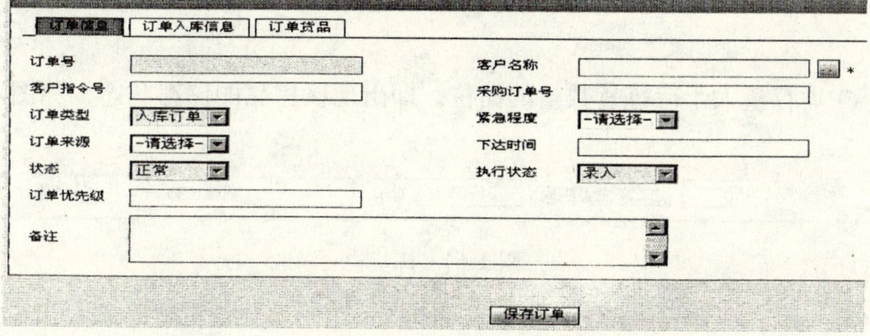

图 4-61　出库订单信息录入

（2）订单录入完成后，点击“保存订单”按钮保存订单，生成订单号（订单号为计算机流水号，按时间先后顺序排列而成，如：OR-0000000016850、OR-0000000016851）。

（3）选中所生成的订单号，点击“生成作业计划”按钮，并确认生成。

（4）在工具栏中点击“切换系统”按钮，切换到“仓储管理系统”页面，点击“仓储管理”按钮完成入库作业计划。

（5）在任务栏中点击“出库作业”按钮，进行“出库预处理”，选中所做订单号，点击“调度”按钮进行出库调度，出现如图4-62所示页面。

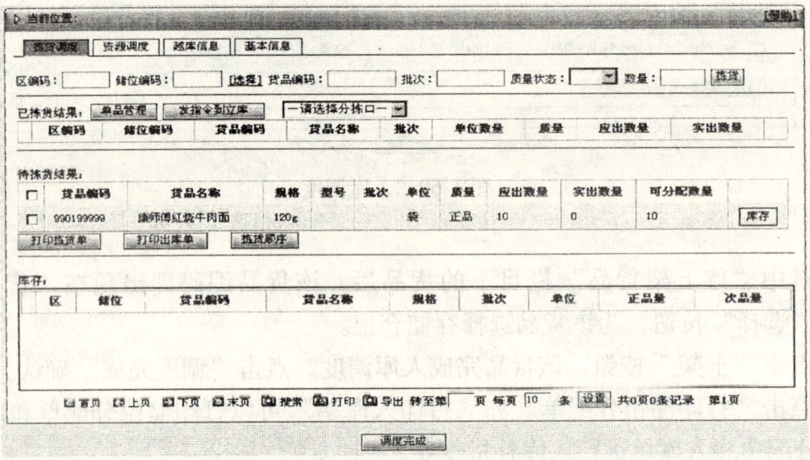

图4-62　出库调度对话框

（6）选中“待拣货结果”栏目下的货品，点击“库存”查看其库存，如图4-63所示。

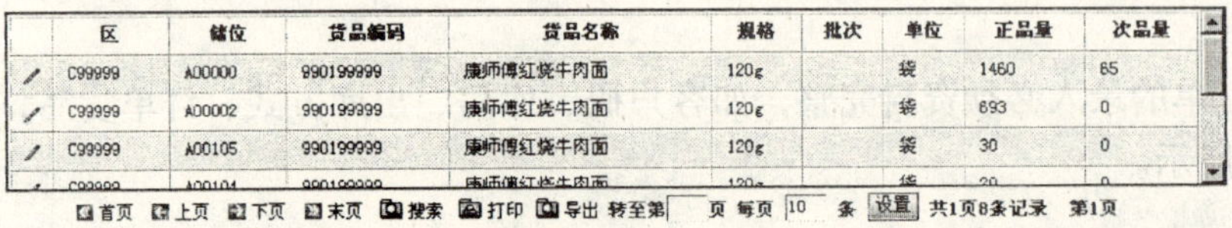

图4-63　库存列表

选择其中库存量大于待拣货数量的储位，即出现该货品的储存状态，如图4-64所示。

图4-64　拣货栏

（7）在库存列表中选储位，在拣货栏中输入拣货数量，单击“拣货”按钮；只要拣货数量小于出库总数，可以在库存列表中选储位，在拣货栏中输入拣货数量，单击“拣货”按钮，直至拣货总数与出库总数一致，说明拣货完成。则该货品完成出库调度，点击“调度完成”确认。

(8) 点击任务栏中“出库反馈”按钮，进行作业计划单反馈，并点击“触发电子标签”按钮，勿关闭当前窗口，待接收拣货信息。

(9) 电子标签货架显示器点亮，订单号显示在订单显示器上。

(10) 拣货员根据标签指示的拣货数量完成拣货任务，按订单完成按钮。

(11)“拣货完成”信息反馈到信息系统。

十、实训展示

选择一组同学，一个同学操作系统，负责入库，然后出库，一个同学负责补货、分拣。老师补充讲解、指导。

十一、任务考核

第一轮：每组同学拿一个任务单，完成补货入库；

第二轮：每组同学拿一个任务单，完成拣货出库。

老师计时，比较哪一组完成的时间短、效率高。

十二、拓展学习

重力式货架又叫辊道式货架，属于仓储货架中的托盘类存储货架。重力式货架是横梁式货架衍生品之一，货架结构与横梁式货架相似，只是在横梁上安上滚筒式轨道，轨道呈3°~5°倾斜。托盘货物用叉车搬运至货架进货口，利用自重，托盘从进口自动滑行至另一端的取货口。重力式货架属于先进先出的存储方式。

货架的特点：

(1) 货物由高的一端存入，滑至低端，从低端取出。货物滑动过程中，滑道上设置有阻尼器，控制货物滑行速度保持在安全范围内。滑道出货一端设置有分离器，搬运机械可顺利取出第一板位置的货物。

(2) 货物遵循先进先出顺序。货架具有存储密度高，且具有柔性配合功能。

(3) 适用于以托盘为载体的存储作业，货物堆栈整齐，为大件重物的存储提供了较好的解决方案，仓储空间利用率在75%以上，而且只需要一个进出货通道。

(4) 重力式货架非常环保，全部采用无动力形式，无能耗，噪音低，安全可靠，可满负荷运作。主要用于对货物时差要求较高的（如保证生产线的物料不间断供给）等场合使用。

货架的结构：

重力式货架由托盘式货架演变而成，采用滚筒式轨道或底轮式托盘。重型货架又叫托盘式货架，具有承重大，高度适应范围广泛，机械存取，选取效率高等特点，但空间利用率一般。

十三、设备保养

（1）认真填写设备运行记录、缺陷记录，以及操作日志。

（2）设备计划运行，定期切换，配合检修人员搞好备设备的检修工作，使其经常保持完好状态，保证随时可以启动运行。

（3）正确使用设备，严格遵守操作规程，启动前认真准备，启动中反复检查。

（4）重力式货架注意事项：货架总深度（即导轨长度）不宜过大，否则不可利用的上下“死角”会较大，影响空间利用，且坡道过长，下滑的可控性会较差，下滑的冲力较大，易引起下滑不畅、受阻，托盘货物的倾翻。为使下滑流畅，如坡道较长，应在中间加设阻尼装置，为使托盘货物下滑至最底端时不致因冲击力过大而倾翻，应在坡道最低处设缓冲装置和取货分隔装置，因此设计、制造、安装难度较大，成本较高。此类货架不宜过高，一般在6米以内，单托货物重量一般在1000kg以内，否则其可靠性和可操作性会降低。

任务四　RFID——无线射频技术及其应用

一、实训目标

通过本次实训，学生了解掌握RFID的相关知识和操作技能，在商品识别方面的应用。

二、任务导入

射频识别技术RFID（Radio Frequency Identification Technology）是一种非接触式的自动识别技术，它通过射频信号自动识别目标并获取相关数据。

现在有一批贵重商品，条形码进行标识不能起到防盗和自动阅读的目的，有怎样的一种手段，能够在商品经过时自动读取商品的信息，从而防止商品的丢失？

三、实训步骤

首先了解什么是RFID，认识低频RFID试验箱，高频的RFID门禁系统，后根据任务将商品信息写入RFID电子标签，当商品通过时读取RFID电子标签信息。

四、发任务书

现有一批农夫山泉饮用天然水需要入库，商品条码为6921168509256，规格为550ml，将商品信息写入电子标签，在经过试验箱和门禁系统时RFID设备自动读取信息并将商品信息送到电脑。

五、任务分配

一个同学作为商品管理员将商品信息录入系统，做好电子标签，一个同学作为运输管理员将电子标签与商品捆绑，将商品的搬运出入实训室，以便第一个同学在电脑上接收商品信息。

六、任务说明

RFID 简介：RFID（无线射频识别，Radio Frequency Identification）是一种非接触式的自动识别技术。RFID 系统基本构成为标签（Tag）、阅读器（Reader）和天线（Antenna）三部分，同时在实际应用中还需要相关硬件和软件的支持。

RFID 原理：RFID 通过发射天线发送一定频率的射频信号，应答器进入天线工作区域时产生感应电流而获得能量被启动，将保存的 ID 等信息通过天线发送出去。读写器从天线接收到信号后，对信号进行处理分离出需要的信息。

RFID 应用：RFID 技术已被应用于门禁、货架、智能购物车、智能信息终端、智能电子秤等方面。近些年来 RFID 技术都热炒，甚至被认为将最终取代传统的条形码。

七、教师演示

（一）低频 RFID 试验箱

低频段射频标签，简称为低频标签，其工作频率范围为 30 ~ 300KHz。典型工作频率有 125KHz 和 133KHz。低频标签一般为无源标签，其工作能量通过电感耦合方式从阅读器耦合线圈的辐射近场中获得。低频标签与阅读器之间传送数据时，低频标签需位于阅读器天线辐射的近场区内。低频标签的阅读距离一般情况下小于 1 米。低频标签的典型应用有：动物识别、容器识别、工具识别、电子闭锁防盗（带有内置应答器的汽车钥匙）等。

（1）打开试验箱箱盖，打开试验箱电源；

（2）取一张低频电子标签卡片，放在试验箱的读写卡区域；

（3）打开软件，在不同的块写入不同的商品信息；

（4）将写好的卡片与商品捆绑；

（5）将带有卡片的商品经过试验箱的读卡区域；

（6）电脑显示该商品信息和数量。

（二）高频 RFID 门禁系统

中高频段射频标签的工作频率一般为 3 ~ 30MHz。典型工作频率为 13. 56KHz。该频段的射频标签，因其工作原理与低频标签完全相同，即采用电感耦合方式工作，所以宜将其归为低频标签类中。另一方面，根据无线电频率的一般划分，其工作频段又称为高频，所以也常将其称为高频标签。鉴于该频段的射频标签可能是实际应用中最大量的一种射频标签，因而我们只要将高、低理解成为一个相对的概念，即不会造成理解上的混乱。为了便于叙述，我们将其称为中频射频标签。中频标签一般也采用无源为主，其工作能量同低频标签一样，也是通过电感（磁）耦合方式从阅读器耦合线圈的辐射近场中获得。标签与阅读器进行数据交换时，标签必须位于阅读器天线辐射的近场区内。中频标签的阅读距离一般情况下也小于 1 米。中频标签由于可方便地做成卡状，广泛应用于电子车票、电子身份证、电子闭锁防盗（电子遥控门锁控制器）、小区物业管理、大厦门禁系统等。

（1）打开门禁系统电源；

（2）取一张高频电子标签卡片，放在门禁的读写卡区域；
（3）打开软件，在不同的块写入不同的商品信息；
（4）将写好的卡片与商品捆绑；
（5）将带有卡片的商品经过门禁系统区域；
（6）电脑显示该商品信息和数量。

八、任务执行

本软件专为RFID射频技术单元实验设计开发。软件包括单块读写、多块同时读写和固定格式读写三项功能。为同学能更深刻地了解与更熟练地应用射频技术提供了良好的平台。

（一）单块读写

双击桌面图标，桌面图标如图4-65所示。

图4-65　RFID单元实验软件图标

出现如下界面：图4-66 RFID单元实验软件介绍（不同的RFID软件介绍可能不一样，我们在学习过程中注意灵活性）。

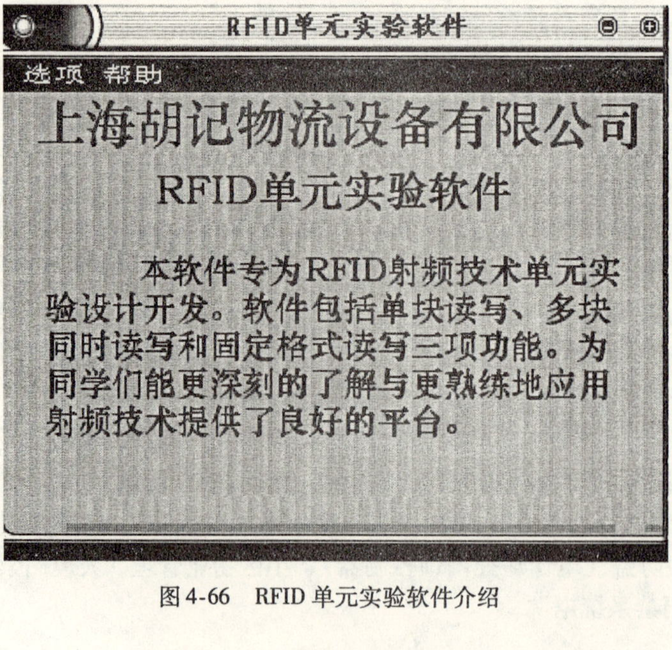

图4-66　RFID单元实验软件介绍

点击“选项”按钮，出现下拉菜单，界面如图4-67所示。

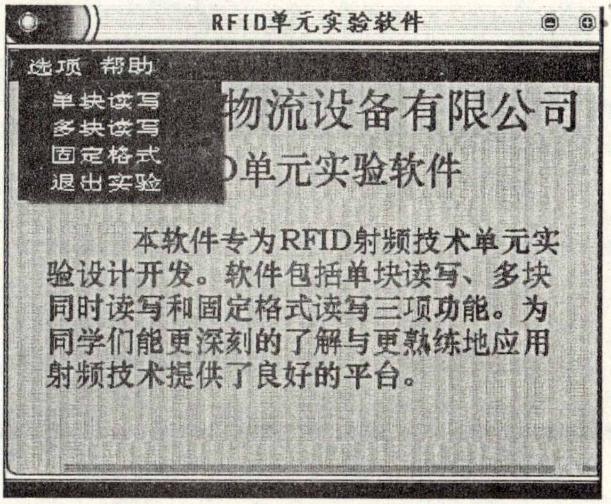

图4-67　RFID单元实验软件选项菜单

点击菜单中的“单块读写”，出现界面如图4-68所示。

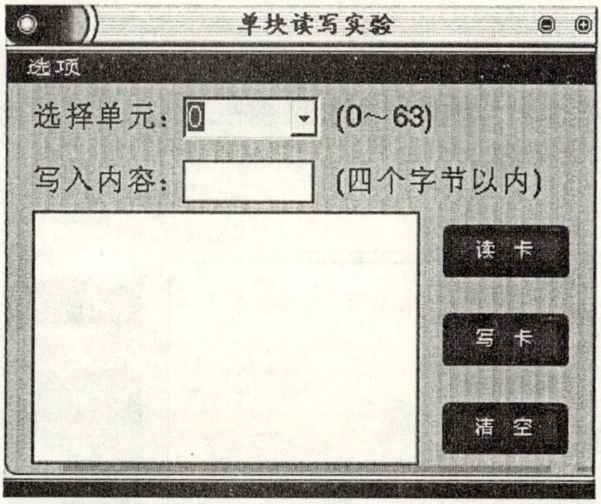

图4-68　RFID单元实验软件单块读写界面

选择你写入的单元号，根据提示写入内容，点击“写卡”，当把已写入的卡片放在试验箱中的读写区域，点击“读卡”，在窗口中即可看到卡片中所写的内容，如图4-69所示：

注：卡片可重复读写，当写入新的内容时，自动会把对应单元中以前的内容覆盖掉，“清空”按键，只对窗口中的内容清空，对卡片无效。

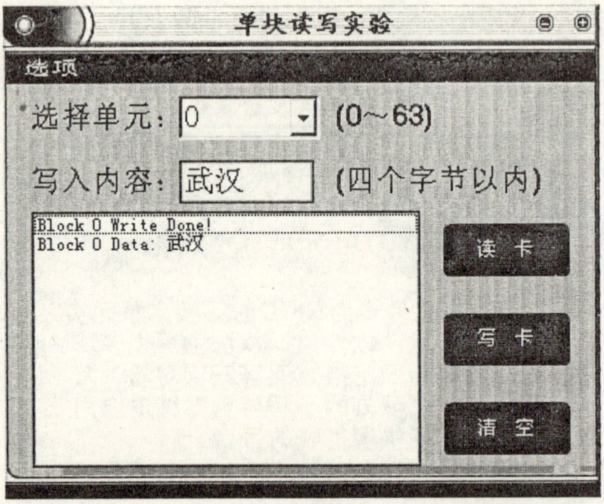

图 4-69　RFID 单元实验软件单块读卡界面

（二）多块读卡

点击菜单中的“多块读卡”，出现如图 4-70 所示界面。

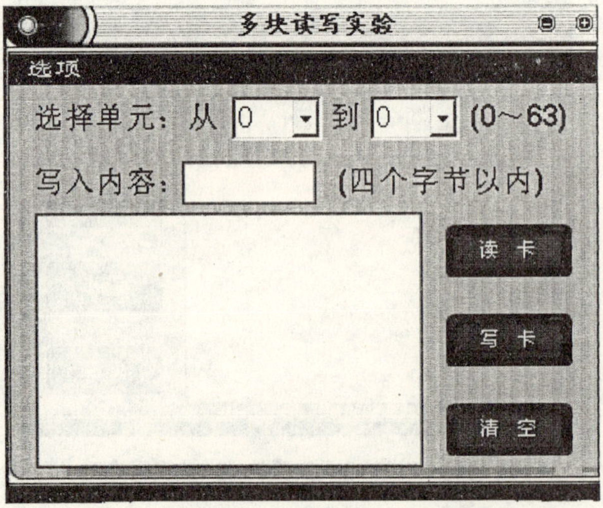

图 4-70　RFID 单元实验软件多块读写界面

选择要写入的单元，填写写入内容，分别点击“写卡”和“读卡”按键，就会把内容写入卡中，或者读出卡中的内容，如图 4-71 所示。

注：多块读写，所选的单元中，所存储的内容是一样的。

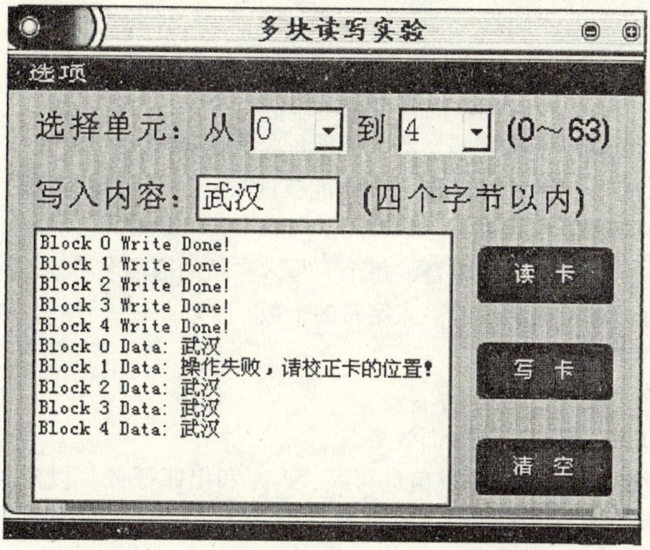

图 4-71　RFID 单元实验软件多块读卡界面

（三）固定格式

点击下拉菜单中的“固定格式”，出现界面如图 4-72 所示。

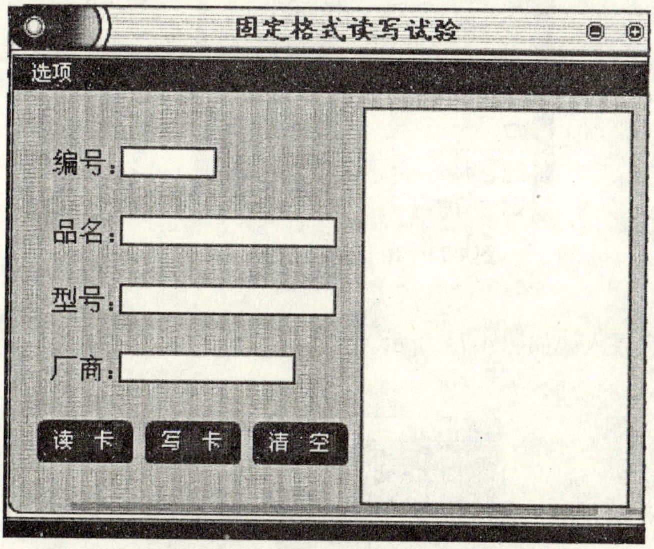

图 4-72　RFID 单元实验软件多块读卡界面

按照要求填写好内容，操作步骤如前。

注：“固定格式”是根据开发商对照商品信息自行定义的，这里只是作为例子，无实际意义。

九、过程指导

在使用射频卡和实验箱的操作过程中请注意以下事项：

（1）高频卡和低频卡不得混淆，频率不匹配将无法读写；

（2）射频卡要在规定的距离范围之内才能被读写；

（3）注意保护门禁系统。

实训过程中，同学应该注意配合，每个人写入自己的商品名称、规格、制作时间，注意这里的射频卡每个单元规定只能写入字符的个数。

十、实训展示

要求学生按以下流程，展示实训效果。

RFID 门禁系统实训，可以完成信息写入、入库和出库任务，以对商品的自动识别完成无纸化的出入库管理，具体操作步骤如下：

（一）RFID 门禁系统中射频卡信息写入实训

（1）打开软件，如图 4-73 所示。

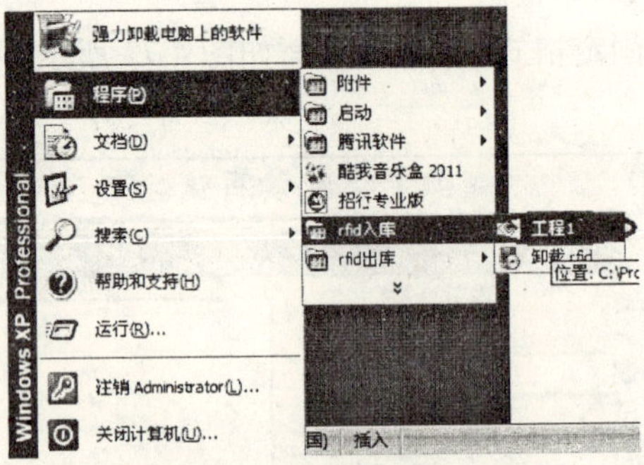

图 4-73　RFID 入库管理启动界面

（2）商品信息录入，如图 4-74 所示。

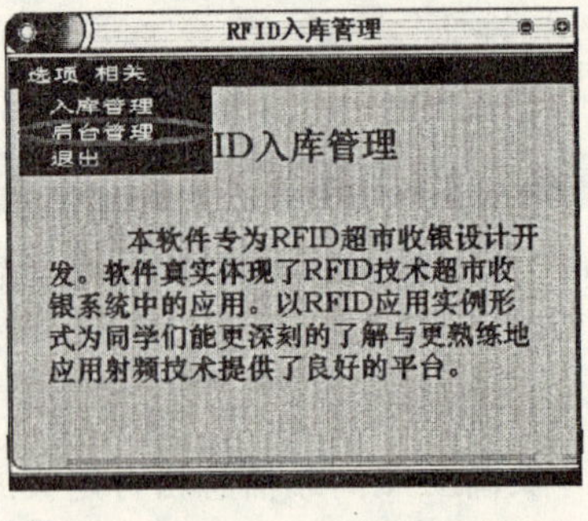

图 4-74　RFID 入库管理选项菜单

（3）进入后台管理，添加商品信息，如图 4-75 所示。

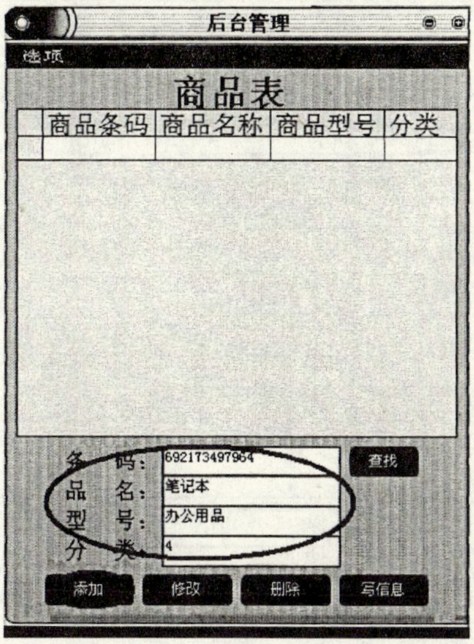

图 4-75　RFID 入库管理中添加商品信息

（4）商品信息反馈，商品信息添加成功，如图 4-76 所示。可以继续单击“添加按钮”，再次添加商品信息。

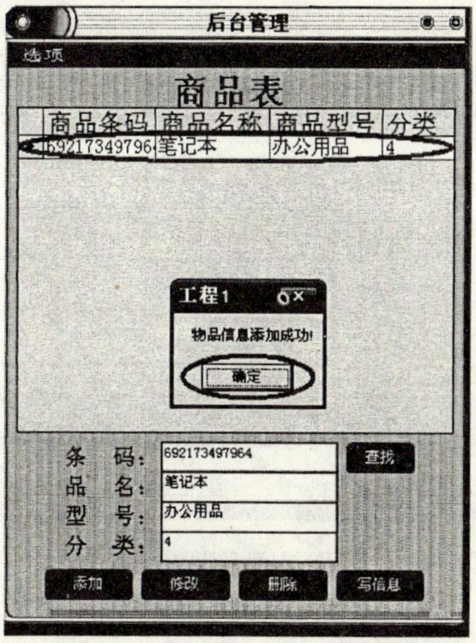

图 4-76　RFID 入库管理中添加商品信息反馈

（5）可以通过“查找”、“修改”、“删除”等按键对货物信息进行编辑。

（6）将商品信息写入卡片，如图 4-77 所示，RFID 卡片信息录入，即写信息。

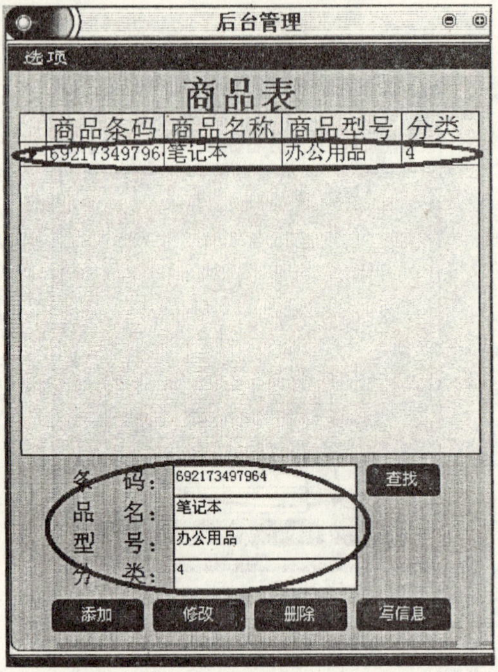

图 4-77 RFID 入库管理中写卡操作之一

（7）确认商品信息无误后，单击“开始写卡”，如图 4-78 所示。

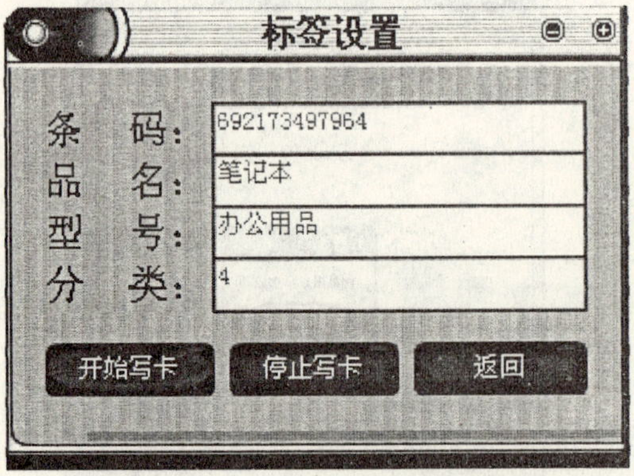

图 4-78 RFID 入库管理中写卡操作之二

（8）所有的射频卡写卡结束后，单击“停止写卡”，即完成写卡操作，如图 4-79 所示。

（9）注：RFID 卡片信息录入时，必须录入已存在的货物信息，并批量写卡，当停止写开始，软件会显示已写卡的数量。如图 4-80 所示。

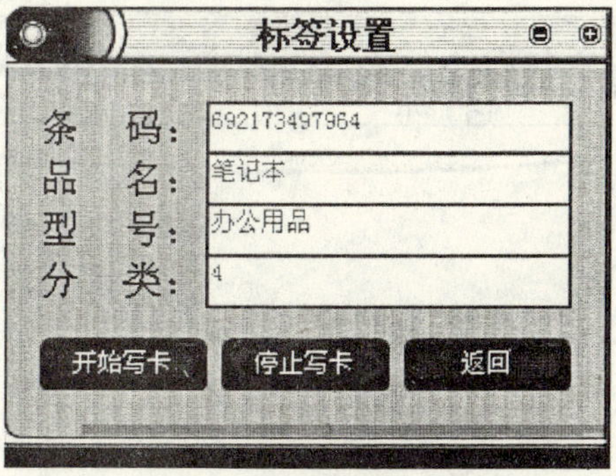

图 4-79 RFID 入库管理中写卡操作之三

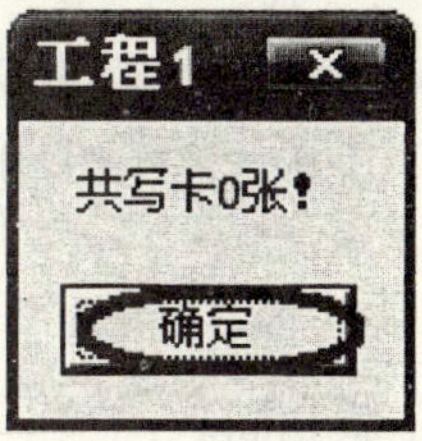

图 4-80 RFID 入库管理中写卡操作之四

（二）RFID 门禁系统中出入库信息统计

（1）出库管理：同（一）从开始菜单中启动 RFID 出库软件，出现以下界面，如图 4-81 所示。

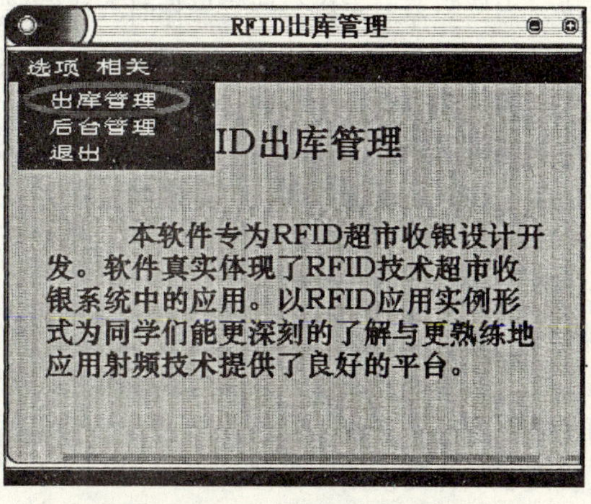

图 4-81 RFID 出库管理操作界面一

（2）单击选项菜单中的“出库管理”会出现以下界面，如图 4-82 所示。

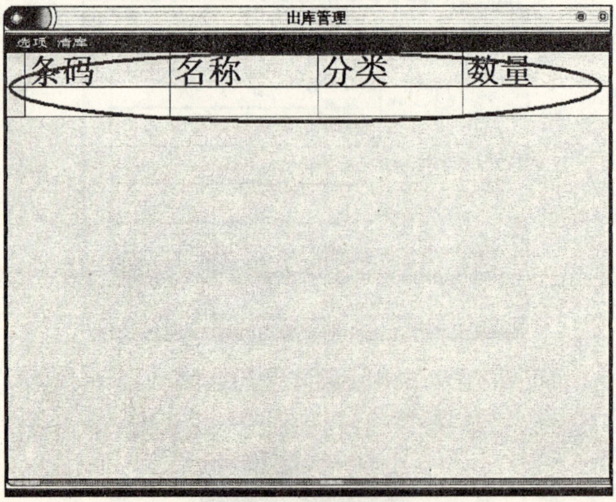

图 4-82　RFID 出库管理操作界面二

（3）当粘贴有射频卡的商品经过门禁时，该模块自动读出出库商品的信息和数量。

（4）入库软件操作流程和以上步骤相同。

十一、任务考核

每两个同学一组，将以下商品：农夫山泉饮用天然水，商品条码为 6921168509256，规格为 550ml，完成入库，再完成出库。做低频实验时，一个同学操作软件，第二个同学配合将射频卡与商品绑定；做高频实验时，角色进行交换。

十二、拓展学习

射频卡本身是无源体，当读写器对卡进行读写操作时，读写器发出的信号由两部分叠加组成：一部分是电源信号，该信号由卡接收后，与其本身的 L/C 产生谐振，产生一个瞬间能量来供给芯片工作。另一部分则是结合数据信号，指挥芯片完成数据、修改、存储等，并返回给读写器。由射频卡所形成的读写系统，无论是硬件结构，还是操作过程都得到了很大的简化，同时借助于先进的管理软件，可脱机的操作方式，都使数据读写过程更为简单。

与接触式 IC 卡相比较，射频卡具有以下优点：

（1）可靠性高：射频卡与读写器之间无机械接触，避免了由于接触读写而产生的各种故障。例如：由于粗暴插卡、非卡外物插入、灰尘或油污导致接触不良等原因造成的故障。此外，射频卡表面无裸露的芯片，无需担心芯片脱落、静电击穿、弯曲损坏等问题，既便于卡片的印刷，又提高了卡片的使用可靠性。

（2）操作方便，快速：由于非接触通信，读写器在 10cm 范围内就可以对卡片操作，所以不必插拔卡，非常方便用户使用。射频卡使用时没有方向性，卡片可以任意方向掠过读写器即可完成操作，这大大提高了每次使用的速度。

（3）防冲突：射频卡中有快速防冲突机制，能防止卡片之间出现数据干扰，因此，读写器可以“同时”处理多张射频卡。这提高了应用的并行性，无形中提高了系统工作速度。

（4）可以适合于多种应用：射频卡的存储结构特点使它一卡多用，能应用于不同的系统，用户可根据不同的应用设定不同的密码和访问条件。

（5）加密性能好：射频卡的序列号是唯一的，制造厂家在产品出厂前已将此序列号固化，不可再更改。射频卡与读写器之间采用双向验证机制，即读写器验证 IC 卡的合法性时 IC 卡也验证读写器的合法性。射频卡在处理前要与读写器进行三次相互认证，而且在通信过程中所有的数据都加密。此外，卡中各个扇区都有自己的操作密码和访问条件。正由于射频卡具有以上无可比拟的优点，所以它很适宜应用于电子钱包，公路自动收费系统、食堂售饭系统和公共汽车自动售票系统等。

（一）射频技术和条形码的区别

射频技术与条形码是两种不同的技术，有不同的适用范围，有时会有重叠。两者之间最大的区别是条形码是“可视技术”。射频标签只要在接收器的作用范围内就可以被读取。

从概念上来说，两者很相似，目的都是快速准确地确认追踪目标物体。主要的区别如下：有无写入信息或更新内存的能力。条形码的内存不能更改。射频标签不像条形码，它特有的辨识器不能被复制。标签的作用不仅仅局限于视野之内，因为信息是由无线电波传输，而条形码必须在视野之内。由于条形码成本较低，有完善的标准体系，已在全球散播，所以已经被普遍接受，在成本方面，条形码的成本就是条形码纸张和油墨成本，而有内存芯片的主动射频标签价格在 2 美元以上，被动射频标签的成本也在 1 美元以上。但是没有内置芯片的标签价格只有几美分，它可以用于对数据信息要求不那么高的情况，同时又具有条形码不具备的防伪功能。

（二）最基本的 RFID 系统组成

（1）阅读器（Reader）：读取（或写入）标签信息的设备，可设计为手持式或固定式，如图 4-83 所示。

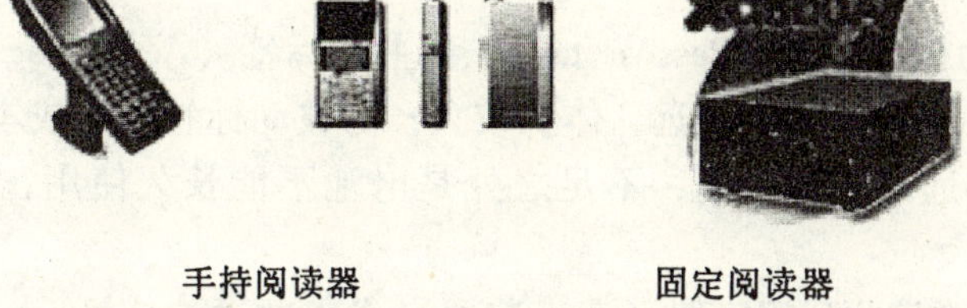

手持阅读器　　　　固定阅读器

图 4-83　RFID 阅读器

（2）天线（Antenna）如图 4-84 所示：在标签和阅读器间传递射频信号。

电子标签设备天线

门型天线

图 4-84 天线

（3）标签（Tag）：由耦合元件及芯片组成，每个标签具有唯一的电子编码，附着在物体上标识目标对象；每个标签都有一个全球唯一的 ID 号码——UID，UID 是在制作芯片时放在 ROM 中的，无法修改。用户数据区（DATA）是供用户存放数据的，可以进行读写、覆盖、增加的操作。阅读器对标签的操作有三类：

①识别（Identify）：读取 UID；

②读取（Read）：读取用户数据；

③写入（Write）：写入用户数据。

标签样式如图 4-85 所示。

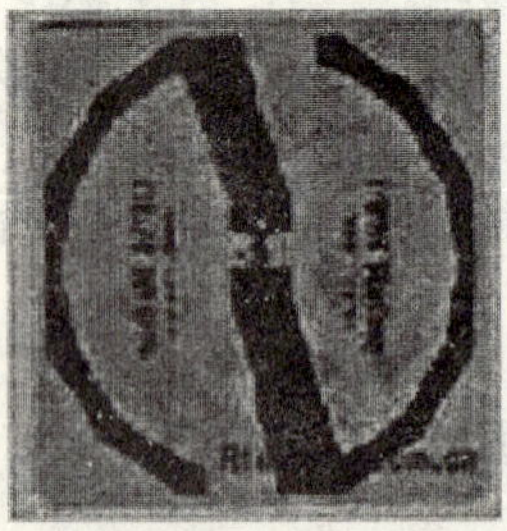

图 4-85 RFID 电子标签

（三）RFID 标签类型

RFID 标签分为被动标签（Passive tags）和主动标签（Active tags）两种。主动标签自身带有电池供电，读/写距离较远，体积较大，与被动标签相比成本更高，也称为有源标签，一般具有较远的阅读距离，不足之处是电池不能长久使用，能量耗尽后需更换电池。

无源电子标签在接收到阅读器（读出装置）发出的微波信号后，将部分微波能量转化为直流电供自已工作，一般可做到免维护，成本很低并具有很长的使用寿命，比主动标签更小也更轻，读写距离则较近，也称为无源标签。相比有源系统，无源系统在阅读距离及适应物体运动速度方面略有限制。

按照存储的信息是否被改写，标签也被分为只读式标签（read only）和可读写标签（read and write）只读式标签内的信息在集成电路生产时即将信息写入，以后不能修改，只能被专门设备读取；可读写标签将保存的信息写入其内部的存储区，需要改写时也可以采用专门的编程或写入设备擦写。一般将信息写入电子标签所花费的时间远大于读取电子标签信息所花费的时间，写入所花费的时间为秒级，阅读花费的时间为毫秒级。

十三、设备保养

为了最大限度地发挥门禁系统的功能，减少人为的失误，我们在安装和调试的过程中应重点注意以下几个方面：

（1）电源：保证功率足够，尽量使用线性电源，门锁和控制器应分开供电。电源的安装尽可能靠近用电设备，以避免受到干扰和传输损耗。

（2）布线：分为电源线、通信线、信号线，布线时注意强、弱电分开走线，两管相隔要求大于20cm。

（3）电源线：线径足够粗，采用多股导线。注意以下几点：

①屏蔽线千万不能用来作为0V电压（电源地）的连接线；

②每个屏蔽回路只能有一个接地端；

③当屏蔽回路中无法接地时可将屏蔽线连接到网络的另一屏蔽回路中；

④必须将各个模块的信号连接在一起；

⑤若线路中间有断点，需将断点用烙铁焊上并做好绝缘处理；

⑥不要将网络连接线与交流电源放在一起；

⑦如果网络连线超过1200米，要加中继器，中继器后可以再延长1200米。

（4）门禁系统：注意安装位置的选取，防止电磁干扰。

（5）读卡器：不要安装在金属物体上，两台读卡器之间的距离不要少于30厘米，最好通过控制器供电。如果读卡器单独从外部供电，读卡器的电源请使用线性稳压电源（变压器），并且不能把直流的负极连接到交流的接地端。

（6）网络适配器：和控制器之间的连接采用手拉手的方式。

（7）电子标签卡高低频注意分类保管，避免与金属过多接触，防止重压影响天线发射和接收信号的效果。

任务五　无人搬运工具——AGV小车的使用

一、实训目标

了解AGV系统组成及引导方式；熟悉AGV的基本用途；掌握PC控制和AGV车载控制两种方式控制AGV小车运行。

二、任务导入

在工厂车间我们需要进行货物内部的搬运与装卸，那么在工厂中我们经常看到的就是叉车与自动导引小车，而我们今天要学习的内容就是 AGV 自动导引小车，学会它的两种操作方式，以及它的性能和操作要领。

自动导引车系统（以下简称 AGVS）是无人操纵的自动化输送系统。主要由自动导引运输车（以下简称 AGV 小车）、地面管理系统、（VSM）、导引系统、通信系统、其他周边设备等基本单元组成。现代物流企业，尤其是大型的仓储企业，使用到 AGV 小车，那么我们要怎样驾驭它？

三、实训步骤

认识 AGV 调度的重要性，熟悉 AGV 的线路图，为小车设计合理的线路，让 AGV 小车正确运行完成任务。

四、发任务书

小车从 9 号位，车头朝向立体仓库出发，到 1 号位完成入库后返回到 9 号位，车头仍朝向立体仓库。

五、任务分配

每组 3 人，一个人画出线路图，3 人合作设计线路后，一人做车载控制，一人做 AGV 控制。

六、任务说明

不同的企业，根据实际需要，小车行走线路不同，这里以本实训室线路图为例进行说明。同学们在学习过程中掌握了这种方法后，可以触类旁通，灵活应对企业实际线路。

仓储与配送实训室 AGV 小车线路图如图 4-86 所示。

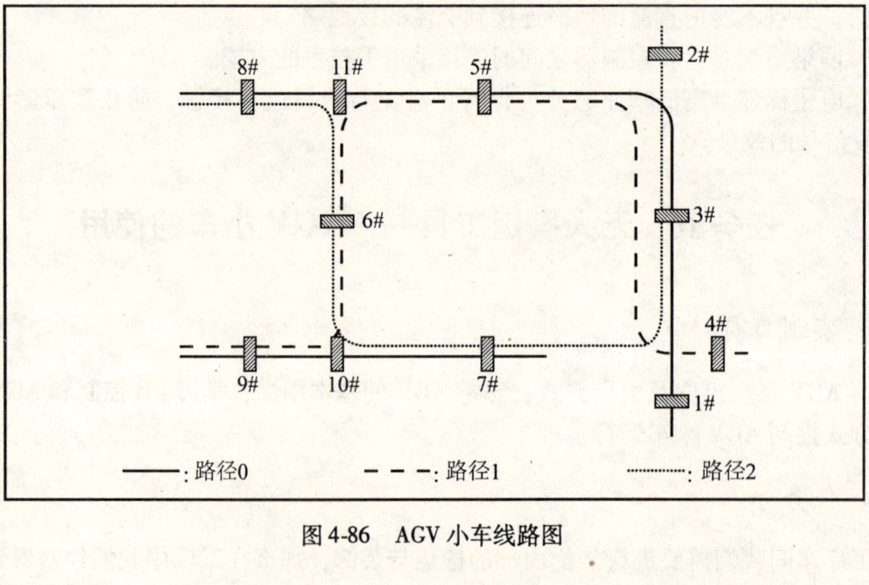

图 4-86　AGV 小车线路图

接下来我们根据路径表，结合任务，设计出 AGV 小车运行指令。编辑小车行走路径的方法如下：

（1）根据路径表建立路径文件，所有的指标都用数字参数来表示。根据参数说明填写表 4-1 AGV 小车行走路径表。

表 4-1　**AGV 小车行走路径表**

ID 号	导引线	速度挡位	运行方向	辊筒动作	节点地址	停车时间
0						
1						
2						
3						
4						
5						
6						

（2）根据小车运行需要，选择导引线号：黑色线 0 号、红色线 1 号、蓝色线 2 号。

（3）根据实际情况，选择速度挡位和运行方向：速度挡位有 1、2、3 挡，通常选择 2，小车的运行方向前进选 0，后退选 1。

（4）选择停车位置：1～11 共 11 个停车位，小车只有在停车位才能换线，才能停车，才能改变运行方向。

（5）选择辊筒动作：辊筒不转动时为 0，正对车头判断，顺时针转动为 2，逆时针转动为 1。

（6）停车时间，在有需要的停车位设置停车时间，永久停车 8888，一条完成的小车运行路径必须以永久停车为结束。

七、教师演示

比如要小车完成以下任务：小车现在在 9 号位，车头朝向 7 号位，要运行至 6 好位置取货物，后运行到 5 号位完成入库扫描，至 1 号位完成入库，后返回至 9 号位，车头朝向 7 号位。

（一）分析题目，设计路径表

小车完成任务具体执行的路径设计有多种途径，实现方法不一，只要能高效的完成任务，都是正确的路径。该任务的路径设计，可参考表 4-2 AGV 小车行走路径表（例）。

表 4-2　**AGV 小车行走路径表（例）**

ID 号	导引线	速度挡位	运行方向	辊筒动作	节点地址	停车时间
0	1	2	0	0	6	5
1	1	2	0	0	5	10
2	0	2	0	2	1	10
3	0	2	1	0	5	2
4	1	2	1	0	9	8888
5						
6						

（二）具体实施，启动小车

完成该任务，可以使用 PC 控制或 AGV 控制两种方法来完成，AGV 小车运行路径设置操作流程如下：

（1）PC 控制：又叫远程控制或自动控制，即是在装有 AGV 小车控制软件的电脑上设计小车运行线路，后通过通信系统将线路文件发布给小车接收，小车接收信号后，开始运行，从而完成搬运任务。操作流程如下：

①打开小车顶部电源开关；

②选择小车控制方式：按下小车屏幕下方的“确定”按钮→在控制方式选择中选取 pc control →选择配置确认；

③启动 AGV 控制软件；

④根据工作任务编辑小车运行路径；

⑤点击“小车准备→发送路径→开始运行 ”；

⑥小车开始运行。

（2）AGV 控制：又叫车载控制或手动控制，即是在装有 AGV 小车控制面板上设计小车运行线路，配置确认，后小车接收信号后，开始运行，从而完成搬运任务。操作流程如下：

①打开小车顶部电源开关；

②选择小车控制方式：按下小车屏幕下方的“确定”按钮→在控制方式选择中选取 AGV control →选择配置确认；

③按 F2 键，进入小车行走路径表进行路径设置；

④路径设置完成后“确认”键，小车进入工作状态；

⑤小车开始运行。

（三）完成任务，小车停车在指定的停车位

八、任务执行

引导学生完成上面的任务引入。将学生分成 4 个小组，每组对应上面的一个任务，设计正确的路径并在小车上和电脑上进行练习。

（1）小车从 9 号位出发搬运货物至 1 号位置停车 10 秒同时辊筒向右动作，后按原线路返回 9 号位置停车。

（2）小车从 9 号位出发至 4 号位置，停车 20 秒辊筒向左动作后，运行至 11 号位置停车。

（3）小车从 11 号位出发至 3 号位，停车 20 秒同时辊筒向左动作后，运行至 6 号位置停车。

（4）小车从 6 号位置至 2 号位置，辊筒向左动作停车 20 秒后，小车运行至 9 号位置停车，要求车头向前。

九、过程指导

要完成任务，首先要根据参数及任务要求，设计正确的路径表，然后启动机器，准备将路径文件输入，小车运行执行任务。

（一）AGV 启动

首先确保 AGV 处在导引线上。钥匙开关向右旋转，即打开 AGV 总电源。如图 4-87 所示。

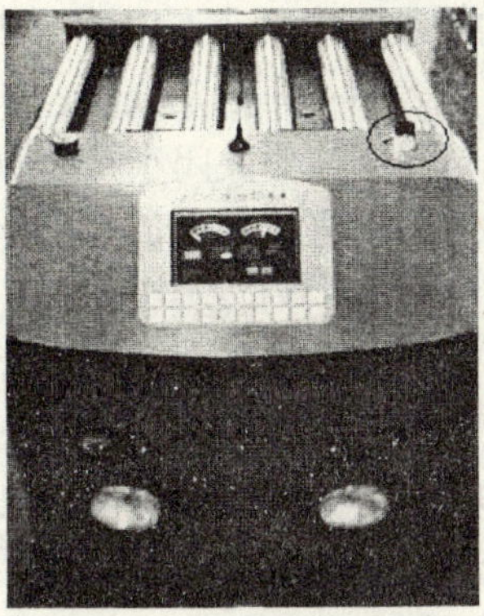

图 4-87　AGV 总电源开关

在 AGV 上，装有紧急置停开关，正常情况下，按钮处于打开状态，当发生异常情况时，按下按钮，切断 AGV 电源，避免机械损伤，如图 4-88 所示。

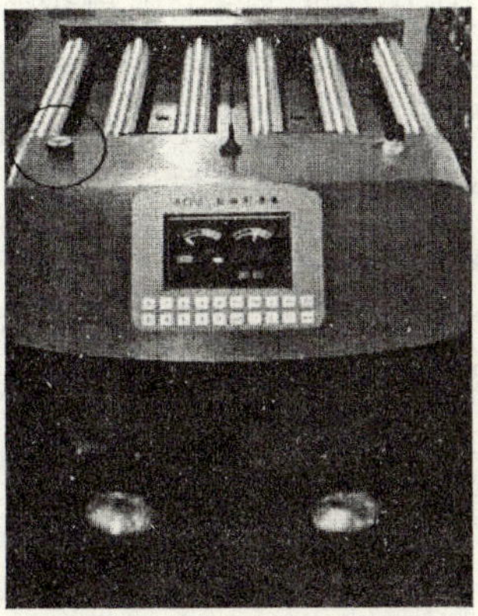

图 4-88　AGV 紧急置停开关

当发生异常情况时，按下按钮，切断 AGV 电源，避免机械损伤。

（二） AGV 手动操作

在开始熟悉使用本台 AGV 小车之前，请牢记以下几条注意事项：

（1）启动小车之前，请注意小车是否处于导引线中间。如果位置不正确，请关闭小车电源后将小车推到导引线中间后再启动小车。小车分车头和车尾两部分，装有液晶屏的为车头，另一侧为车尾，小车启动时必须保证车头车尾都在线，即导引线贯穿于车头车尾，左右偏差可以在正负 10CM，小车启动后会自动调整车头车尾，使之位于最佳位置。

（2）启动小车之前，请查看小车顶端的红色紧停按钮是否按下。如果处于紧停状态，请旋转紧停按钮使之弹出。

（3）顺时针方向旋转车顶的钥匙，启动小车电源。如果听到："滴"一声短音，并且液晶显示屏上出现蓝色欢迎界面，表示小车启动成功。如果听到："滴——"的长音，表示小车启动不正常，请将钥匙旋转回原位，关闭小车电源后稍等 5 秒重新启动小车，直到启动成功为止。如果连续 3 次以上启动未成功，请尽快给小车充电。

（4）小车启动正常后，四个白色报警灯会闪烁一下，液晶屏上出现蓝色欢迎界面，小车进入内部系统自检过程。短暂自检后，小车进入正常运行状态，等待操作人员进行下一步操作。

（5）小车内部铅酸蓄电池能连续工作 6 个小时，如果正常运行中经常发生读地址卡不成功，或小车从停止状态启动不成功，请尽快给小车充电，请保证充电时间为 8 个小时。

（6）小车充电时，需要将紧停按钮拍下，将钥匙开关逆时针旋转关闭小车电源。将充电器电源插头接通电源，充电器充电插头插入小车尾部的充电插座，开启充电器电源。小车顶部红色充电灯亮，表示充电过程正常。当充电器上的绿色指示灯亮，表示小车充电完成。可以将充电器拔下。

（7）小车运行时，如出现小车出轨、四个白色报警灯亮等异常情况。请手动按下"取消"键紧急停车或按下紧停按钮关闭小车电源。在关闭小车电源后将小车推回导引轨道重新运行。小车内部提供出轨保护电路，当小车离开轨道运行 2 秒后，自动停止运行，同样需要关闭小车电源后，将小车推回轨道运行。

（8）由于场地有限，地图复杂，请将小车的速度置为 1 挡和 2 挡。当小车在转弯运行时，请保证速度为 1 挡；当小车在停车之前和从停车状态启动时，速度也必须为 1 挡。直线运行时，可以选择 2 挡，尽量不要使用 3 挡和 4 挡。

（9）路径输入表最多支持 27 条路径，在小车屏幕上输入路径时，可通过 PAGE UP 和 PAGE DOUN 按钮翻页。在屏幕顶端会出现当前页号。

（三）AGV 小车设置

AGV 小车可以选择由计算机远程设置或者小车手动设置，AGV 小车手动设置说明：

（1）小车启动成功后，液晶屏幕上会出现蓝色欢迎界面，如图 4-89 所示。

（2）按右侧键盘上的确认键，进入小车配置界面。

小车配置界面一共有六个按钮，分别为：

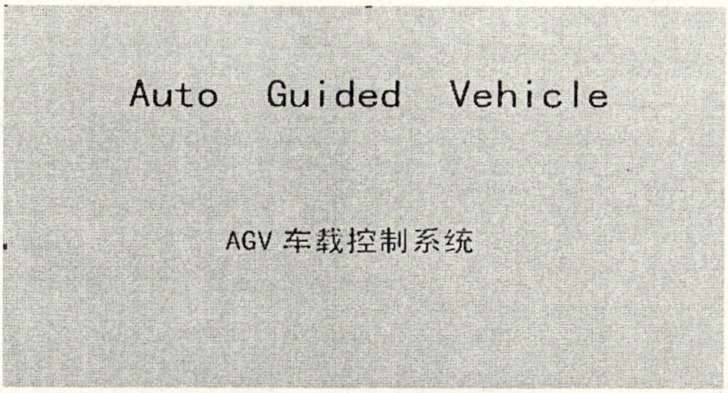

图 4-89　AGV 小车欢迎界面

“控制方式选择”——用于选择小车路径的设置方式。

“小车地址设置”——用于设置小车地址，AGV 系统支持 8 台小车，这里默认 0。

“挡位速度设置”——用于设置速度挡位的具体速度。

“按钮功能介绍”——用于介绍小键盘各键功能。

“地图演示”——用于显示路径地图。

“配置确认”——当所有选项都设置完毕，按下本键确认，进入小车工作状态。

使用方向键来选择需要设置的按钮，按确认键进入设置界面。

● 小车控制方式选择

选择此按钮，按确认进入设置界面。可以用上下方向键选择“PC control”或“AGV control”两种控制方式。“PC control”方式为小车路径设置通过计算机控制软件完成。“AGV control”控制方式为通过小车上的键盘和显示屏完成路径设置，控制小车运行。

小车默认为“AGV control”控制方式，选择完毕后，按确认键确认并退出设置界面。

● 小车地址设置

选择此按钮，按确认进入设置界面。AGV 控制软件可以支持 8 台小车组成 AGV 系统。由于本系统只有 1 台 AGV 小车，地址默认为 0#，不需进行设置。

● 挡位速度设置

可以通过选择此按钮，进行每挡实际速度调节，本系统中，1 挡和 4 挡速度内部固定，无法通过调整实现这两挡速度变化。2 挡和 3 挡可以通过调节设置，修改具体挡位代表的实际速度。

● 按钮功能介绍

通过选择此按钮，察看键盘上所有按键功能，如图 4-90 所示，进入后，按取消键退出察看状态。

● 地图演示

通过选择此按钮，察看本台 AGV 的运行线路，进入后，按取消键退出察看状态。

● 配置确认

键盘按键功能介绍

键盘名称	功能
0—9	用于小车路径表内路径信息输入
F1，F2	用于小车工作状态图和小车路径表切换 F1键切换到小车工作状态图 F2键切换到小车路径表
Pg↑，Pg↓	用于小车路径表的翻页功能，共有4页
↑↓←→	用于方向控制，选择屏幕上的可选元素
确认，取消	用于确认和取消选择和输入的信息

图 4-90　AGV 小车键盘功能介绍

当完成所有配置输入后，按此配置确认按钮，进入小车工作状态界面。

注意：本台 AGV 系统实际需要用户每次都选择的只有小车控制方式选择一个按钮。当用户需要计算机远程控制小车时，进入此按钮，选择控制方式。当用户需要小车手动控制方式时，无需设置，小车默认为手动控制，可直接点配置确认键跳过本过程。

配置完成后，进入小车工作状态图，如图 4-91 所示。

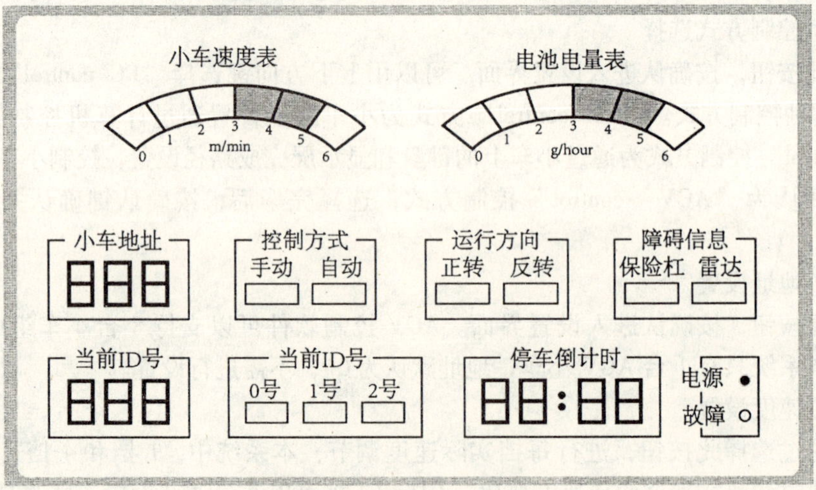

图 4-91　AGV 小车工作状态图

本界面能指示当前小车的所有状态。

①小车速度表：能动态指示小车运行的速度，0～6 的数字代表当前的挡位。

②电池电量表：能指示当前小车的电量。

③小车地址：能指示当前小车的地址，与在配置界面内输入的地址相吻合。本系统这里显示 000。

④控制方式：能指示当前小车的控制方式，手动即小车手动控制方式，自动为计算机远程控制方式。

⑤运行方向：能指示当前小车的运行方向，正转即车头向前运行，反转即车尾向前运行。

⑥障碍信息：能指示当前导致停车的原因，保险杠即小车下方的保险杠撞倒障碍物；雷达即小车前后雷达识别到有障碍物体。其中，保险杠撞倒障碍物立即停车，雷达识别到障碍物后，延迟2s停车，如果在2s内障碍物消失，小车运行不受影响。当保险杠和雷达指示同时有效，代表没在线信号，请检查信号发生源是否正常工作。所有障碍信息导致停车后，当障碍物消失的同时，小车会自己恢复停车前的状态。

⑦当前ID号：能指示当前执行的路径编号。一个完整的路径有多条路径组成，当小车执行其中每条路径时，当前ID号显示当前路径在路径表内的编号。

⑧导引线号：能指示当前小车在哪条导引线运行。整个地图中，包括3条导引线，由这三条导引线构成各种复杂线路。

⑨停车倒计时：能倒计时显示当前停车的时间。由于小车在运行过程中可能存在装卸货物的临时停车和整个路径表完成后永久停车。在临时停车时，这里显示倒计时，倒计时到：00分00秒的时候，小车自动运行下条路径。当小车执行完所有路径后永久停车，这里显示88分88秒。

当小车处于计算机远程控制方式时，小车在此工作状态图上等待计算机控制，无需任何手动操作。当小车处于手动控制方式时，需要在这状态时按F2键，进入小车行走路径表进行路径设置。

小车路径表如图4-92所示。

小车行走路径表						
ID号	导引线	速度	方向	滚链	终地址	停车时间

图4-92　AGV小车行走路径表介绍

进入小车路径表后，除了ID号，其他方格内都显示0，可以通过方向键来选择要输入到哪个地方。当移动方向键选择到表格某个空格时，空格内的0会变成红色。可以通过数字键输入对应数字，按确认键确认输入完毕。输入完毕后，计算机弹出对话框“save and run”，按确认键表示输入正确，小车开始执行；按取消键则重新回到此表格，可以修改之前输入的数据。当输入有错误，系统会提示：ERROR，自动回到此表格，操作人员找到错误点，修改后，再次确认。

在输入路径信息过程中，如果按 F1 键，画面将切换到小车状态图，然后可以通过按 F2 键再次进入小车路径表，之前输入的小车路径不会丢失。

注意：每次重启小车电源之后，输入小车的路径信息就丢失。

输入路径表需要注意如下事项：

①ID 号不需要输入，系统自动生成。

②导引线号的输入必须为：0、1、2，输入其他任何数字均为非法。

③速度挡位的输入必须为：0、1、2、3、4，输入其他任何数字均为非法。

④运行方向输入必须为：0、1，“0”为车头向前，正转运行。“1”为车尾向前，反转运行。

⑤滚链为当前辊筒动作说明。“00”为辊筒不动作，“01”为辊筒顺时针运转，“02”为辊筒逆时针运转。顺时针和逆时针是以人站在车头位置，面向 AGV 时候所观察到的辊筒运转方向。

⑥终地址为本条路径的目的地址，本系统中，地址输入必须为：01～20。输入其他数字均为非法。

注意：目的地址必须与实际布线地图吻合，否则小车可能出轨。

⑦停车时间可以输入临时停车时间或永久停车 8888。临时停车可以从 0000～5959，左面两位代表停车时间的分数，右面两位代表停车时间的秒数。例如：3015，代表停车 30 分钟 15 秒。当输入为：8888 时，代表本条路径是整个路径表的最后一条路径，哪怕下面还有路径输入，小车执行到 8888 后不再继续执行。

注意：每个路径表内必须有 8888 永久停车作为路径表结束。

⑧当前后两条路径内容中方向有切换时，必须先停车。比如上条路径方向为 0，车头向前运行，下条路径的方向为 1，车尾向前运行。那么上条路径的停车时间必须输入，哪怕输入 0001，即停车 0 分 1 秒，否则系统认为输入错误。

⑨当某条路径中需要小车临时停车或永久停车，此条路径中的速度必须为 1 挡。当小车从停车状态启动，当前路径内的速度必须为 1 挡。

⑩滚链动作必须在本条路径中有临时停车状态才能有效。即小车必须在临时停车时才能操作滚链动作，否则小车认为设置错误。

⑪导引的切换必须与地图符合，否则会引起小车无导引后出轨运行。

当小车路径表输入完成后，按确认键后出现 ERROR 提示，请对照上面的注意事项察看输入的路径信息是否有非法数据。

当路径输入完成后，按确认键出现“save and run”，再次按确认键，小车画面切换到小车工作状态图，小车开始执行路径，小车状态图上出现当前运行的路径信息。

在小车正常运行中，可以随时按取消键将小车停车，然后再按确认键再次恢复停车前的路径执行。也可在按取消键后，按 F2 键，重新进入小车路径表，设置新的路径信息。

小车处于临时停车或者永久停车时，四个黄色停车灯亮。

小车永久停车后，需要手动按 F2 键，重新进入路径表设置路径。

(四) AGV 软件操作

在 AGV 液晶面板上选“PC control:”，确定后到计算机上打开 AGV 控制系统点击桌面“AGV 小车控制”图标，出现界面如图 4-93 所示。

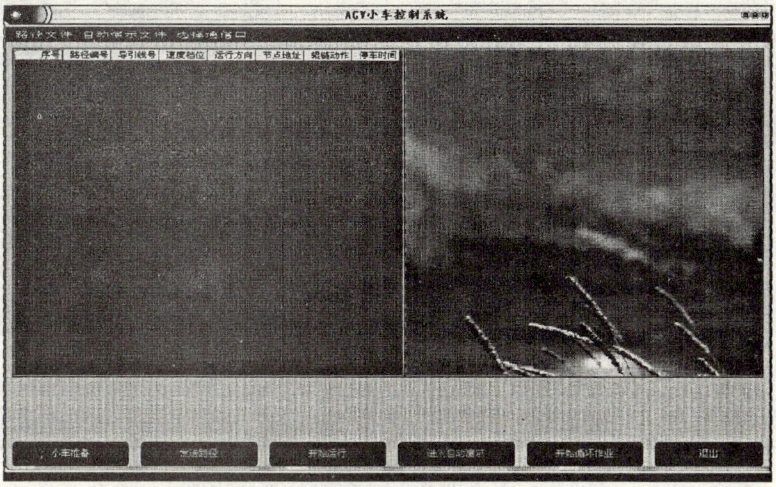

图 4-93　AGV 小车控制系统界面

1. 选择通信端口

当第一次开启软件时，需选择通信端口。如图 4-94 所示。点击相对应的端口。

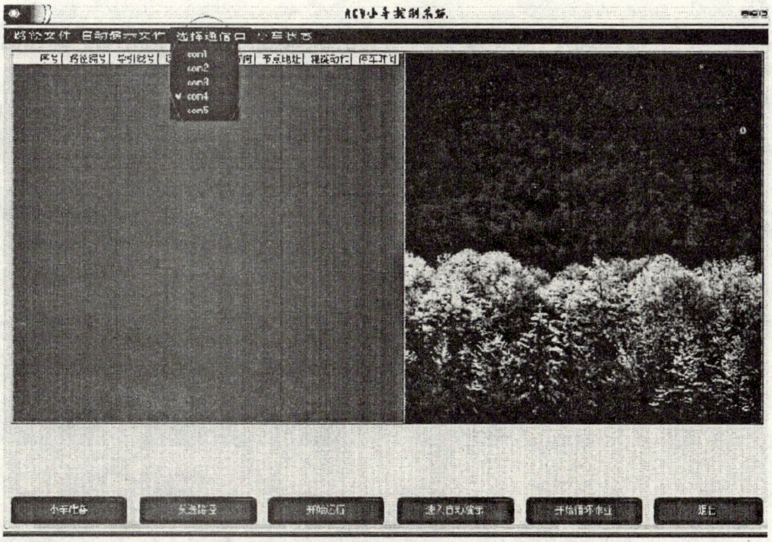

图 4-94　AGV 小车控制系统通信端口菜单

2. 建立路径文件

点击菜单栏中的“路径文件”，出现下拉菜单，点击“新建”，出现路径编辑页面，如图4-95所示。

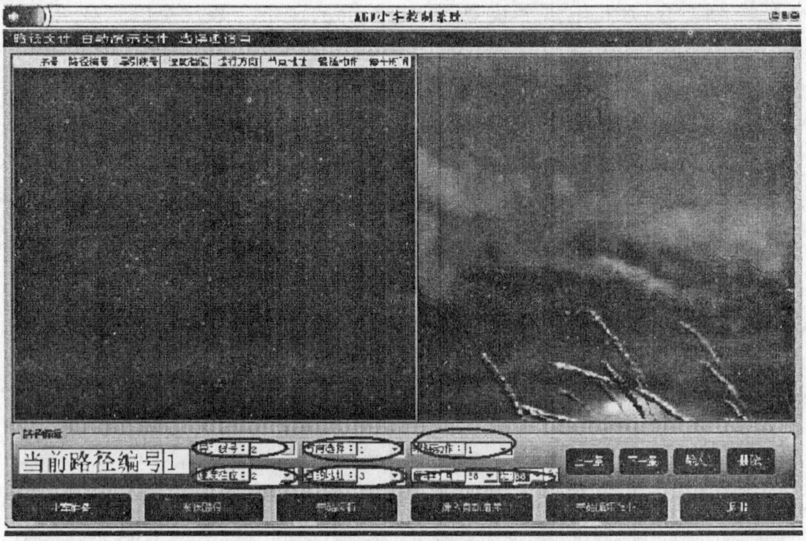

图4-95　AGV小车控制系统路径编辑界面1

在路径编辑器里，按照手动设置要求填写相应的路径信息。

填写好当前路径后，点击“输入”，在左面的对话框中会出现设置好的路径信息，并且“当前路径编号”会自动跳到下一条，如图4-96所示。

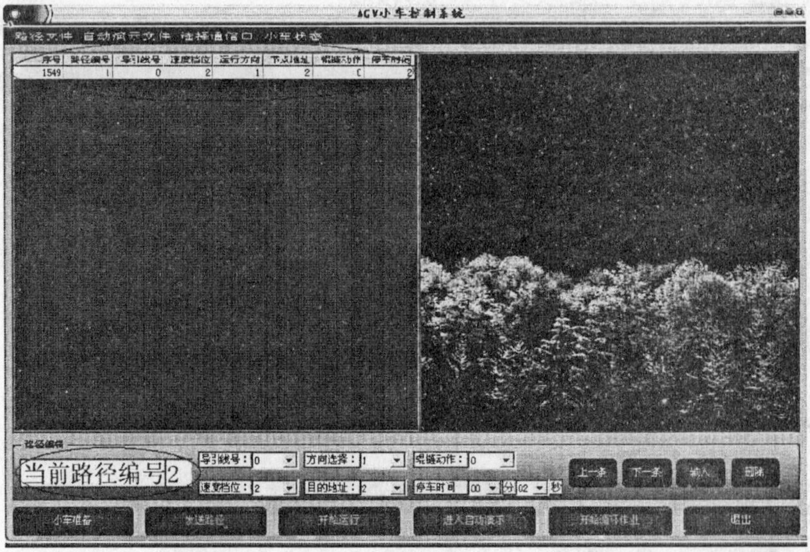

图4-96　AGV小车控制系统路径编辑界面2

当所有路径设置完毕后，点击工具栏中的“路径文件”，可对路径文件进行保存。

3. 小车轮询

正常启动小车，并使小车处在“自动”状态下时，点击“小车准备”，如图 4-97 所示。

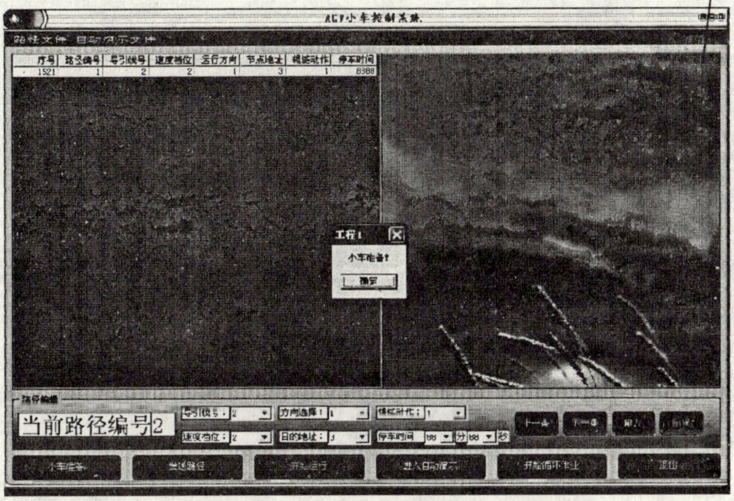

图 4-97　AGV 小车控制系统小车准备正常

若如图 4-97 所示，说明小车和计算机通信正常。

若如图 4-98 所示，小车准备不正常请检查小车是否正常启动，运行状态是否为“自动”，软件通信口是否选择正确。

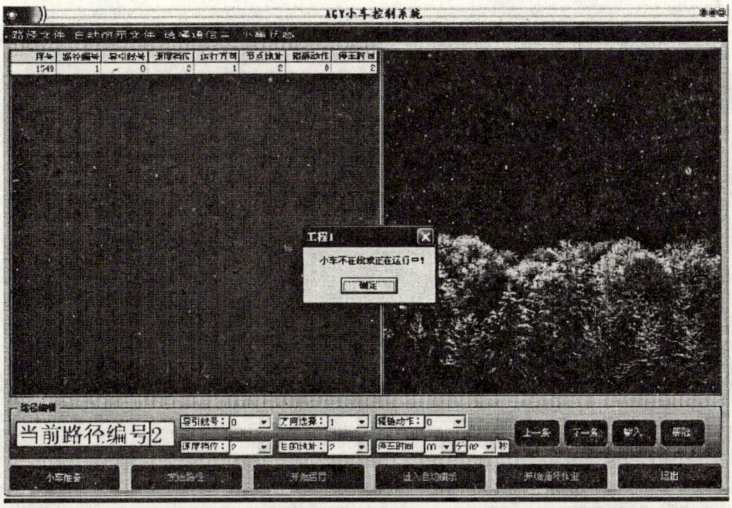

图 4-98　AGV 小车控制系统小车准备非正常

4. 小车运行

编辑完路径，或打开已有路径，点击“小车准备”，确定计算机和小车通信正常后，点击“发送路径”，如图 4-99 所示。

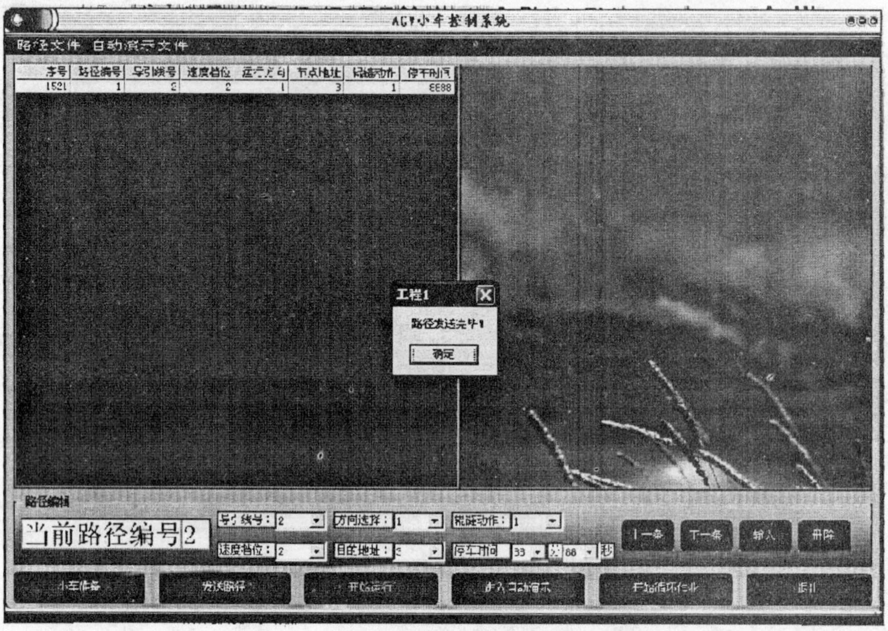

图 4-99　AGV 小车控制系统小车路径发送

确定后，点击“开始运行”，如图 4-100 所示。

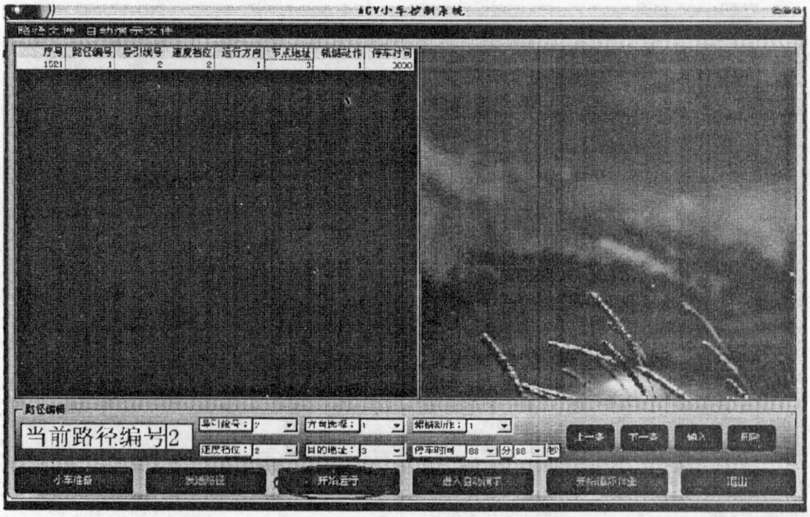

图 4-100　AGV 小车控制系统小车开始运行

此时，小车会按照所设置的路径行走，找到所对应的停车位。

当小车完成最后一条指令时，计算机会得到小车的反馈，如图 4-101 所示。

图 4-101　AGV 小车控制系统小车完成路径任务

十、实训展示

(1) 首先，小车具备自动演示的功能，具体操作如下：

“自动演示”功能是用于第三方控制小车，在软件中集成 9 个文件（9 条路径），文件名为阿拉伯数字 1 ~9。通过菜单栏中的“自动演示文件”可对每个文件（小车的行走路径）进行修改和保存，当自动演示文件（自动演示路径）设置好后，使小车和计算机正常通信，点击“进入自动演示”，如图 4-102 所示。

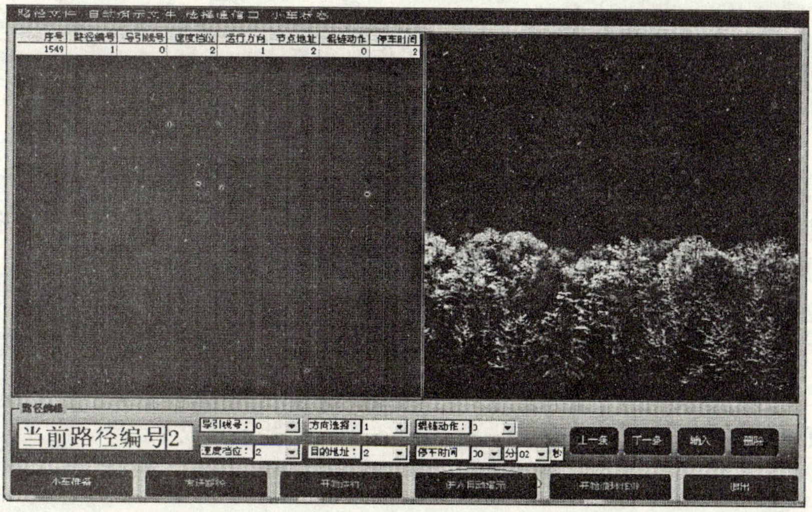

图 4-102　AGV 小车控制系统小车自动演示

此时的小车的控制权借给第三方，开始按内部程序完成演示功能。

(2) 强调 AGV 小车路径设计技巧

①为了提高效率，小车换线不需要进行临时停车，但是为了正确运行，换方向的时候必须进行临时停车，且停车时间不少于 2 秒；

②小车在设置辊链动作的停车点不能进行永久停车；

③不要踩踏地面上 AGV 小车的行走路线；

④取消按钮是软停车，红色紧停按钮是硬停车；

⑤一条完整路径最后的一项是永久停车。

（3）第一、三组将前面布置的任务使用 PC 控制的方法，协调配合展示本组任务完成情况；第二、四组前面布置的任务使用 AGV 控制的方法，协调配合展示本组任务完成情况。教师讲评，帮助学生进一步解读参数，明确辊筒动作是为了转移货品，从而完成商品入库或出库。

十一、任务考核

利用下面的四个题目实现小车路径设置，可实现小组比赛或个人设计限时考核，以达到路径设计的正确性和高效率，实现小车运行的连贯与线路灵活对接。

（1）小车从 9 号位出发搬运货物至 1 号位置停车 10 秒完成入库，后经过 11 号返回 9 号（车头朝立体仓库）停车。

（2）小车从 9 号位出发至 4 号位置，停车 20 秒出库，经过 7 号位运行至 11 号位置停车（车头朝门）。

（3）小车从 11 号（车头朝门）位出发至 3 号位，停车 20 秒出库后，经过 10 号位运行至 6 号位置停车（车头朝空调）。

（4）小车从 6 号（车头朝空调）位置至 2 号位置，停车 20 秒出库，小车运行至 9 号位置停车，要求车头超向立体仓库。

老师给每组计时，统计错误次数，进行工作效率整体评价。

十二、拓展学习

AGV 自动导引小车的应用代替传统的人工搬运的方式，大大提高了劳动生产率及物流系统的自动化水平，从而提高生产全过程中各个环节的准确性，提高生产效率，降低生产成本，增强生产过程中的灵活性，更能适应现代化的管理方式。

AGV 自动导引小车的应用本着满足用户生产指标及为用户将来的发展留下余地的原则并根据工艺要求、需搬运产品的重量尺寸，选择 AGV 小车的导引方式、小车尺寸、承载能力、充电方式。在已有的空间内，按照系统要求，安排最佳物流路线，达到路径最短、简洁流畅的目的，尽量避免干涉，以提高效率，降低运营成本。

（一）AGV 小车基本知识

1. 什么是 AGV

Automated Guided Vehicle，简称 AGV，指装备有电磁或光学等自动导引装置，能够沿规定的导引路径行驶，具有安全保护以及各种移载功能的运输车，工业应用中不需驾驶员的搬运车，以可充电之蓄电池为其动力来源。一般可通过电脑来控制其行进路线以及行为，或利用电磁轨道（electromagnetic path-following system）来设立其行进路线，电磁轨道黏贴于地板上，无人搬运车则依循电磁轨道所带来的信息进行移动与动作。

2. AGV 小车的导引方式

电磁导引技术、激光导引技术、直接坐标导引技术、图像识别导引技术、GPS（全球定位系统）导航技术。

（1）电磁导引技术。电磁导引是较为传统的导引方式之一，目前仍被许多系统采用。它是在 AGV 的行驶路径上埋设金属线，并在金属线加载导引频率，通过对导引频率的识别来实现 AGV 的导引。

其主要优点是引线隐蔽，不易污染和破损，导引原理简单而可靠，便于控制和通信，对声光无干扰，制造成本较低。缺点是路径难以更改扩展，对复杂路径的局限性大。

（2）激光导引技术。激光导引是在 AGV 行驶路径的周围安装位置精确的激光反射板，AGV 通过发射激光束，同时采集由反射板反射的激光束，来确定其当前的位置和方向，并通过连续的三角几何运算来实现 AGV 的导引。

此项技术最大的优点是 AGV 定位精确；地面无需其他定位设施；行驶路径可灵活多变，能够适合多种现场环境，它是目前国外许多 AGV 生产厂家优先采用的先进导引方式。

3. AGV 小车的用途

（1）物料搬运。在工业现场、仓储配送中心，AGV 常用于物料商品的搬运作业。例如在组装线上，AGV 从自动仓库取出机器零件并送到相应的组装工位。

（2）移动工作台。在组装生产系统中 AGV 常作为移动工作台使用。以欧美一些汽车厂为例，在轿车组装过程中安装发动机、变速箱、离合器等一系列组装过程都是在一台 AGV 上进行的。

（3）与机器人或机器手配合在特殊工作环境下代替人工作业。在 AGV 上可以安装机器人或机器手，在特殊工作环境下代替人工作业，比如和磁辐射区域。

（二）AGV 自动引导车四大类别简述

目前，欧美和日本等发达国家企业广泛使用的 AGV 种类很多，从功能上讲，自动引导车品种五花八门，不同企业应该选用适合本企业生产特点的自动引导车，例如目前在操作功能方面就存在两种，即有线和无线自动引导车。有线引导车（Wire-guidance vehicles）通常结构简单，价格低廉，而无线引导车则技术结构复杂，置业投资大。从综合用途来讲，传统的 AGV 主要为下列四种：

（1）双载车（Tow vehicles），这种自动引导车辆也被称为牵引车（tuggers），通常可以牵引两台挂车，最大载重量约为 60000 磅，每次可以接送、运送和投放多品种货物，特别适用于频繁进出货物或产品的装配车间，仓库和堆场等场所。

（2）单载车（unit load vehicles），其工作平台可以载运托盘、滑板、纸箱、或者直接载运组装件，该工作平台通常可以升降，或者配备其他传送机械，每次可以运送 2～3 只载货托盘。这种单载车通常适用于全自动化操作工厂，可以与皮带传送机和其他自动化仓储设备同步配合运营，进一步提高供应链的综合生产力。

（3）叉式自动装卸车（Fork truckvehicles），实际上是升降装卸车（lift trucks），不过后者需要人操作，而前者是无人操作的高度自动化机械。这种自动化叉式自动装卸车的最大优势就是操作简便，灵活机动，适用范围广泛，像单载车那样，尤其适用于高度自动化装配车间，能够根据指令，正确无误地提取或投放货物，所有程序全部依据电子信息系统操作。

（4）定制专用车（Custom vehicles），其规格根据客户需求而随时可以创新设计，除了自动化操作方面与其他自动引导车相似外，其独特之处就是运量大，最大负重可以达到20000磅，可以运载钢材等重量级货物。

自动引导车的兴起和得到越来越广泛的使用，其主要原因是目前货物提取和投放，还有运载操作每年导致工作伤害事故发生率居高不下，其中最普遍的是一天劳作8小时的搬运工人肩膀、关节和脊梁骨劳损。而自动引导车能够在很大程度上替代艰苦的体力劳动，避免过度紧张肌肉，尤其是让人员远离危险品操作场所，把潜在的员工劳务伤害事故发生率降低到最低限度。

十三、设备保养

AGV小车保养充电前，要检查电瓶内液体含量。电瓶侧面有刻度，标出电瓶水的上下限。如果水量不足，应考虑加蒸馏水。保养充电的方法有两个，介绍如下：

（一）利用充电线直接对AGV充电

AGV小车备有专用充电线，储备在库房。

（1）关闭直流充电电源。

（2）把充电机电箱的右下侧保险下端接线摘除，该点为直流电源正端。

（3）把充电线正端（线鼻上有标记）接在该点。

（4）然后把充电线负端接在电源正端左侧的负端接线点上。

（5）打开AGV车头上部的红色插座盖，把充电线插头插在插座上。

（6）掀开车头顶盖板，露出电瓶。把所有电瓶加水口盖打开。

（7）充电机送电，启动电箱内右中部一个小红色微型按钮。面板上右侧充电灯亮（两列灯，每侧三个，右侧中间那个）。

（8）充电时间6~8小时左右。充满后，面板左侧下面灯（充电满）亮。

（9）充电机停电，拔掉充电插头。摘除充电线，恢复原来接线。

（10）盖好所有电瓶盖，扣好车头盖板。

（二）用AGV零号充电站对AGV充电

（1）把AGV在零号站前端上线，停在零号充电站。

（2）设置正确站号。

（3）掀开车头顶盖板，露出电瓶。把所有电瓶加水口盖打开。

（4）如果AGV电瓶失电比较严重（50%以下），则应先按住充电机内微型红色充电按钮，再进行第5步。这样为小电流恒流充电，充电电流为额定值的10%左右，约20A。

（5）在AGV系统设置中选择“保养充电”，屏幕显示“正在进行保养充电”。不通过第4步直接进入“保养充电”，则为大电流充电。开始为60% 120A左右恒流充电，充到一定程度后为恒压充电。

（6）充电时间可能较长，一般为6~8小时，建议不低于4小时。充满后，屏幕给予提示。

（7）AGV退出充电状态，进入正常工作界面。

（8）盖好所有电瓶盖，扣好车头盖板。

任务六　自动化立体仓库运作——巷道堆垛机的使用

一、实训目标

了解自动化立体仓库的概述；熟悉立体仓库的系统组成及各种设备的用途；熟练掌握入库、出库、调库作业的工作流程及操作。

二、任务导入

仓库的产生和发展是第二次世界大战之后生产和技术发展的结果。20世纪50年代初，美国出现了采用桥式堆垛起重机的立体仓库；50年代末60年代初出现了司机操作的巷道式堆垛起重机立体仓库；1963年美国率先在高架仓库中采用计算机控制技术，建立了第一座计算机控制的立体仓库。此后，自动化立体仓库在美国和欧洲得到迅速发展，并形成了专门的学科。60年代中期，日本开始兴建立体仓库，并且发展速度越来越快，成为当今世界上拥有自动化立体仓库最多的国家之一。

自动化立体仓库（AS/RS）是由立体货架、有轨巷道堆垛机、出入库托盘输送机系统、尺寸检测条码阅读系统、通信系统、自动控制系统、计算机监控系统、计算机管理系统以及其他如电线电缆桥架配电柜、托盘、调节平台、钢结构平台等辅助设备组成的复杂的自动化系统。运用一流的集成化物流理念，采用先进的控制、总线、通信和信息技术，通过以上设备的协调动作，按照用户的需要完成指定货物的自动有序、快速准确、高效的入库出库作业。

那么我们要如何控制立体仓储，实现货物的自动存取和管理呢？

三、实训步骤

首先认识自动化立体仓库的构成情况，仓位名称的约定；后完成入库任务，第三步完成出库任务，第四步完成调库任务和移库任务。最后总结自动化立体仓库的优良性能。

四、发任务书

任务1：请将条码为6921168509256的农夫山泉天然饮用水20瓶装箱并入库到A10505仓位；

任务2：请将条码为6901294174115的六神止痒花露水20瓶装箱并入库到A10605仓位；

任务3：请将条码为6920816320120的荷嫂清爽型洗手液20瓶装箱并入库到B10605仓位；

任务 4：请将条码为 6921168509256 的农夫山泉天然饮用水 20 瓶从 A10505 仓位出库；

任务 5：请将 A10605 仓位条码为 6901294174115 的六神止痒花露水与 B10605 仓位条码为 6920816320120 的荷嫂清爽型洗手液存储位置调换；

任务 6：请将 A10605 条码为 6920816320120 的荷嫂清爽型洗手液移库到空仓位 B10606。

五、任务分配

（1）老师主讲演示任务 1；

（2）第 1 组学生演示操作任务 2，一个同学控制堆垛机程序，一个同学负责配合扫描；

（3）第 2 组学生演示操作任务 3；一个同学控制堆垛机程序，一个同学负责配合扫描；

（4）第 3 组学生演示操作任务 4；一个同学控制堆垛机程序，一个同学负责接运货物；

（5）第 4 组学生演示操作任务 5；一个同学控制堆垛机程序，一个同学负责配合协调；

（6）第 4 组学生演示操作任务 6；一个同学控制堆垛机程序，一个同学负责配合协调。

六、任务说明

第一至第三项任务为入库，入库作业流程完成入库作业；第四项任务为出库，使用出库作业流程完成出库作业；第五项任务为调库，使用调库作业流程完成调库任务；第六项为移库作业，由于移库是调库的一种特殊情况（仓位地址二为空），因此使用调库作业流程完成调库任务。

七、教师演示

（一）入库操作流程

（1）启动条码软件控制程序（双击桌面的“条码”图标）；

（2）启动巷道堆垛机控制程序（双击桌面的“组态王 6.5”图标，进入主界面）；

（3）巷道堆垛机复位（核对堆垛机当前位置，一切正常核对完之后，点击“确定”，进入主界面）；

（4）设置入库作业（入库作业）→输入货物条码（输入入库货物条码和数量，点击“添加入库请求按钮）→ 添加入库请求→选择储存货位→生成入库单→返回主画面；

（5）导入入库作业（选择要导入的入库单，并选择“导入数据并运行）→执行；

（6）执行完毕→删除命令。

（二）出库操作流程

（1）启动条码软件控制程序；
（2）启动巷道堆垛机控制程序；
（3）巷道堆垛机复位；
（4）设置出库作业→添加出库请求→可选取货位号出库，也可选取货物条码出库→选择出口→审查货物信息，单击确定按钮→生成出库单→返回主页面；
（5）导入出库作业并执行。

（三）调库（移库）操作流程

（1）启动条码软件控制程序；
（2）启动巷道堆垛机控制程序；
（3）巷道堆垛机复位；
（4）设置调库作业→添加调库请求→选取需要移出的货位号及将要移入的货位号→单击移库（调库）→生成调库单，确定调库单号→返回主页面；
（5）导入调库作业→执行。

八、任务执行

（一）准备工作

打开控制柜电源，启动控制电脑。

（二）基本知识

货架自动化仓库简称立体仓库，一般是指采用高层货架储存单元货物，采用相应的物料搬运设备进行货物入库和出库作业，采用计算机管理控制的仓库。由于这类仓库能充分利用空间储存货物，故常形象地将其称为“立体仓库”，如图 4-103 所示。

1. 自动化立体仓库的货位

货架从右至左依次是 1 ~ 10 列，从下至上 1 ~ 5 层，前一排货架为 A，后一排货架为 B；货位 A10101，即处在 A 排货架的第一列第一层，依次类推，共计 100 个货位。

2. 自动化立体仓库的优点

自动化立体仓库是现代物流系统中迅速发展的一个重要组成部分，它具有节约用地、消除差错、降低损耗、提高仓储自动化水平及提高物流效率等诸多优点。

3. 自动化立体仓库的组成部分

- 货架：用于存储货物的钢结构。
- 托盘：用于承载货物的器具。
- 巷道堆垛机：用于自动存取货物的设备。
- 输送设备：立体库的主要外围设备，负责将货物运送到入库台或从出库台将货物移走。

图 4-103　自动化立体仓库

（三）组织实施

各组在老师的指导下完成各组的任务，组长负责讲解，并穿插自动化立体仓库的基本知识。

九、过程指导

自动化立体仓库中，利用巷道堆垛机完成自动存取功能时，巷道堆垛机的控制有两种方式，具体如下：

（一）堆垛机手动控制

打开控制柜，如图 4-104 所示。当开关拨至上方，堆垛机总电源被打开。

图 4-104　堆垛机控制柜系统开关

在中央控制台处装有紧急置停按钮，当总电源开关打开时，如果控制柜无电流通过，请检查紧急置停按钮是否处于打开状态。

将堆垛机控制柜内的“手动/自动”开关打到手动档图，于是出现如图 4-105 所示位置，出现如图 4-106 所示 PLC 输入点 I0.1 亮。

图 4-105　堆垛机控制柜挡位开关

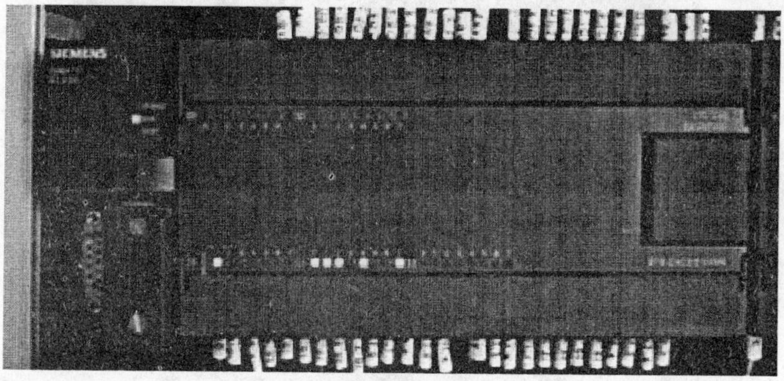

图 4-106　堆垛机控制柜 PLC 指示灯 1

在操作过程中面对堆垛机控制柜，点动一下“向上”按钮，堆垛机即会向上移动一个位置；点动一下“向下”按钮，堆垛机即会向下移动一个位置；点动一下“前”按钮，堆垛机即会向前方移动一个位置；点动一下“向后”按钮，堆垛机即会向后方移动一个位置；点动一下“向右”按钮，叉板即会向右边的货架方向（B 区）移动一个位置；点动一下“向左”按钮，叉板即会向左边的货架方向（A 区）移动一个位置。当到达某个位置时堆垛机会自动停下。在叉板伸出后点动“向前”“向后”按钮将不会有任何反应，此时需点动“向左”或“向右”按钮使叉板回到中间位置。这样就起到了一个保护的作用。

堆垛机的叉板能停在其所在层货架仓位平齐位置下方一点或上方一点。手动控制堆垛机取货时先停在其所在层货架仓位平齐位置下方一点，然后将叉板伸入货仓，提升至货架仓位平齐位置上方一点，最后把叉板缩回将货物取出。手动控制堆垛机放货时停在其所在层货架仓位平齐位置上方一点，然后将叉板伸入货仓，下降至货架仓位平齐位置下方一点，将货物放入，最后把叉板缩回。

注意：将手/自动开关拨到自动挡前，必须点动“左”或“右”按钮使叉板伸回到中间位置，层的位置为某一层的下方。

立体货仓的仓位地址使用字符串表示：前两位表示仓位所在行（本实验室有两行，定义为 A1 和 B1）；中间两位是堆垛机的所在列；后两位是堆垛机的所在层。

如：“A10501”，表示堆垛机的当前所在位置为外面一行第 5 列第 1 层。

如：“B11105”，表示堆垛机的当前所在位置为靠墙一行第 11 列（入库货台旁边一列）第 5 层。

（二）堆垛机的自动控制

（1）将堆垛机和输送链控制柜内的“手动/自动”开关均打到自动挡（图示位置，PLC 输入点 I0.1 暗，如图 4-107 所示）。保证堆垛机的叉板伸在中间位置，对应层的位置为某一层的下方。

图 4-107　堆垛机控制柜 PLC 指示灯 2

（2）运行“条码 . exe”程序　和单片机通信程序，以便货物条码在出入库过程中被扫描仪扫描后能将条码数值顺利回传，从而保证在出入库过程中对于货物的识别。

双击桌面的“条码”图标。弹出如下画面，如图 4-108 所示。

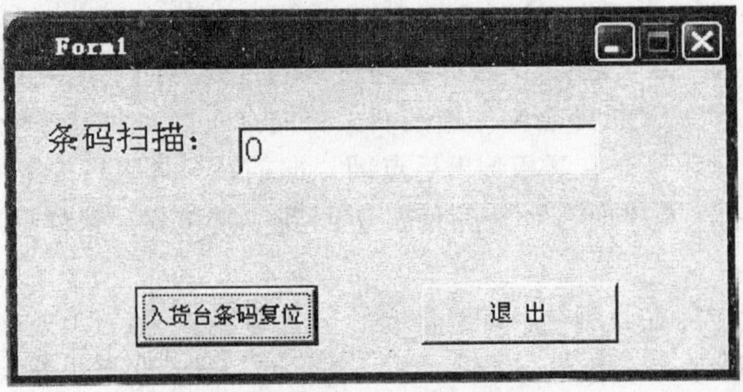

图 4-108　条码软件运行界面

（3）双击桌面的“堆垛机控制程序”图标，启动巷道堆垛机控制程序，为自动化出入库做好准备。若先前未运行“条码 .exe”程序，则会出现以下对话框，如图 4-109 所示。

图 4-109　条码软件未启动导致连接失败

点击“继续”可进入主界面，该画面为导入界面，为启动堆垛机做准备，如图 4-110 所示。

单击图片，进入程序。

图 4-110　堆垛机控制程序启动画面

（4）程序进入自动核对堆垛机当前位置。显示正在刷新数据库，数据库刷新完毕，启动正常则显示当前堆垛机所在的层与列，如图 4-111 所示。

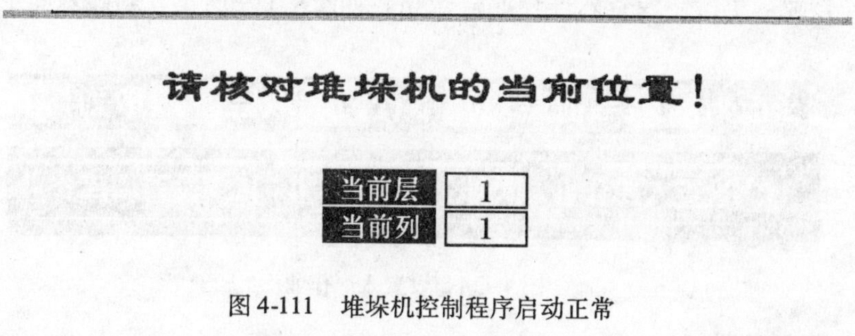

图 4-111　堆垛机控制程序启动正常

若出现如图 4-112 所示情况，未能正确显示堆垛机所在的层与列，说明主控机与 PLC 通信失败，请检查 PLC 控制柜电源是否打开，它与电脑的通信接口是否出现松动。

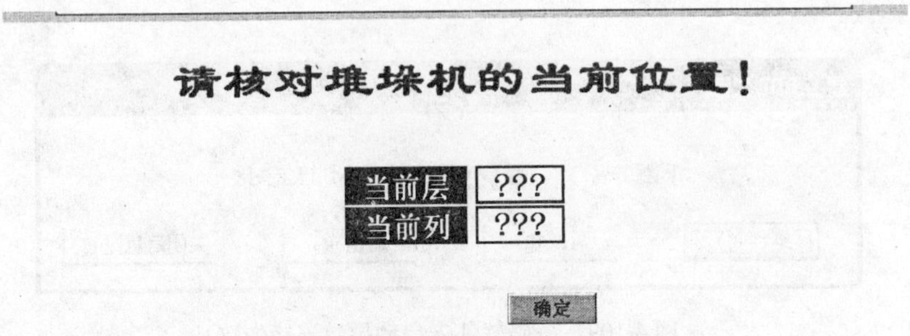

图 4-112　堆垛机控制程序启动异常

一切正常核对完之后，点击“确定”，进入主界面，如图 4-113 所示.

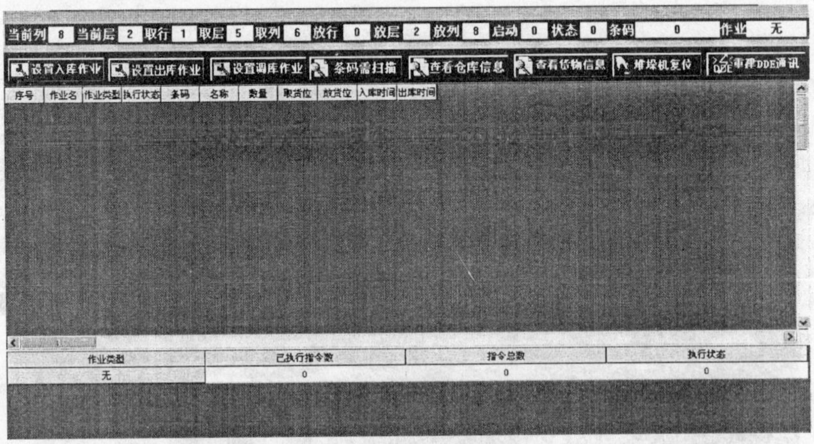

图 4-113　堆垛机控制程序主界面

若先前出现“建立 DDE 失败”对话框，就需要单击“重新建立 DDE 连接”，若再未弹出“建立 DDE 失败”对话框，就说明与 VB 程序的连接已成功。

(5) 出/入库作业及调库作业操作。

①入库作业。单击“设置入库作业”按钮，如图 4-114 所示，新建入库申请。

图 4-114　设置入库作业

输入入库货物条码或扫描货物条码和数量，点击“添加入库请求”按钮，出现下面的界面，如图 4-115 所示。

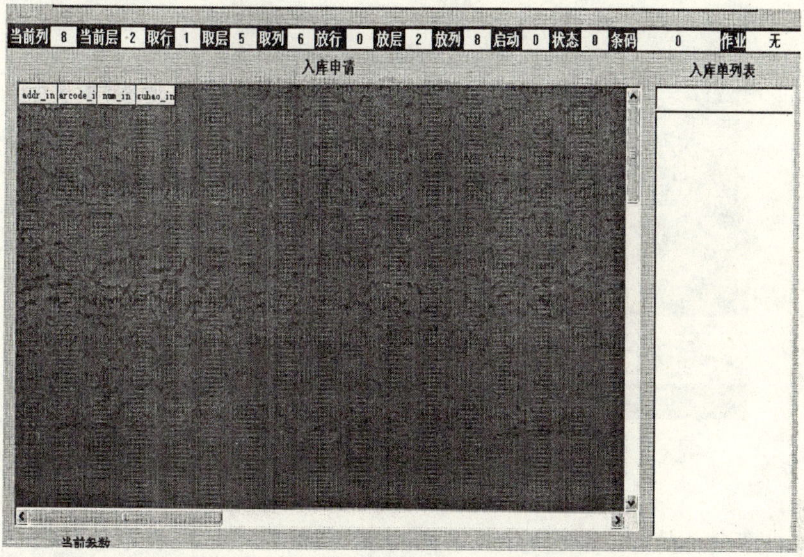

图 4-115　堆垛机控制程序入库申请界面

选择入库仓位，如图 4-116 所示，点击“指定仓位”按钮确定。也可点击“随机仓位”按钮，待入库时系统自动分配。

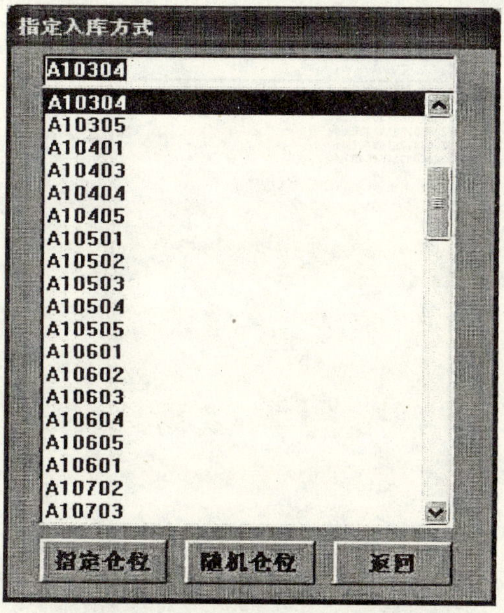

图 4-116　制定入库方式界面

所有入库请求添加完毕，点击“生成入库单”按钮，如图4-117左下侧按钮所示。

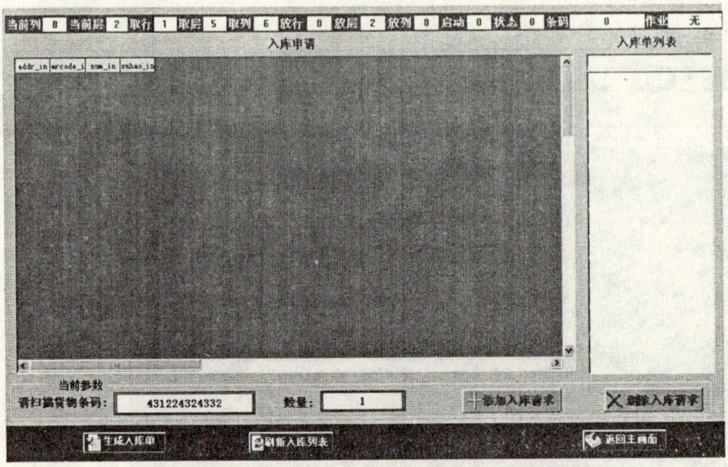

图4-117　堆垛机控制程序生成入库单

先选择“新建入库单”清空所有入库申请，然后在下拉列表中选择需要入库的货物条码，再点击“添加入库请求”按钮。

如果想删除某条入库申请，则输入货物条码，并选择“删除入库请求”。

所有入库申请建立后，点击“生成入库单”，保存在某个固定的路径下。

如果要导入一份已经保存过的入库单，则先选择“刷新入库列表”，选择右边的列表文件后选择“导入入库单”按钮，出现入库单选择画面，如图4-118所示。

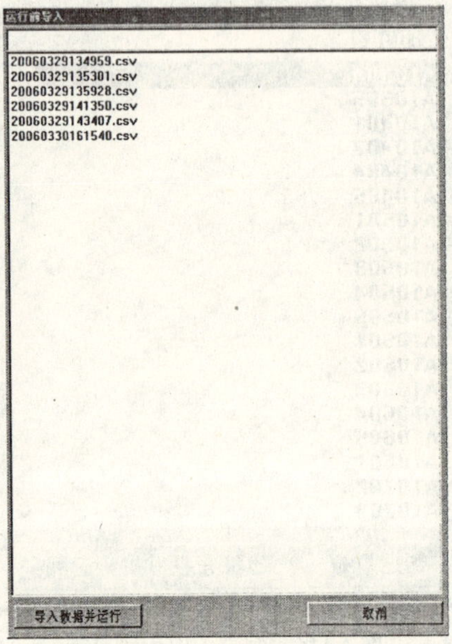

图4-118　入库单选择对话框

选择要导入的入库单，并选择“导入数据并运行”。然后把货物放在入库区的辊筒输送链上。

手动依次将需要入货的物流盒放到入库输送链上，有条码的一面朝向条码阅读器。盒子的间距保持在0.3米以上。

入库执行过程：入库单导入执行后，入库链开始工作，条码阅读器扫描条码，系统核对正确后，巷道堆垛机来取物流盒，送到指定仓位，放置，货叉收回。系统反馈“执行完毕”。

②出库作业。单击“设置出库作业”按钮，如图4-119所示。

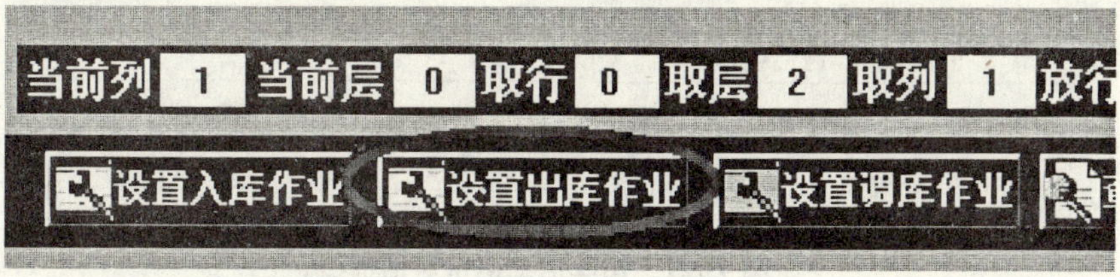

图4-119　“设置出库作业”按钮

先选择“新建出库单”清空所有出库申请，然后选择“添加出库请求”。单击“设置出库作业”按钮，出现对话框，如图4-120所示，请求输入出库信息。

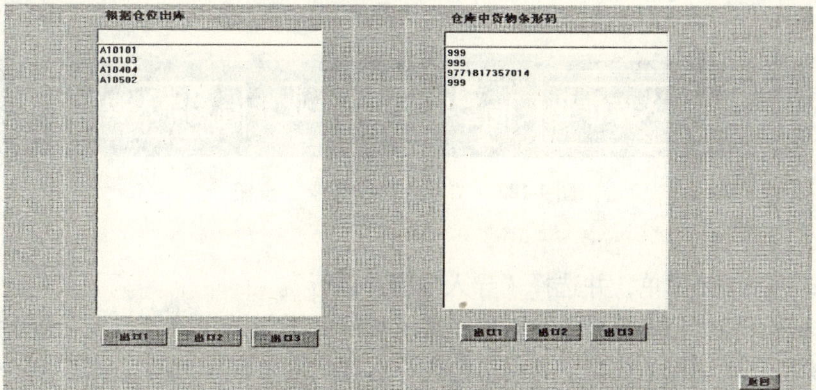

图4-120　“设置出库作业”对话框

有两种出库方式，一是根据仓位出库，选择需要出库的仓位，后选择出库口，确认出库信息；二是根据仓库中的货物条形码出库，后选择出库口确认出库信息。出现如图4-121所示的对话框。

认真核对出库信息，确认出库货物信息后，点击“确定”。

如果想删除某条出库申请，则输入序号后，选择“删除出库请求”。

所有出库申请建立后，点击“生成出库单”，保存在某个固定的路径下。请记住该单

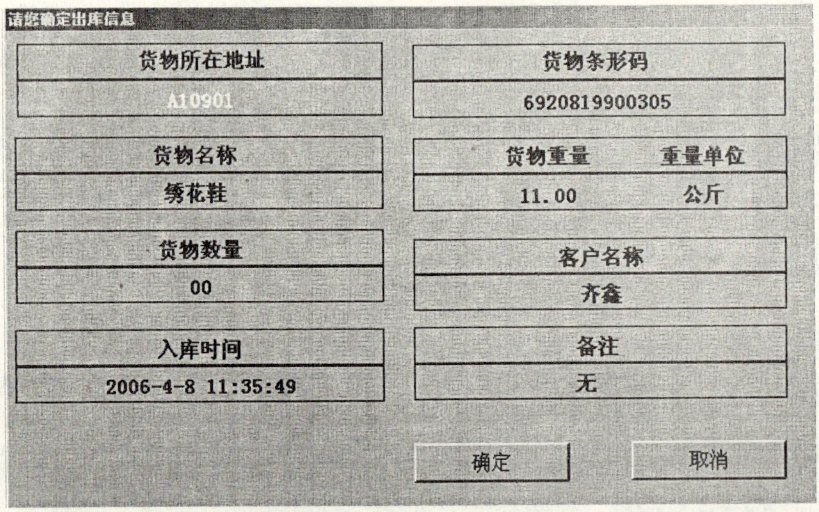

图 4-121　出库信息确认对话框

号，一般单号的命名规则是年月日时分秒，比如 20120612144523，下面导入并执行时请注意选择正确的单号，以免出现错误。

如果要导入一份已经保存过的出库单，则先选择“刷新出库列表”，选择右边的列表文件后选择“导入出库作业”。如图 4-122 所示。

图 4-122　“导入出库作业”按钮

选择要导入的出库单，并选择“导入数据并运行”。

出库执行过程：出库单导入执行后，系统程序状态为“正在执行”，这时堆垛机开始运行，堆垛机在发动机的控制下，一边前进一边载货平台开始上升，来到目标仓位，升出货叉，上升少许，取到托盘货物，货叉收回，稍作停顿，堆垛机载货前进，来到出库平台，升出货叉，稍作下降，托盘货物放置在出库平台上，货叉收回。此时堆垛机的出库动作结束，程序中执行状态为“执行完毕”。与此同时，在控制柜的作用下，出库皮带开始运作，将货物送到出库辊筒链，辊筒链开始运行，将货物送到相应的出口完成出库任务。

③调库作业。单击“设置调库作业”按钮，弹出如图 4-123 所示的对话框。

先选择“新建调库单”清空所有调库申请，然后选择“添加调库请求”，如图 4-124 所示。

选择调库作业的两个操作地址，然后选择是“对调”流程还是“移库”流程，对调流程将实现两个仓位的对调，移库流程将某个仓位中的货物移动到另一个空仓位中。

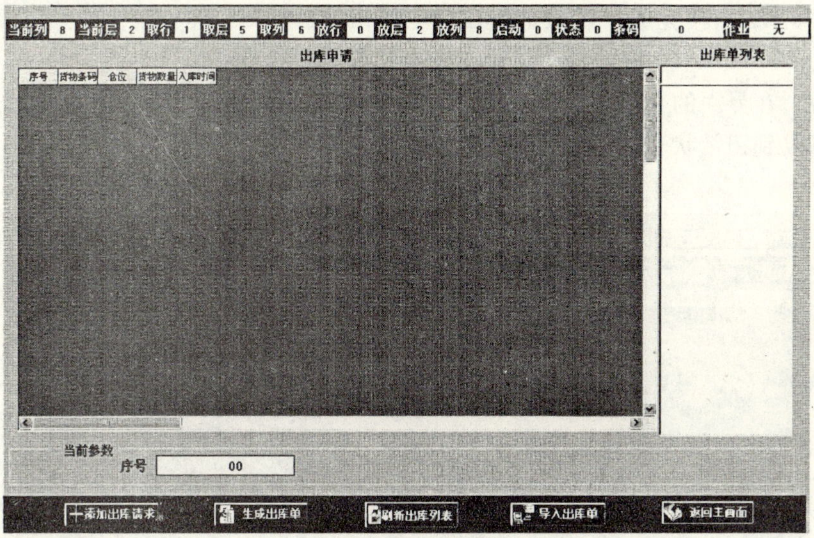

图 4-123　“设置调库作业”对话框

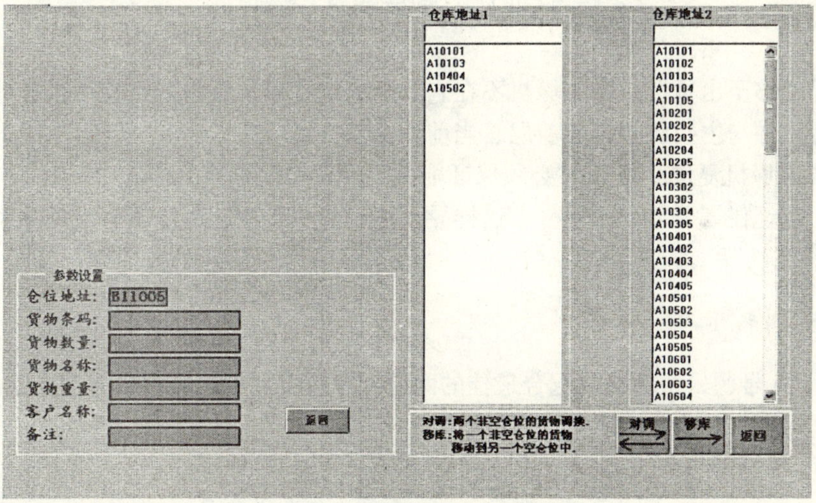

图 4-124　“设置调库作业”对话框

如果想删除某条调库申请，则输入序号后，选择“删除调库请求”。

所有调库申请建立后，点击“生成调库单”，保存在某个固定的路径下。

如果要导入一份已经保存过的调库单，则先选择“刷新调库列表”，选择右边的列表文件后选择“导入调库作业”。选择要导入的调库单，并选择“导入数据并运行”。

调库执行过程：调库单导入执行后，若为调库，堆垛机开始执行调库作业，具体执行过程是“腾出地址二”、“移入地址二”、“移入地址一”，以出库平台为中转站，来完成调库作业。而移库则相对简单，只需要移入地址一，即完成操作。系统反馈“执行完毕”。若为移库，直接完成“移入地址二”工作，收回货叉，停止工作。系统反馈“执行完毕”。

④复位。在界面的右下角还有个复位按钮，是“堆垛机复位”。当系统出现故障时，它是快速恢复到正常状态的有效方法。如图4-125所示。

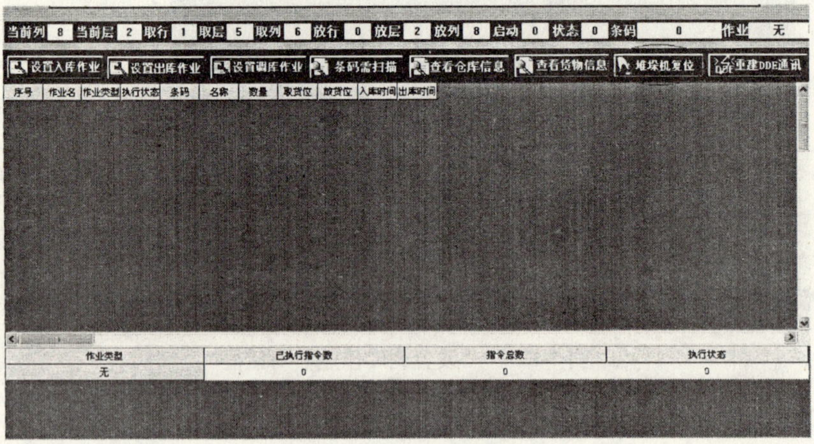

图4-125 “堆垛机复位”按钮

将堆垛机移至出货台。当堆垛机不在它的标准位置时，点击此按钮可快速使堆垛机回到标准位置，并与主控机中的当前层、当前列保持一致。

点击“堆垛机复位”按钮时必须保证堆垛机的叉伸没有伸出。

注意：请记住需要导入的单号，这样导入正确的单号才能保证正确的商品到达正确的仓位。

十、实训展示

针对1～6号题，每题选取配合最佳的两组，完成实训，讲解评价。

十一、拓展学习

（一）桥式堆垛起重机

在桥式起重机的基础上结合叉车的特点发展起来的一种自动式堆货的机器。在从起重小车悬垂下来的刚性立柱上有可升降的货叉，立柱可绕垂直中心线转动，因此货架间需要的巷道宽度比叉车作业时所需要的小。这种起重机支承在两侧高架轨道上运行，除一般单元货物外还可堆运长物件。起重量和跨度较小时也可悬挂在屋架下面的轨道上运行，这时它的起重小车可以过渡到邻跨的另一台悬挂式堆垛起重机上。立柱可以是单节的或多节伸缩式的。单节立柱结构简单、较轻，但不能跨越货垛和其他障碍物，主要适用于有货架的仓库。多节伸缩式的一般有2～4节立柱，可以跨越货垛，因此也可用于使单元货物直接堆码成垛的无架仓库。起重机可以在地面控制，也可在随货叉一起升降的司机室内控制。额定起重量一般为0.5~5吨，有的可达20吨，主要用于高度在12米以下、跨度在20米以内的仓库。

（二）巷道式堆垛起重机

专用于高架仓库。采用这种起重机的仓库高度可达45米左右。起重机在货架之间的巷道内运行，主要用于搬运装在托盘上或货箱内的单元货物；也可开到相应的货格前，由机上人员按出库要求拣选货物出库。巷道式堆垛起重机由起升机构、运行机构、货台司机室和机架等组成。起升机构采用钢丝绳或链条提升。机架有一根或两根立柱，货台沿立柱升降。货台上的货叉可以伸向巷道两侧的货格存取物品，巷道宽度比货物或起重机宽度大15~20厘米。起重量一般在2吨以下，最大达10吨。起升速度为15~25米/分，有的可达50米/分。起重机运行速度为60~100米/分，最大达180米/分。货叉伸缩速度为5~15米/分，最大已达到30米/分。

有轨巷道堆垛机是自动化立体仓库中的关键设备，承担着仓库中货物的出库、入库、回流等工作。巷道堆垛机具备先进、实用、可靠、高效、安全的特点，在自动化立体仓库应用广泛。本文对巷道堆垛机的控制系统进行分析。

（1）有轨巷道堆垛机电控系统。巷道堆垛机的电控系统采用行业领先的控制技术。堆垛机水平运行、垂直升降、货叉伸缩机构采用电梯专用变频器控制，整机系统由PLC（可编程控制器）集中控制，并且保持对系统各个部分（变频器、激光测距仪、条码测距仪、限位开关、光电开关等）信号的监控。堆垛机触摸屏是当前堆垛机操作和监控先进性的一个标志，可对堆垛机的运行状况、机构状态进行实时显示与监控，及时显示故障信息。同时，可在触摸屏直接发出操作信号，实现堆垛机的控制；操作分为手动、半自动、单机自动、联机四种控制方式。

（2）变频调速系统。变频器调速属于高效调速系统，具有运行效率高、调速灵活、方便、系统反应速度快等特点。堆垛机的起升、运行、货叉机构均采用电梯专用变频器，采用适用于起重机控制的艾默生TD3100系列电梯专业变频器。

起升机构由一台变频电动机拖动。起升属于位能性负载，为了获得快速的动态响应，实现对转矩的快速调节，从而获得理想的动态性能，变频器通常采用矢量控制方式。变频电动机与变频器良好的起、制动功能相结合，特别适用于变频调速、短时或断续周期运行、频繁启动和制动的场合。

运行机构、货叉机构也分别由一台变频电动机拖动。由于两种机构动作时不在同一时间区域，因此两台电机共用一台变频器控制，通过变频器上的V/F功能端子切换两种工作状态。两台变频器均配备制动电阻，当电机处于制动状态时，能量回馈通过制动单元（内置在变频器中）及制动电阻释放这部分能量。为了安全，所有机构同时设置机械制动器。

变频器投入运行前需对其进行调试，即参数设定。设定基本参数后，变频器需要对电动机进行自适应学习，自动获取电机的具体参数模型，然后设定其他参数。控制模式有面板控制、端子控制、距离控制，包括电机加减速时间、多段速度，以及各种电机保护功能的设定。运行过程中可根据情况调整参数，直到性能达到最佳状态。最后将变频器的参数上传到调试面板，以便将来维护时查看。

（3）PLC 控制系统。PLC（可编程控制器）是整机控制的核心技术，可称为堆垛机的中央控制系统。PLC 采用集中控制方式，堆垛机各个机构的控制信号、行程限位开关、光电开关，以及测距仪数据等，输入到 PLC 中，PLC 通过程序运算和处理，从而控制变频器实现对堆垛机的控制。

①系统配置。堆垛机自动控制系统根据工艺要求，配备 PLC 电源模块、输入输出模块、通信模块和外设开关电源模块。

②控制系统的自动定位功能。堆垛机水平运行、垂直升降的定位，根据激光测距仪或条码测距仪反馈的数据，PLC 通过程序运算和处理，确定输出模块的信号输出，控制变频器，从而使堆垛机以合适的速度运行到目标位置，当距离目标位置达到一定距离时，PLC 切断变频器的速度信号，电机抱闸关闭，然后再切断变频器使能信号，堆垛机零速停车。

当堆垛机运行机构和升降机构到达目标位置后，PLC 自动计算确定堆垛机已经运行到位，然后进入货叉调度模块，通过输出模块的信号输出控制变频器，使货叉以加速再减速的过程运行到限位开关，然后停车。整个过程的实现是通过建立一个二维坐标系，包含水平运行（X）、垂直升降（Y），从而确定立体仓库某个货位的位置，在 PLC 程序中建立货位坐标数据，来实现对货物的出库、入库、倒库的操作。

③自动操作与触摸屏。立体仓库设有固定的控制室和操作室，操作者通过操作台的终端机和触摸屏可以实现对堆垛机的自动控制和手动控制。

触摸屏通过 MPI 或 DP 口与 PLC 进行数据通信。系统中任何一个对象的状态都可以通过设置在堆垛机上的触摸屏显示出来，包括各机构的安全区域行程开关的状态显示，以及各光电开关的状态，激光测距值和条码测距值等。触摸屏上还设置了按钮命令，对 PLC 发出操作指令，如低速前进、高速上升；还可以设定目标货位信息，如目标地址（12 列 3 层）、作业方式等命令。

④自动控制作业流程。堆垛机初始状态为待机，如果条件不符，需查明原因，校正堆垛机的状态，使其恢复初始状态后方可执行作业。堆垛机接收指令成功后，会根据指令要求运行到相应的货位，完成一次作业。

随着自动化立体仓库的应用日益广泛，有轨巷道堆垛机自动化控制系统的设计也更受关注。

十二、设备保养

（1）注意检查立体仓储货架的稳固情况，螺丝要检查扭紧；

（2）注意实训过程或巷道堆垛机工作过程中，人不要进入巷道，以免人身受伤；

（3）巷道堆垛机电机要定期检查，是否正常工作；

（4）巷道堆垛机电线要定期检查，防止受潮或被老鼠咬断；

（5）巷道堆垛机链条部分要定期使用润滑油，以保证设备的高效运转；

（6）巷道堆垛机载货重量不能超过额定载荷，仓位货物重量不能超过超限；

（7）与设备供应商保持联系，有问题及时沟通。

考核项目

仓储与配送实训课为考查课，重视过程式考查，根据学生的实训过程动手能力及实训报告进行综合评定，采用100分制。具体如下：

一、成绩构成

- 平时成绩分配如下：

（1）学生平时出勤、纪律、操作表现等，共计100分，权重占20%；

（2）实训报告，共计100分，权重占20%；

- 期末操作成绩，共计100分，权重占60%。
- 期末总评成绩=平时成绩+期末操作成绩。

二、具体操作考核过程

（1）分组并讲规则：

每5人一组，20人共分为4组，组员以岗位命名：现场调度员、分拣控制员、运输调度员、仓库管理员。

（2）小组抽签定岗位，组长登记并上交；

（3）老师发放任务单，小组开始讨论，分工明确。

注意：

（1）每组操作时间标准为10分钟；

（2）注意团队配合，分拣与装车，扫描与入库，时间都要配合好；

（3）现场调度员要起到核心作用，组织有序，讲解充分，热情鼓舞团队，高效完成实训。

三、具体任务

（1）任务：小车在9号位，车头朝向立体仓库。分拣控制员发布分拣信息，从4个不同的仓位分拣康师傅方便面总计20件产品拼箱；小车经6号位停车5秒，货物装车；运行至6号位扫描，设置入库至A10505，小车运输至入库平台口，车头朝向空调停车30秒完成入库，后返回到8号位，车头朝向立体仓库。

（2）任务：小车在8号位，车头朝向立体仓库。分拣控制员发布分拣信息，从3个不同的仓位分拣康师傅方便面总计13件产品拼箱；小车经6号位停车5秒，货物装车；运行至6号位扫描，设置入库至A10605，小车运输至入库平台口，车头朝向空调停车30秒完成入库，后返回到9号位，车头朝向墙壁。

（3）任务：小车在9号位，车头朝向墙壁。分拣控制员发布分拣信息，从5个不同的仓位分拣康师傅方便面总计15件产品拼箱；小车经6号位停车5秒，货物装车；运行至6号位扫描，设置入库至A10705，小车运输至入库平台口，车头朝向空调停车30秒完成入库，后返回到8号位，车头朝向墙壁。

（4）任务：小车在8号位，车头朝向墙壁。分拣控制员发布分拣信息，从6个不同的仓位分拣康师傅方便面总计20件产品拼箱；小车经6号位停车5秒，货物装车；运行至6号位扫描，设置入库至A10805，小车运输至入库平台口，车头朝向空调停车30秒完成入库，后返回到9号位，车头朝向立体仓库。

（5）任务：小车在9号位，车头朝向立体仓库。分拣控制员发布分拣信息，从3个不同的仓位分拣康师傅方便面总计10件产品拼箱；小车经6号位停车5秒，货物装车；运行至6号位扫描，设置入库至A10905，小车运输至入库平台口，车头朝向空调停车30秒完成入库，后返回到9号位，车头朝向立体仓库。

（6）任务：小车在9号位，车头朝向立体仓库。将A10505仓位的商品从立体库出库，分拣调度员将商品在6号位入库到电子标签货架。最后小车在8号位，车头朝向立体仓库。

（7）任务：小车在8号位，车头朝向立体仓库。将A10605仓位的商品从立体库出库，分拣调度员将商品在6号位入库到电子标签货架。最后小车在8号位，车头朝向立体仓库。后返回到9号位，车头朝向墙壁。

（8）任务：小车在9号位，车头朝向墙壁。将A10705仓位的商品从立体库出库，分拣调度员将商品在6号位入库到电子标签货架。最后小车在8号位，车头朝向立体仓库。后返回到8号位，车头朝向墙壁。

（9）任务：小车在8号位，车头朝向墙壁。将A10805仓位的商品从立体库出库，分拣调度员将商品在6号位入库到电子标签货架。最后小车在8号位，车头朝向立体仓库。后返回到9号位，车头朝向立体仓库。

（10）任务：小车在9号位，车头朝向立体仓库。A10905将A10705仓位的商品从立体库出库，分拣调度员将商品在6号位入库到电子标签货架。最后小车在8号位，车头朝向立体仓库。后返回到9号位，车头朝向立体仓库。

四、学生岗位分配及职责说明

为完成以上工作任务，6位同学一组，每位同学安排不同的工作岗位，共同协调配合完成一个工作任务。

（一）现场调度员

（1）负责登记组员姓名，成为本组的核心，负责团队意识培养。

（2）负责调度和组员岗位分工，指挥有序，控制进度。

（3）对整个小组的分工和工作过程负责讲解说明，组员出现错误时予以更正。

（二）信息发布员

（1）负责使用LED软件发布本次操作的工作任务和本组人员工作分工情况，如表4-3所示表格。

（2）信息发布的格式，动画及播放时长要合理，至少包含三个节目。

表4-3 ××××班第一小组工作信息表

工作任务	将条码为×××的商品（西瓜、草莓）存入立体仓库的A100902仓位
现场调度员	×××
信息发布员	×××
商品管理员	×××
分拣理货员	×××
AGV调度员	×××
仓储管理员	×××
口号	团结合作，争创第一

××××年××月××日

（三）商品管理员

（1）使用条码软件打印入库货物条码。

（2）将打印好的条码交给拣货员。条码打印要求如下：

条码类型：EAN13码

商品名称：×××××××

条码字符：690××××××××××

日期 第几组

（四）分拣与理货员

（1）使用电子标签分拣系统，输入拣货商品信息，建立拣货单，电子标签点亮，准备拣货。

（2）电子标签操作拣货，将拣选的商品放入物流盒中，并将条码粘贴在物流盒上。

（3）在AGV小车经过6号位置停车时，将物流盒连同托盘放到小车上，注意条码朝向车头。

（五）AGV小车调度员

（1）将AGV小车调整至PC控制状态。

（2）在第四台电脑上根据任务单设置正确的路径信息。

（3）小车准备——发送路径——开始运行。

（六）仓储管理员

（1）入库时小车载着货物经过时正确的扫描货物条码。

（2）入库时在小车到达入库皮带链口前，设置入库作业，导入入库作业，操作自动化巷道堆垛机将货物存入指定的仓位。

（3）出库时，操作自动化巷道堆垛机将指定仓位的货物取出，从正确的出口送出。

五、《仓储与配送实训》考核评分标准

（1）现场调度员评分标准，见表4-4。

表4-4　　现场调度员评分标准

评分标准	总分值（100分）	项目	（单项）扣分标准	注意事项
评分标准1	20	负责分组，登记组员姓名	①录入学生姓名错误一次扣5分；②超过1分钟未作解说扣5分	
评分标准2	30	负责调度和分工，指挥有序	指挥有序，如发生分工混乱一次扣10分	
评分标准3	50	错误时予以更正，适当予以讲解	①发生错误不及时指正一次扣10分；②操作熟练5分	

（2）信息发布员评分标准，见表4-5。

表4-5　　信息发布员评分标准

评分标准	总分值（100分）	项目	（单项）扣分标准	注意事项
评分标准1	50	信息内容	①信息发布完整共40分，漏一条一次扣10分；②要求三张，少一张扣10分	
评分标准2	50	信息格式	①动画效果单一扣10分；②未按要求发布扣20分	

（3）商品管理员评分标准，见表4-6。

表4-6　　商品管理员评分标准

评分标准	总分值（100分）	项目	（单项）扣分标准	注意事项
评分标准1	70	设计条码	①操作流程熟练20分；②设计美观大方30分；③条码设计完整20分，有缺漏一次扣10分	
评分标准2	30	打印条码	正确使用打印机30分，操作不当一次扣10分	

（4）分拣与理货员评分标准，见表4-7。

表4-7　**分拣与理货员评分标准**

评分标准	总分值（100分）	项目	（单项）扣分标准	注意事项
评分标准1	20	录入出库订单	①未正确录入出库商品货位一次扣10分；②未正确录入出库商品数量一次扣5分，最多扣15分	
评分标准2	20	发送指令	①订单显示器未显示正确订单号扣10分；②操作熟练5分	
评分标准3	30	拣选货品	①拣选数量不正确扣30分；②分拣仓位少一个扣10分	
评分标准4	10	按订单显示器完成按钮	未熟练按完成控制按钮扣10分	
评分标准5	20	将拣选好的货品正确码放在AGV小车上	①托盘未摆放在正确的位置扣10分；②物流盒未放对方向扣10分	

（5）AGV小车调度员评分标准，见表4-8。

表4-8　**AGV小车调度员评分标准**

评分标准	总分值（100分）	项目	（单项）扣分标准	注意事项
评分标准1	20	完整的路径的最终停车是永远停车，即8888	小车路径没有出现8888，扣20分	
评分标准2	10	AGV小车在5号位停车，保证能将货物的条码录入到自动化立体仓库控制系统中	①没有在5号位停车扣6分；②停车时间太短扣4分（不足以扫描到货物的条码）	
评分标准3	30	AGV小车上的辊链动作，保证小车能将货物送到入库皮带链上	①辊链转动方向错误扣10分；②辊链转动时间太短扣10分（不足以将货物送到皮带链上；③AGV小车不需要出入库的地方进行辊链动作扣10分	
评分标准4	20	AGV小车最终没有停在终地址	AGV小车没能回到终地址扣20分	
评分标准5	20	虽然停在终地址，但小车的车头朝向不对	小车永久停车的车头朝向不正确扣20分	

（6）仓储管理员评分标准，见表4-9。

表4-9　　仓储管理员评分标准

评分标准	总分值（100分）	项目	（单项）扣分标准	注意事项
评分标准1	20	打开条码控制软件	①在启动巷道堆垛机时条码软件没有打开扣10分；②打开后又将条码软件关闭扣10分	
评分标准2	10	巷道堆垛机的复位	巷道堆垛机控制软件启动后没有进行巷道堆垛机的复位扣10分	
评分标准3	10	在扫描条码后按回车键进行确认	设置入库作业中，扫描条码后没有进行条码的回车确认扣10分	
评分标准4	20	选择正确仓位	没有选择正确的仓位，但是将货物入到了仓库的一个仓位扣20分	
评分标准5	40	货物完成入库作业	前面步骤正确的情况下扣40分，如果第一步没有做，扣70分	

备注：

（1）若该组只有5个人，现场调度员兼任商品管理员，评分标准不变，最后得分取两个岗位的平均分。

（2）效率加分=15-实际操作时间，效率加分加到每个同学的操作得分内。

（3）评分登记表见附录一。

模块五　供应链一体化物流仿真沙盘实训

“沙盘”这个词早期诞生于部队，在战争期间为了使指挥官能清楚地看到作战区域的地形，就用沙子、泥土，模拟实际地形而做成微缩三维实景地图，因其主要是用沙子和泥土制作而成，所以就起名为“沙盘”。也可以理解“沙盘”就是一幅三维立体地图。

武汉商贸职业学院物流实训中心供应链一体化仿真沙盘实训室是由一个长 5 米、宽 3.5 米的供应链一体化模拟仿真沙盘和多媒体投影设备组成的，仿真沙盘采用声光电相结合的技术，形象地表现和描述整个社会物流的基本形态，包括采购物流、生产物流、销售物流、逆向物流。图 5-1 所示为供应链一体化模拟仿真沙盘实训室。

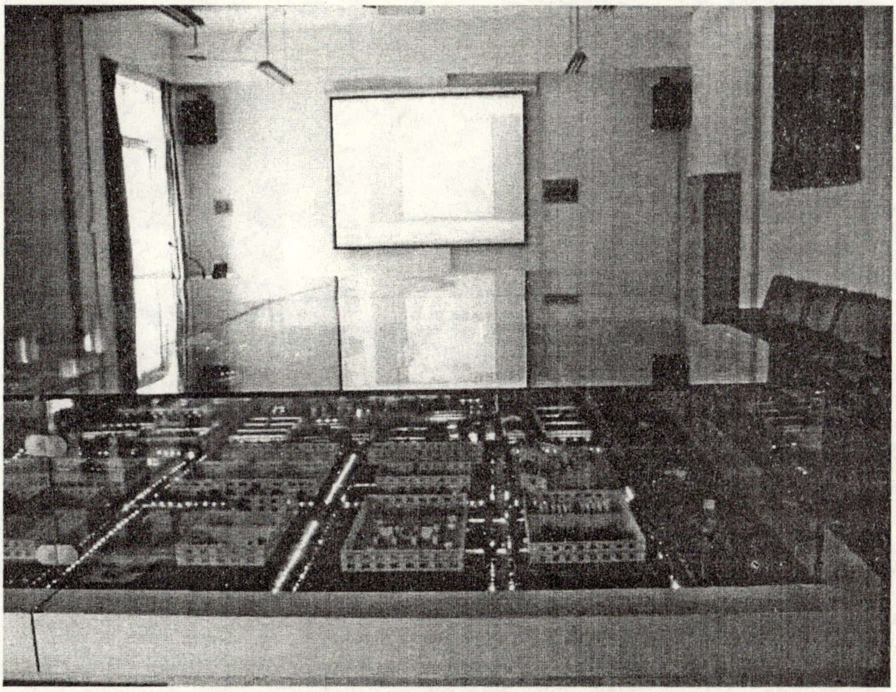

图 5-1　供应链一体化模拟仿真沙盘实训室

我们从仿真沙盘的左下角按顺时针方向进行观察：从这里的布局可以看出这是一个原材料供应区，主要原材料包括天然气、煤矿、矿山、农产品等，本区通过对各种原材料进行加工、存储来突出表现采购物流。图 5-2、图 5-3 所示为原材料供应区。

图 5-2　原材料供应区之一

图 5-3　原材料供应区之二

在原材料供应区的附近交通运输比较便利，主要有管道、水路、铁路、公路运输，通过不同的运输方式使产品进入下一个环节，即生产物流。生产物流区域主要有生产制造区、加工区、仓储区，对原材料、半成品的生产加工、周转，经过不同的物流方式（自营物流、厂内物流、第三方物流）最终将产成品包装入库进入下一个物流环节。图 5-4 为生产区域。

图 5-4　生产区域

下一个环节就是销售物流，货物通过航空运输、铁路运输、水路运输、公路运输送达到指定的接收地，进入消费领域。涉及不同的部门，如政府、银行、商检等，这些部门主要为生产商、分销商提供服务。图 5-5、图 5-6、图 5-7 所示为销售区域，图 5-8 所示为火车站，图 5-9 所示为汽车站，图 5-10 所示为机场。

图 5-5　销售区域之一

图 5-6　销售区域之二

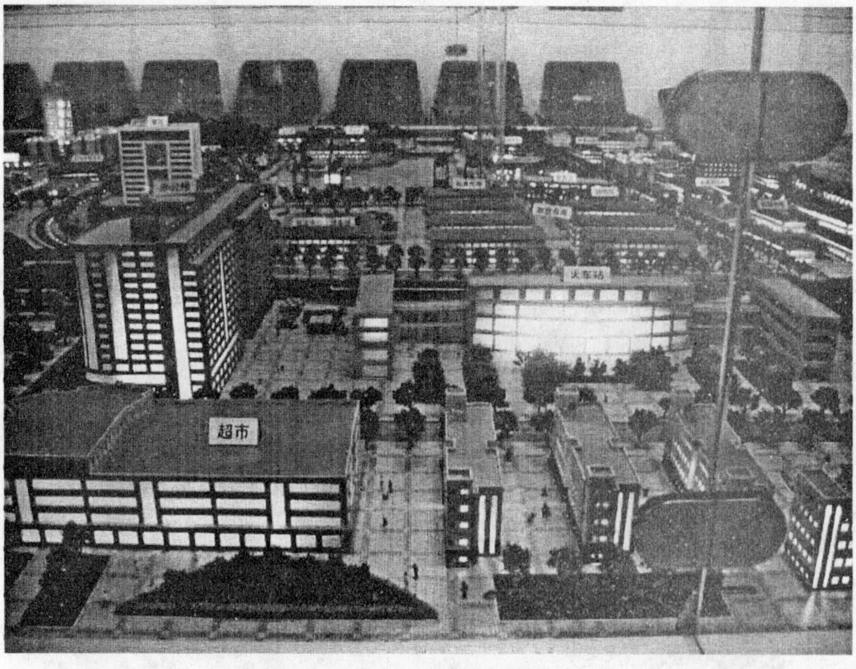

图 5-7　销售区域之三

图5-8　火车站

图5-9　汽车站

图5-10 机场

逆向物流是指不合格物品的返修、退货以及周转使用的包装容器从需方返回到供方所形成的物品实体流动。这一过程贯穿在所有的物流领域和环节。

下面我们来看看仿真沙盘的中间部分，仿真沙盘中间展示的港口是我国常用的港口模式，在这里大家会接触到多种物流工具。其中有装卸桥、轨道龙门式起重机、门座式起重机、集装箱、叉车等。港口主要包括散货堆场、集装箱堆场、海关、散货仓库等。图5-11所示为港口。

图5-11 港口

本实训室通过对物流仿真沙盘的模拟训练，配合相关的多媒体影音资料，让学生可以不出校门就能感受到现代化物流的缩影，可以让学生对储存、包装、装卸搬运、流通加工、配送、运输、物流信息处理等物流环节有非常深刻的认识。

任务一　物流分类认知——了解不同物流类型在沙盘上的分布

一、实训目标

掌握从生产制造业的角度对物流的分类；了解供应链的结构模型；培养学生树立物流系统的观点。

二、任务导入

某汽车生产企业现需从其轮胎供应商处购买500个轮胎，所购买轮胎通过承运商运输后存放在一家第三方物流公司的仓库，请问从生产制造业的角度分类，这时发生的物流活动属于何种类型?

三、实训步骤

首先学生按4人一组分成5组，然后老师对相关知识点进行讲解，接下来学生对沙盘进行观摩并进行小组讨论，然后小组派代表发言，最后老师总结，布置考核项目。

四、发任务书

各小组充分理解物流的分类，仔细观察仿真沙盘模型，小组成员讨论从生产制造业的角度进行分类，五种物流类型在仿真沙盘上是如何体现出来的，并结合五种物流类型对沙盘进行描述。

五、任务分配

按照学号，学生按4人一组分成5组，选出小组长。小组长负责整体协调，安排一名学生进行记录，安排一名学生负责发言，其他成员进行补充，组织小组成员共同参与讨论。

六、任务说明

社会经济领域中的物流活动无处不在。对于各个领域的物流，虽然其基本要素相同，但由于物流对象不同，物流目的不同，物流范围、范畴不同，形成了不同的物流类型。在对物流的分类标准方面目前还没有统一的看法，本任务涉及的物流分类方法是按物流的作用进行分类（从生产制造业的角度）。

1. 采购物流

采购物流是指原材料、零部件从供货方送达到作为购入方的制造业的过程中所发生的物流活动。

2. 供应物流

企业为保证本身生产的节奏，不断组织原材料、零部件、燃料、辅助材料供应的物流活动，这种物流活动对企业生产的正常、高效进行起着重大作用。企业供应物流不仅要保证完成供应的目标，而且还要以最低成本并以最少消耗、最大保证来组织供应物流活动。因此，要做好企业供应物流工作，难度是很大的。企业竞争的关键在于如何降低这一物流过程的成本，可以说这是企业物流的最大难点。为此，企业供应物流就必须解决有效的供应网络、供应方式、零库存等问题。

3. 销售物流

销售物流是企业为保证自身的经营效益，伴随销售活动，将产品所有权转给用户的物流活动。在现代社会中，市场是一个完全的买方市场，销售物流活动便带有极强的服务性，以满足买方的需求，最终实现销售。在这种市场前提下，销售往往以送达用户并经过售后服务才算终止。因此，销售物流的空间范围很大。这便是销售物流的难度所在。

4. 生产物流

生产物流指企业在生产过程中的物流活动。这种物流活动是与整个生产过程伴生的，实际上已构成了生产过程的一部分。企业生产过程的物流大体为：原料、零部件、燃料等辅助材料从企业仓库或企业的"门口"开始，进入到生产线的开始端，再进一步随生产加工过程一个一个环节地流（在流的过程中，原料等本身被加工，同时产生一些废料、余料）直到生产加工终结，再流至生产成品仓库，便终结了企业生产物流过程。

5. 回收物流（逆向物流、反向物流）

回收物流指不合格物品的返修、退货以及周转使用的包装容器从需方返回到供方所形成的物品实体流动。企业在生产、供应、销售的活动中总会产生各种边角余料和废料，这些东西回收是需要伴随物流活动的。而且，在一个企业中，如果回收物品处理不当，往往会影响整个生产环境，甚至影响产品的质量，也会占用很大空间，造成浪费。

6. 废弃物物流

废弃物物流是指对企业排放的无用物进行运输、装卸、处理等的物流活动。虽然废弃物物流没有经济效益，但是具有不可忽视的社会效益。

七、教师演示

学生观看沙盘，教师边讲解以上相关知识及任务分解边向学生演示物流活动过程。图5-12 所示为教师带领学生观看沙盘。

八、任务执行

（1）针对任务：某汽车生产企业现需从其轮胎供应商处购买 500 个轮胎，所购买轮胎通过承运商运输后存放在一家第三方物流公司的仓库，请问从生产制造业的角度分类，这时发生的物流活动属于何种类型？

①小组讨论并记录要点；

②小组代表发言并总结。

（2）针对任务：从生产制造业的角度进行分类，五种物流类型在仿真沙盘上是如何

图 5-12　教师带领学生观看沙盘

体现出来的，并结合五种物流类型对沙盘进行描述。

①小组讨论并记录要点；

②小组代表发言并总结。

图 5-13 所示为小组成员讨论过程。

图 5-13　小组成员讨论过程

九、过程指导

教师根据小组讨论的情况给予答疑、指导、拓展，帮助学生打开思路，并控制实训进度。

十、实训展示

各小组代表发言，教师进行实训考核。

十一、任务考核

任务执行过程中考核标准可参考如下：

（1）考核成绩由两部分组成：团队成绩和个人成绩。

（2）团队成绩100分，占总成绩的70%，根据团队讨论的情况和发言的表现，由老师打分。具体指标如下：小组所有成员都积极参与讨论并发言，团队得分为80～100分（根据发言内容酌情加分），一个小组成员不积极参与讨论扣5～10分，一个小组成员不参与发言扣5～10分。

（3）个人成绩100分，占总成绩的30%，包括个人的出勤、课堂表现，除去团队任务以外的其他任务答题。具体指标如下：缺勤一次扣50分，课堂表现优秀者加20分，积极参与答题，根据答题情况，每答对一次另加10分。

十二、拓展学习

物流的分类方法除了按物流的作用进行分类外，还可以按照物流业务活动主体或活动空间进行分类。

（一）按照物流业务活动的主体分类

1. 社会物流

社会物流是全社会物流的整体，所以也称宏观物流。社会物流是指超越一家一户的以一个社会为范畴面向社会为目的的物流。这种社会性很强的物流往往是由专门的物流承担人承担的。社会物流主要研究再生产过程中随之发生的物流活动，研究国民经济中的物流活动，研究如何形成服务于社会、面向社会又在社会环境中运行的物流，研究社会中物流体系结构和运行等，因此带有宏观性和广泛性。

2. 行业物流

同一行业中所有企业的物流总称为行业物流。同一行业中的企业是市场上的竞争对手，但是在物流领域中常常互相协作，共同促进行业物流系统的合理化。如日本的机械制造行业，提出行业物流系统化的具体内容有：各种运输手段的有效利用，制造共同的零部件仓库，实行共同配送；建立新旧设备及零部件的共同流通中心；建立技术中心，共同培训操作人员和维修人员；统一机械制造规格等。又如在大量消费品方面采用统一传票，统一商品规格，统一法规政策，统一托盘规格，包装模式化等。行业物流系统化的结果使参与的各个企业都得到相应的利益。

3. 企业物流

企业物流是指在企业范围内进行的相关物流活动的总称。企业物流从企业角度上研究与之有关的物流活动，是具体的、微观的物流活动的典型领域。从水平结构上，企业物流又可以区分为以下具体的物流活动：采购物流、供应物流、生产物流、销售物流、回收与废弃物物流。从垂直结构上，企业物流可以分为管理层、控制层和作业层。

（二）按照物流业务活动的空间分类

1. 地区物流

地区物流的地区可按行政区域、经济圈、地理位置划分。地区物流系统（如大型物流中心）对于提高该地区企业物流活动效率、降低物流成本，以及保障当地居民的生活福利环境、稳定物价，具有不可缺少的作用。但是也会由于供应点集中、货车往来频繁、产生废气噪声、交通事故等消极问题，地区物流的组织要与城市建设规划、地区开发计划协调一致。

2. 国际物流

国际物流是相对国内物流而言的，是不同国家之间的物流。它是国内物流的延伸和进一步扩展，是跨国界的、流通范围扩大的物的流通，它是国际贸易的重要组成部分。

国际物流是随着国际经济大协作，工业生产社会化和国际化的发展而产生的，跨国公司的发展使得一个企业的经济活动范畴可以遍布全球，国家之间原材料与产品的流通也随之发达起来。

十三、设备保养

（1）保持实训室的整洁卫生。
（2）不得损坏实训室的桌椅和电脑设备。
（3）不得对沙盘进行拍打、重压、撞击。

十四、考核项目

各个小组成员针对今天所学内容，写一份实训报告，从生产制造业的角度对物流的分类进行深入的理解。

任务二　运输方式认知——了解五种常见的运输方式

一、实训目标

掌握五种基本运输方式的优缺点，能够根据实际情况选择合适的运输方式。

二、任务导入

现有 15 万吨石油需要从非洲运到我国的上海，你认为合适的运输方式是什么？运输方式与运输工具有什么区别？

三、实训步骤

首先学生按4人一组分成5组，然后老师对相关知识点进行讲解，接下来学生对沙盘进行观摩并进行小组讨论，然后小组派代表发言，最后老师总结，布置考核项目。

四、发任务书

各小组充分理解五种基本运输方式的优缺点，仔细观察仿真沙盘模型，小组成员讨论沙盘中涉及的运输方式有哪些，并举例说明。

请为下面的物品选择合适的运输方式：

- 某公司有一批钢材（10000吨）要从济南市郊运到大连
- 要将一批名贵手表（20箱）从北京运送到广州
- 要从青岛将一批活海鲜运到郑州
- 将10000立方米天然气从新疆运达上海
- 海尔要将10000台冰箱运往欧洲
- 一批10吨的棉服从湖北汉川运往哈尔滨

五、任务分配

按照学号，学生按4人一组分成5组，选出小组长。小组长负责整体协调，安排一名学生进行记录，安排一名学生负责发言，其他成员进行补充，组织小组成员共同参与讨论。

六、任务说明

（一）现代运输方式的分类

商品的运输能实现其在空间上的转移或时间上的转移，创造场所性或时间性价值。其运输方式有多种分类标准，其中使用较多的是按运输设备及运输工具将其分类。即按照其所使用的主要工具来看，可分为公路运输、铁路运输、水路运输、航空运输和管道运输。

（1）公路运输——是指使用公路设施、设备运输货物的一种运输方式。

其主要使用汽车，运输的经济半径一般在200km以内，即在中短途运输中具有十分显著的优势。它最主要的特点是受自然条件影响较小，对收货、到站等设施要求不高，即通用性较好。也可作为其他运输方式的衔接手段，在空间上和时间上有相对较高的灵活性。

（2）铁路运输——是指使用铁路设施、设备运输货物的一种运输方式。

其主要承担长距离、大批量的货运，运输经济里程一般在200km以上，特别是在没有水运条件的地区，几乎所有大批量货物都得依靠铁路，是干线运输中的主力运输形式之一，其优点不受自然条件限制，速度快，运载量大，成本较低。但受铁路线路的限制，灵活性稍差，需要其他运输的配合和衔接。

（3）水路运输——是指利用水路设施、设备等工具运输货物的一种运输方式。

其基础设施为港口和航道，运输工具为船舶和装卸机械，适宜大批量、远距离运输，在沿海和主要内河航道运输方向上，其更是主力，是干线运输中起主力运输作用的运输形式。水路运输的主要优点是成本低、能耗少、占地少，但受港口、水位、季节和气候影响较大，运输速度慢。通常有沿海运输、近海运输、远洋运输、内河运输四种形式。

（4）航空运输——使用飞机或其他飞行器运送货物的一种运输方式。

由于运载量小、运费高，所以，主要适合运载两类货物：一是时间性很强，急需的物品；二是价值高、运费承担能力很强的货物。其主要优点是速度快，不受地形影响。

（5）管道运输——是由大型管道、泵站和加压设备等组成的运输系统完成物料输送工作的一种运输方式。

由于采用某种密封管道，故在运输过程中散失、丢失等损失少，安全且污染少，运输量大且能连续不断运送物资。但主要适用于液体和气体输送，若输送粉粒状固体和少量容器包装的物资则成本较高。一般不适宜固体物资输送，所输送的货物主要有油品（原油和成品油）天然气（包括油田伴生气）煤浆及其他矿浆。

（二）选择运输方式的影响因素

选择运输方式时需要考虑以下五个因素：

（1）运输物品的种类，物品的形状、单间重量容积、危险性、变质性等都成为选择运输手段的制约因素。

（2）运输量，在运量方面，一次运输的批量不同选择的运输手段也会不同，一般来说，原材料等大批量的货物运输适合于铁路运输或水路运输。

（3）运输距离，货物运输距离的长短直接影响到运输手段的选择，一般来说中短距离运输比较适合汽车运输。

（4）运输时间，货物运输时间长短与交货期有关，应该根据交货期来选择适合的运输手段。

（5）运输费用，物品价格的高低关系到承担运费的能力，也成为选择运输手段的重要考虑因素。

七、教师演示

学生观看沙盘，教师边讲解以上相关知识及任务分解边向学生演示各种运输方式。

八、任务执行

（1）针对任务：现有15万吨石油需要从非洲运到我国的上海，你认为合适的运输方式是什么？运输方式与运输工具有什么区别？

①小组讨论并记录要点；

②小组代表发言并总结。

（2）针对任务：各小组充分理解五种基本运输方式的优缺点，仔细观察仿真沙盘模型，小组成员讨论沙盘中涉及的运输方式有哪些，并举例说明。

①小组讨论并记录要点；

②小组代表发言并总结。

(3) 针对任务：请为下面的物品选择合适的运输方式。

- 某公司有一批钢材（10000 吨）要从济南市郊运到大连
- 要将一批名贵手表（20 箱）从北京运送到广州
- 要从青岛将一批活海鲜运到郑州
- 将 10000 立方米天然气从新疆运达上海
- 海尔要将 10000 台冰箱运往欧洲
- 一批 10 吨的棉服从湖北汉川运往哈尔滨

①小组讨论并记录要点；

②小组代表发言并总结。

图 5-14 所示为小组成员讨论现场。

图 5-14　小组成员讨论现场

九、过程指导

教师根据小组讨论的情况给予答疑、指导、拓展，帮助学生打开思路，并控制实训进度。

十、实训展示

各小组代表发言，教师进行实训考核。

十一、任务考核

本实训任务执行过程中考核标准即考核成绩由两部分组成：团队成绩和个人成绩。

（1）团队成绩100分，占总成绩的70%，根据团队讨论的情况和发言的表现，由老师打分。具体指标如下：小组所有成员都积极参与讨论并发言，团队得分为80～100分（根据发言内容酌情加分），一个小组成员不积极参与讨论扣5～10分，一个小组成员不参与发言扣5～10分。

（2）个人成绩100分，占总成绩的30%，包括个人的出勤、课堂表现，除去团队任务以外的其他任务答题。具体指标如下：缺勤一次扣50分，课堂表现优秀者加20分，积极参与答题，根据答题情况，每答对一次另加10分。

十二、拓展学习

（1）五种运输方式的特点比较，见表5-1。

表5-1　　五种运输方式的特点比较

类别	载体	运输距离	优缺点	
			优点	缺点
公路运输	汽车：普通货车、厢式货车、专用货车、自卸车、牵引车和挂车	200km以内	1. 灵活性强： ①受自然条件影响小，通用性较好； ②不受线路车站港口制约，易装车； ③可“门”到“门”服务，转运或反复装卸搬运少 2. 近距离运输成本较低	1. 大批量、长距离运输费用相对昂贵； 2. 消耗能量多，易污染环境和发生货损事故
铁路运输	铁路车辆：平车、敞车、棚车、罐车、漏斗车、保温及冷藏车、特种车	200km以上	1. 不受天气影响； 2. 具有定时性，可按计划运行； 3. 可以大批量高速运输； 4. 网络遍布全国，可以运往各地	1. 费工、费时、成本高； 2. 无法“门”到“门”服务，须转运； 3. 车站固定，不能随处停车； 4. 不适宜紧急个性化运输
水路运输	船、驳、舟、筏：集装箱邮船、散装船、油船、液化气船、滚装船、载驳船、冷藏船、运木船	远距离	1. 成本低 2. 原材料可以散装在船上 3. 适用于重物和大批量运输	1. 运输速度慢； 2. 港口设施费用高； 3. 运输时间难以保证（易受天气影响）

续表

类别	载体	运输距离	优缺点	
			优点	缺点
管道运输	管道：油品管道、气体管道、固体料浆管道	较长距离	1. 快速、简便、经济、计量正确； 2. 没有包装费用、不受天气影响； 3. 安全、环保	1. 受货种限制 2. 易沉淀、积垢，清管成本高
航空运输	货机及客货机	较远距离	1. 运输速度快； 2. 包装简单； 3. 安全、破损少	1. 运费偏高； 2. 受重量限制； 3. 地区不能离机场太远

（2）各种运输方式成本结构的比较，见表5-2。

表5-2 **各种运输方式成本结构的比较**

运输方式	固定成本	变动成本
公路	高（车辆及修路）	适中（燃料、维修）
铁路	高（车辆及轨道）	低
水路	低（船舶、设备）	低
航空	适中（飞机）	高（燃料、维修）
管道	最高（铺设管道）	最低

十三、设备保养

（1）保持实训室的整洁卫生。

（2）不得损坏实训室的桌椅和电脑设备。

（3）不得对沙盘进行拍打、重压、撞击。

考 核 项 目

一、考核项目内容

各个小组成员针对今天所学内容，写一份实训报告，对五种基本运输方式的特点进行更加深入的理解。

二、考核项目要求

（1）独立完成实训报告；

（2）多查资料，拓展实训的外延内容，加强对五种匀速方式的认识和理解；

（3）结合物流基础的相关模块，进行内容与实践分析；

（4）谈谈学习体会。

三、考核评分

考核评分细则见表5-3。

表5-3　实训报告评分细则

评价项目	评价指标	参考分值				得分
		好	较好	合格	不合格	
目的（20分）	实训目的、实训名称、简单原理介绍是否清晰、整齐，重点是否突出，依据是否正确	18～20	16～18	12～16	12以下	
格式（20分）	能按照实训报告的基本格式要求编写报告，文字流畅，整洁、规范，无错别字	18～20	16～18	12～16	12以下	
内容（20）	实训报告各项目齐全，报告内容准确、具体，有分析、有自己的见解	18～20	16～18	12～16	12以下	
步骤（20分）	是否有准确的实训步骤、是否清晰、整齐	18～20	16～18	12～16	12以下	
总结（20分）	是否有明确的结果或结论报告，结果形式是否正确无误，是否对结果进行了分析，分析是否简洁、明确、合理	18～20	16～18	12～16	12以下	
总评						

模块六　中海2000物流软件实训

任务一　基础管理——系统登录及仓位设置

一、实训目标

（1）掌握中海2000登录的操作步骤；

（2）对第三方物流公司所开设的主要部门和岗位的分配有一定的了解，以及各岗位所对应中海2000软件中的操作模块；

（3）掌握仓库的编码原则，能够对仓库进行规划并编号。

二、任务导入

中海2000作为第三方物流企业的物流管理软件，首先我们要学习该软件的登录方法，以及基础数据也就是仓位的设置及录入。

三、实训步骤

首先学习中海2000的背景以及使用范围、各菜单的作业目的，然后掌握中海2000的登录步骤，学习如何对仓位进行编号，并将编好的仓位录入系统。

四、发任务书

（1）登录中海2000系统，并按教师要求更改学生账号和密码；

（2）现模拟中海物流公司有三个仓库，编号为1、2、3，请对这三个仓库中的仓位进行编号，并各选取5个仓位录入系统。

五、任务说明

中海2000简介：中海2000物流实训管理软件是在总结中海物流多年的第三方物流实践的基础上，结合中海资讯多个其他项目的基础上开发完成的，其业务流程是对第三方物流企业实际业务流程的提炼和总结，符合国际规范，支持流程优化重组。系统总共可分为八个菜单，各菜单下又可分为若干个小菜单。展开菜单后，操作菜单会显示三个区域界面，查询区、列表区和编辑区，查询区可用来查询指定目标，列表区会显示符合要求的项目内容，编辑区用来输入和操作。若是查询功能的菜单，则没有编辑区。

仓位基本知识：仓位编号在货物的入库、出库、盘点等库存管理中经常使用，因此，仓位编号需要体现以下的信息：货物所放置的区域、货架位置、货架层次。例如编号为：×-××-××-×，其中第 1 位代表货物所放置的区域，可以是仓库，也可以是某个区域；第 2、3 位代表货架的位置，比如货架在第几排；第 4、5 位代表货物在该确定货架中的第几列；第六位代表货物在该确定货架中的第几层。

仓位也有散租和包租两种不同的性质，系统默认所有新增的仓位为散租仓位，一直到该仓位被分配给包租客户，性质才变为包租。

六、教师演示

1. 登录中海 2000 操作步骤

（1）打开桌面的 IE 图标；

（2）点击 IE 浏览器上方的“工具”→“弹出窗口阻止程序”→“关闭弹出窗口阻止程序”；

（3）在地址栏内输入地址：http：//172. 16. 107. 253：8000，即服务器地址。

账号共四位（我们将学生账号设置为学号后四位数字），初始密码为空，注意修改后密码不得超过六位。注册界面如图 6-1 所示。

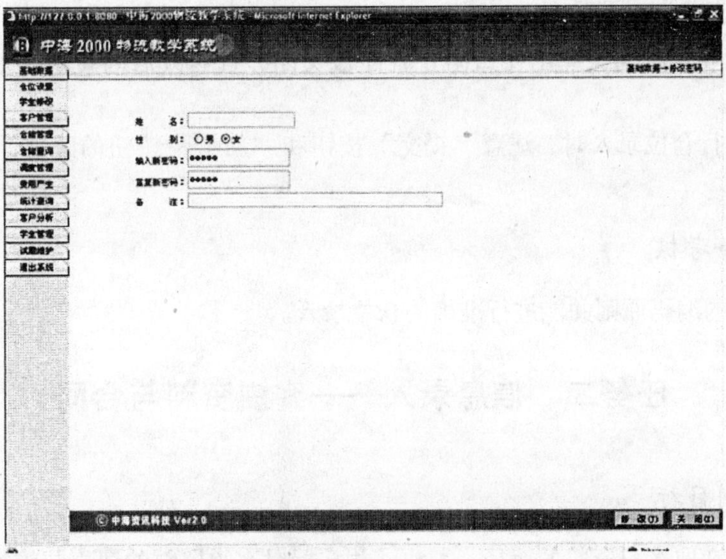

图 6-1　用户注册界面

2. 仓位编号及录入

仓位编号举例：编号为 2-12-14-3，表示 2 号仓库、第 12 排、第 14 列、第 3 层的仓位。

首先打开基础数据，然后选择仓位设置，在编辑区将编好的仓位输入后点击提交按钮，保存仓位，如图 6-2 所示。

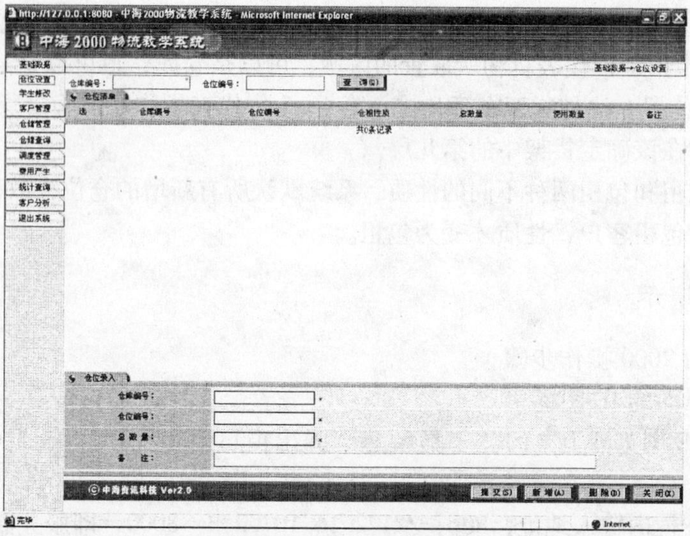

图 6-2　仓位设置窗口

七、过程指导

（1）注意登录时确保弹出窗口阻止程序被关闭，且修改后的新密码不得超过六位，否则无法登录。

（2）在进行仓位录入时，注意“提交”按钮和“新增”按钮的区别，“新增”按钮会刷新编辑区。

八、任务考核

掌握仓位的编码原则并能进行准确的仓位录入。

任务二　信息录入——客户资料与合同

一、实训目标

（1）了解获取客户资料的途径、方法，并掌握对客户资料的建立与维护，能够快速、正确的录入客户资料，明确各报价费用项目的含义，掌握报价操作流程，并正确、熟练地操作报价流程。

（2）熟识对合同的报价时间和仓位的修改，明确合同表头各项目的含义。

（3）熟识工厂资料、运输资料的建立与维护。

二、任务导入

现中海物流公司开发了新客户，需要将客户相关资料维护到系统进行管理和共享，如何将这些资料录入系统呢？

三、实训步骤

首先通过网络搜索，寻找客户的相关资料，并为每一个客户做一份合同和报价单，完成后将这些资料录入到系统中。

四、发任务书

搜集四种类型的客户资料各两个，完成报价单和合同的制作，将客户资料和合同录入系统。

五、任务说明

在中海 2000 的系统中，将客户的类型分为四种：客户、报关、装卸和运输。

其中："客户"是指有仓储配送、运输管理以及费用结算的客户，这种类型的客户可以进行系统支持的所有业务操作；"报关"客户一般是指本公司的外包报关公司，对于一个第三方物流公司来说，很可能并没有自己的报关部门，而是将报关业务转交给专业的报关公司，这种专业的报关公司就是"报关"客户；"装卸"和"运输"都与"报关"一样，指的是外包的专业的装卸公司和运输公司。如果我们在业务操作中用到这些外包公司，在费用结算的时候就会产生应付费用，即本公司应该付给外包公司的费用。而"客户"类型的客户就会产生应收费用，即客户应该付给本公司的费用。

六、教师演示

（一）客户基本资料的录入与维护（客户管理→客户资料）

根据客户类型的不同，我们可以将不同类型的客户进行编号，例如：

❖客户类型：KH001、KH002、KH003 依次类推

❖报关类型：BG001、BG002、BG003 依次类推

❖装卸类型：ZX001、ZX002、ZX003 依次类推

❖运输类型：YS001、YS002、YS003 依次类推

例如现有客户深圳富士康科技集团，将该客户的资料和合同信息录入系统，内容如表 6-1。

表 6-1　**"深圳富士康科技集团"客户信息**

客户编号：KH01	客户名称：富士康科技集团
客户简称：富士康	客户类型：客户
联系人：杨德才	联系人职务：经理
联系人电话：0755-25359906	联系人传真：0755-25359065
联系人手机：13235621520	Email：decai@ foxconn. com

续表

行业性质：生产制造业	成立日期：1974 年
业务规模：大	运行情况：良好
网址：http：//www. foxconn. com. cn	

（二）操作步骤

展开“客户管理”菜单，点击客户资料，在下面的编辑区进行客户编辑，然后点击“提交”保存，如图 6-3 所示。

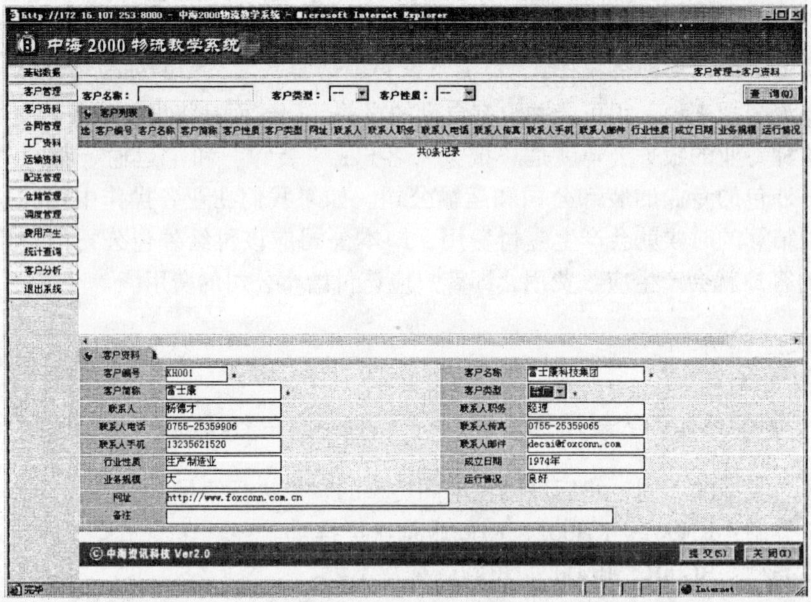

图 6-3　编辑客户资料

保存后，客户基本资料录入完毕，若需修改，可选取客户后，在下面的编辑区修改后再提交即可，如图 6-4 所示。

（三）客户工厂资料的录入与维护（客户管理→工厂资料）

客户的物流领域中包括了供应商、购买商以及物流公司。目前，物流公司的生存关键在于为客户提供更优质的服务。利用物流信息技术能存储和处理大量的信息。物流企业通过建立客户资料信息库，将客户与物料资料联立关系，为客户提供专业化的物流服务，提高企业竞争力。

对于配送来说，物流公司的仓库只是一个中转站，货物的流通一般是按照“工厂 A→物流公司→工厂 B”的方向。因此对于物流公司来说，客户的资料不仅包含客户本身的资

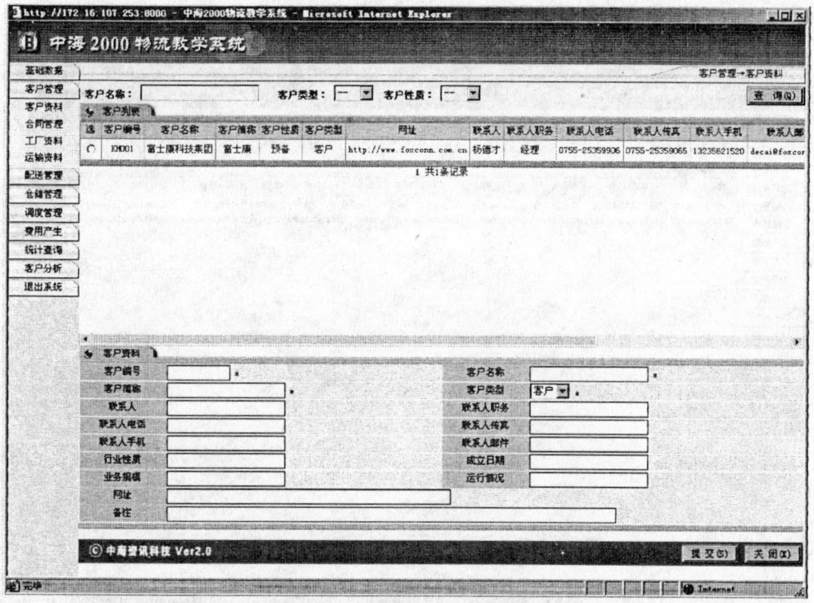

图 6-4　客户资料提交与修改

料，还包含客户对应的工厂 A（供应商）和工厂 B（购买商）的资料为了准确的运输，必须对工厂的基本资料进行维护。

例如，KH001 的客户要求把手机零部件这一货物从原材料供应商工厂配送到该客户的生产部门。如图 6-5 所示。

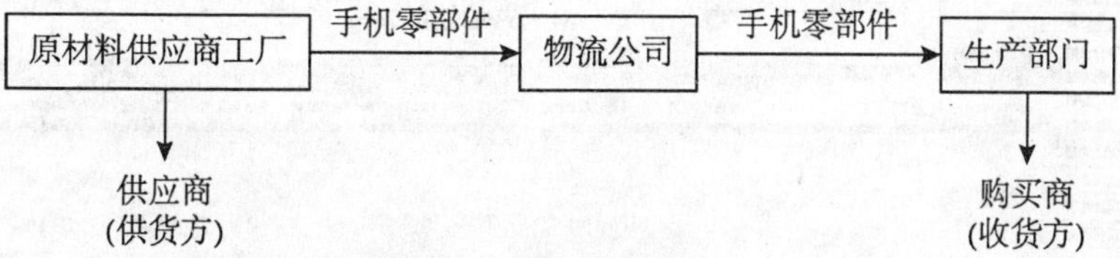

图 6-5　客户与供应商关系

那么，在这一事件中，原材料供应商工厂即是 KH001 客户的供应商，生产部门即是 KH001 客户的购买商。

在中海 2000 的系统中，将客户的工厂分成了供应商，购买商和供应购买商三种类型，供应购买商是指既可作为供应商，又可作为购买商的工厂。供应商又可分为“独立”和“非独立”两种类型，独立供应商有可能需要自己支付相关的费用，非独立供应商不需要支付费用。

操作步骤如下：

例如 KH001 客户所对应的工厂为：

供应商：台达 A 区仓库；购买商：联想；供应购买商：富士康 A 区车间；

首先打开客户管理→工厂资料，如图 6-6 所示。

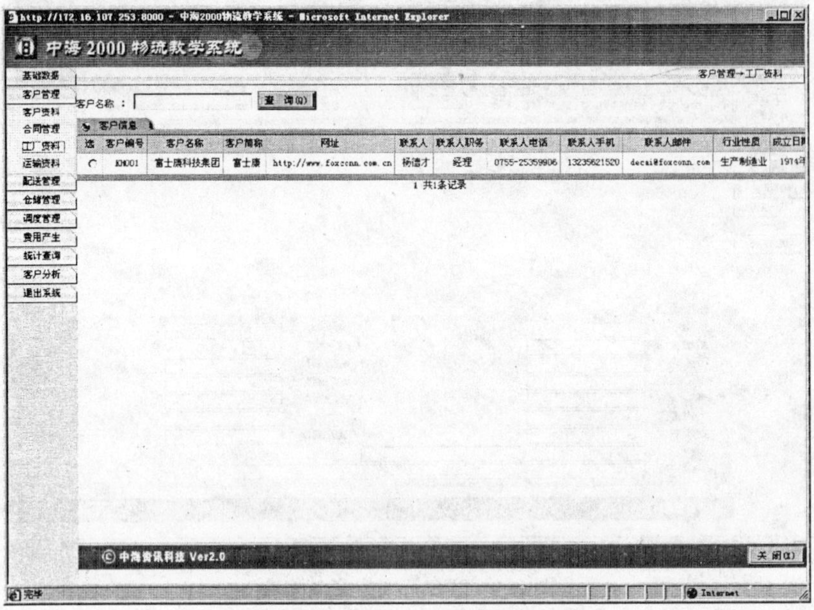

图 6-6　展示工厂资料

然后选择要录入的客户，在编辑区进行编辑并提交，如图 6-7 所示。

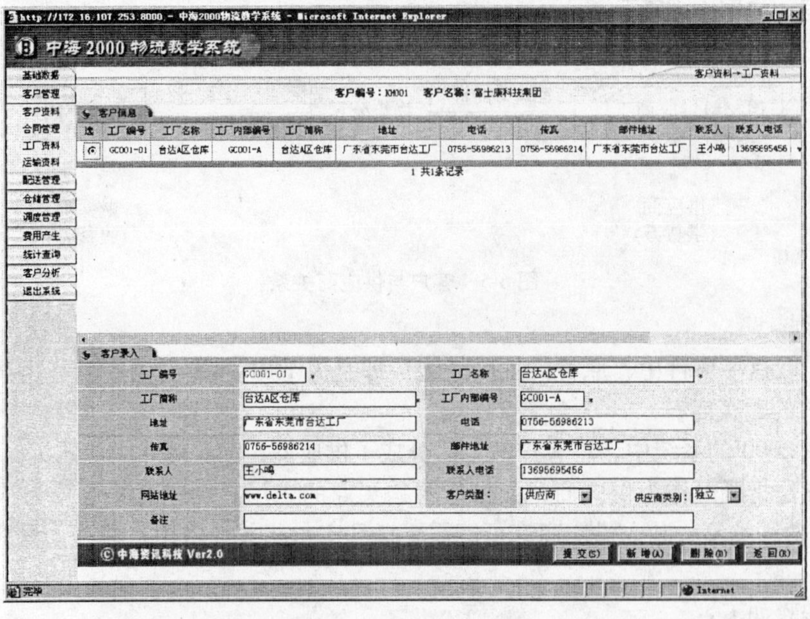

图 6-7　录入工厂资料

最后依次提交其他两种类型的工厂资料。

注意：若是运输类型的客户，还需要提交该客户的车辆资料即运输资料。

（四）对客户合同的管理及维护

1. 合同的录入

系统将客户性质分为预备、正式和历史三种。其中，“预备”指的是当前还没有签订合同或者是还没有进入合同有效期的客户，这种客户可以进行基本资料的录入，但是不能进行实际的业务操作，即不可以进行仓储配送、运输以及结算等实际操作。“正式”是处于合同有效期的客户。“历史”是已经过了合同有效期，并且很长一段时间不会进行业务往来的客户。

当预备客户的资料已经全部录入系统，而且进入合同有效期，这个时候就可以将预备客户转换为正式客户，可以看到界面右下方有一个“正式”按钮，点击该按钮，进入客户性质转换界面，如图6-8所示。

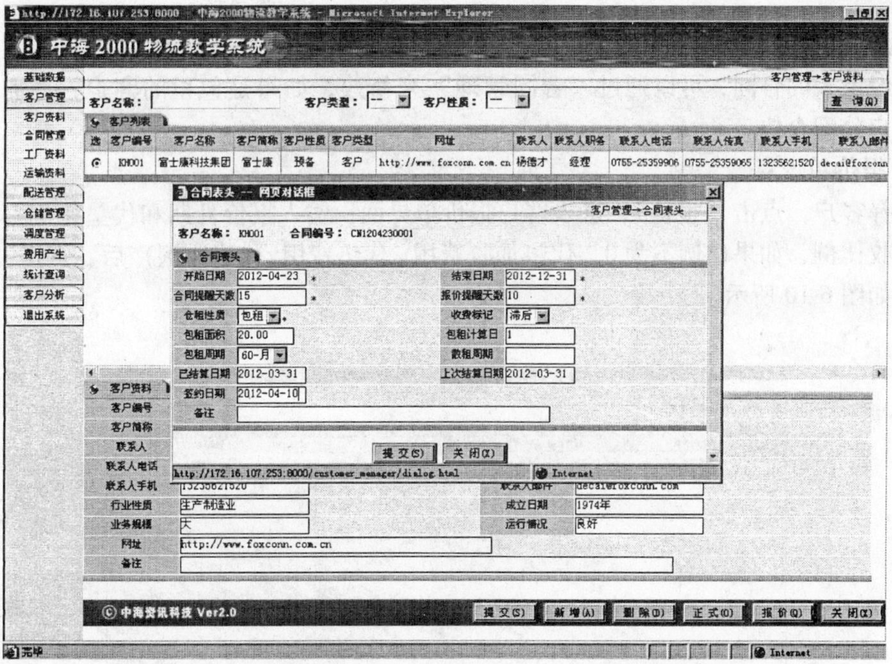

图6-8　合同录入

❖包租计算日：就是每月的结算日期，一般公司都会有一个固定的结算日期，而不会根据每一单的合同日期进行结算。

❖包租周期：在此系统中只考虑月的情况。

❖散租周期：只对散租客户有效，散租货物的结算周期。

填好后，点击提交，客户即变为“正式”状态，界面变为如图6-9所示。

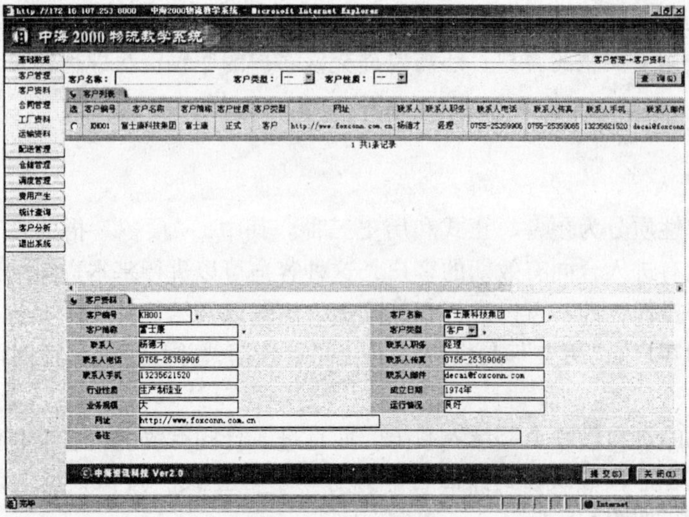

图 6-9　合同提交

客户资料在列表中的颜色由白色变成灰色。

已经录入的合同，可以通过“合同管理”来修改，如果是包租的客户，还需要给包租的客户分配仓位。

2. 报价单设置

选择客户，点击“报价”，进入客户报价单界面，输入报价日期和代垫比例（代垫费用的加收比例，如果比例不为0，代垫加收费用=代垫费用×代垫比例）后，点击“提交”保存。如图 6-10 所示。

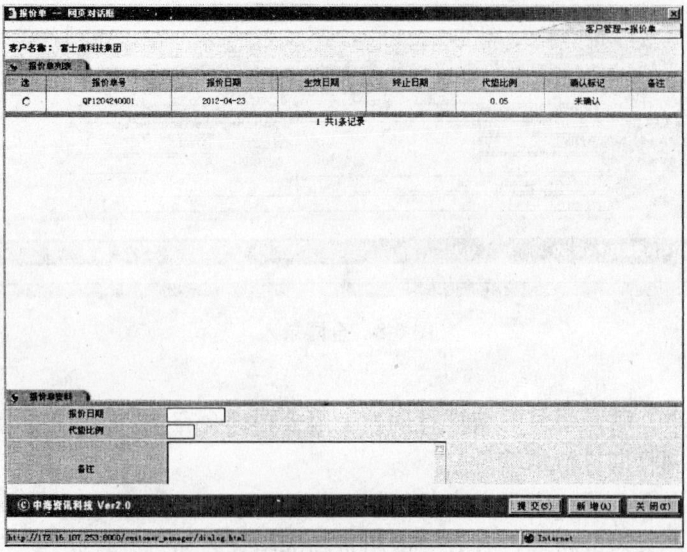

图 6-10　报价单设置

保存后选择刚录入的报价单，点击“报价明细”，系统将费用分成了七种类型，报价的时候也按照费用类型录入报价。“客户”性质的客户报价包括仓租费用、装卸费用、运输费用、加班费用、处理费用、报关费用和其他费用，即所有的费用类型都有。

（1）仓租报价如图 6-11 所示，按照双方签订的合同，查看合同条款的实际情况，输入单价及计费单位。

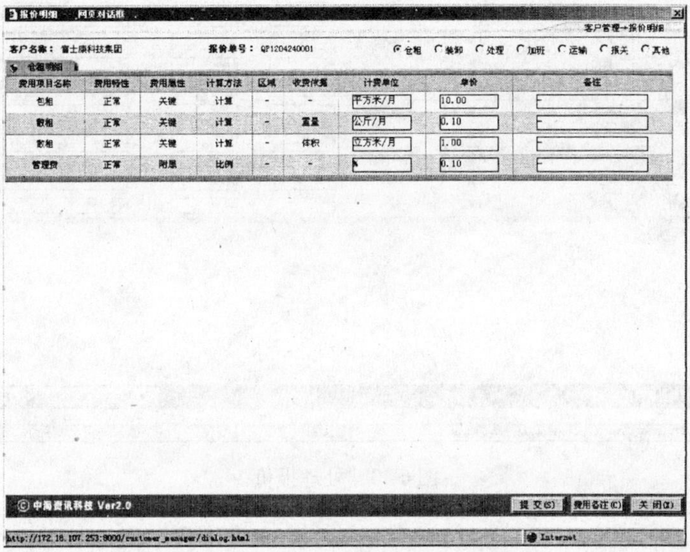

图 6-11　仓租报价

（2）装卸报价如图 6-12 所示：按合同规定，输入装卸报价的计费单位及单价。

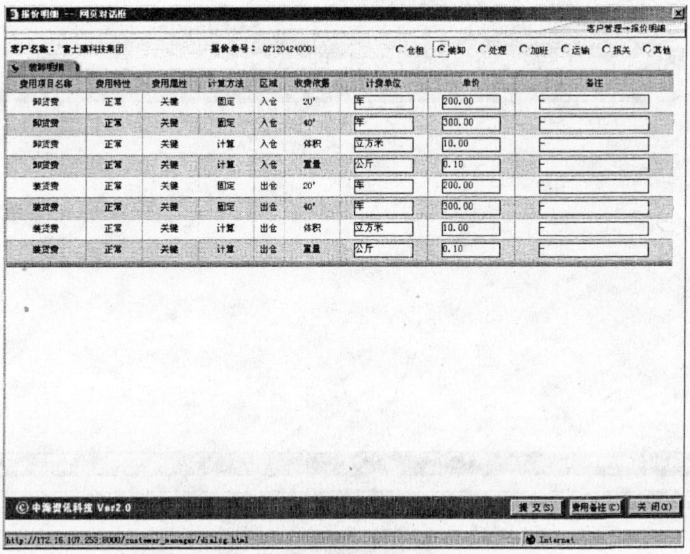

图 6-12　装卸报价

（3）处理报价如图 6-13 所示：按合同规定，输入处理报价的计费单位及单价。

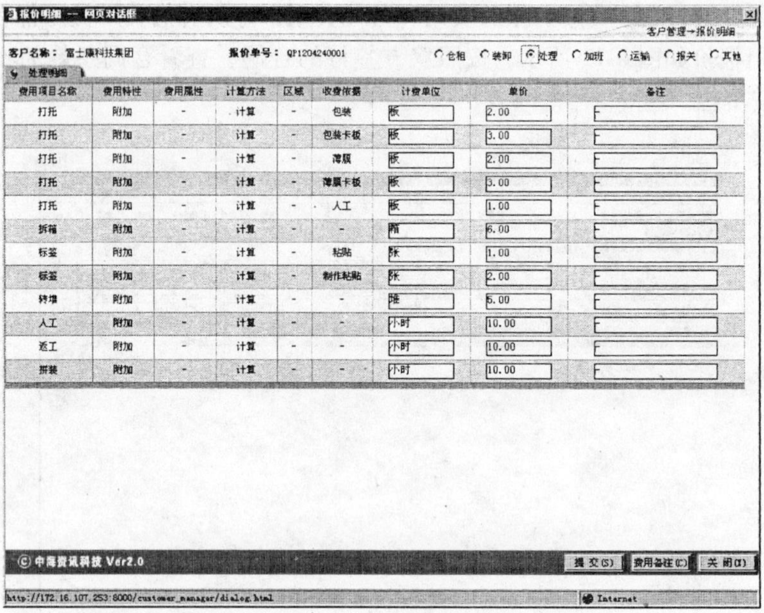

报价明细 -- 网页对话框

客户管理→报价明细

客户名称：富士康科技集团　　报价单号：QP1204240001　　○仓租 ○装卸 ◉处理 ○加班 ○运输 ○报关 ○其他

处理明细

费用项目名称	费用特性	费用属性	计算方法	区域	收费依据	计费单位	单价	备注
打托	附加	-	计算	-	包装	板	2.00	
打托	附加	-	计算	-	包装卡板	板	3.00	
打托	附加	-	计算	-	薄膜	板	2.00	
打托	附加	-	计算	-	薄膜卡板	板	3.00	
打托	附加	-	计算	-	人工	板	1.00	
拆箱	附加	-	计算	-	-	箱	6.00	
标签	附加	-	计算	-	粘贴	张	1.00	
标签	附加	-	计算	-	制作粘贴	张	2.00	
转堆	附加	-	计算	-	-	堆	6.00	
人工	附加	-	计算	-	-	小时	10.00	
返工	附加	-	计算	-	-	小时	10.00	
拼装	附加	-	计算	-	-	小时	10.00	

© 中海资讯科技 Ver2.0　　提交(S)　费用备注(C)　关闭(X)

http://172.16.107.253:8000/customer_manager/dialog.html　　Internet

图 6-13　处理报价

（4）加班报价如图 6-14 所示，按合同规定，输入加班报价的计费单位及单价。

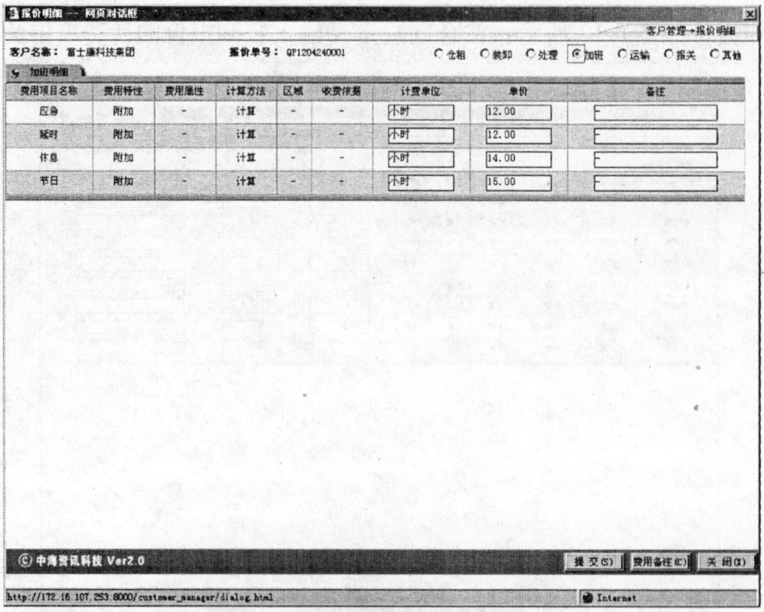

报价明细 -- 网页对话框

客户管理→报价明细

客户名称：富士康科技集团　　报价单号：QP1204240001　　○仓租 ○装卸 ○处理 ◉加班 ○运输 ○报关 ○其他

加班明细

费用项目名称	费用特性	费用属性	计算方法	区域	收费依据	计费单位	单价	备注
应急	附加	-	计算	-	-	小时	12.00	
延时	附加	-	计算	-	-	小时	12.00	
休息	附加	-	计算	-	-	小时	14.00	
节日	附加	-	计算	-	-	小时	15.00	

© 中海资讯科技 Ver2.0　　提交(S)　费用备注(C)　关闭(X)

http://172.16.107.253:8000/customer_manager/dialog.html　　Internet

图 6-14　加班报价

（5）运输报价：

①运输报价如图6-15所示：按合同规定，输入运输报价的单价及币种。

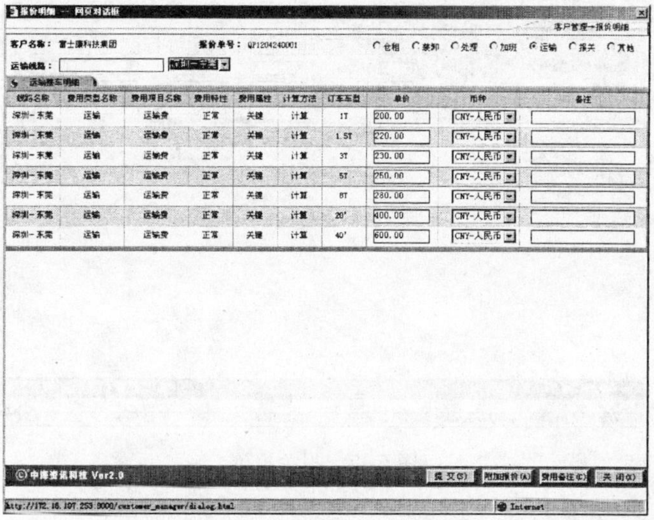

图6-15　运输报价

②附加报价如图6-16所示，若按合同规定，约定了运输附加报价，则输入计算方法及单价。

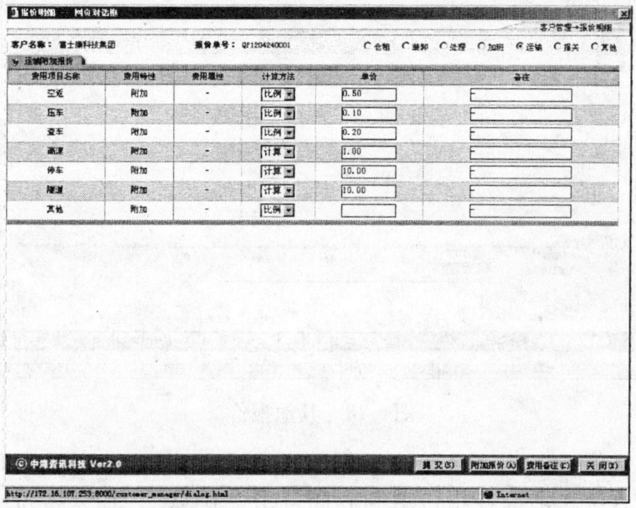

图6-16　运输报价之附加报价

（6）报关报价如图6-17所示，按合同规定，输入报关报价的计费单位及单价。

（7）其他报价是指前面的六种常规报价里面都没有包含的报价，操作员可以录入报

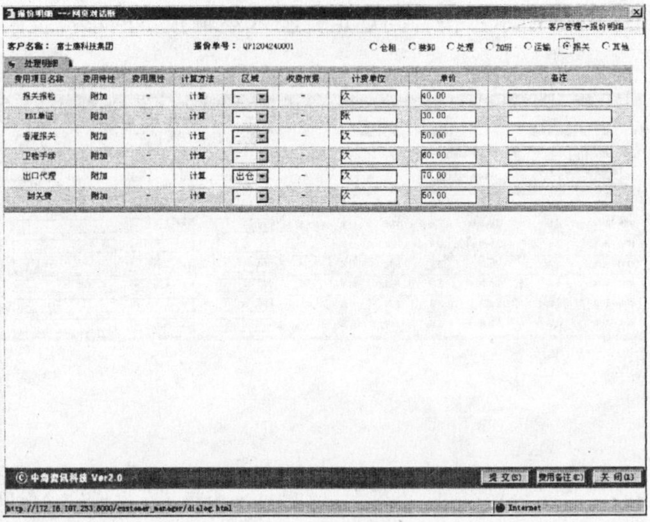

图 6-17　报关报价

价和作业量，然后系统再将作业量与报价的乘积作为其他费用。如图 6-18 所示。

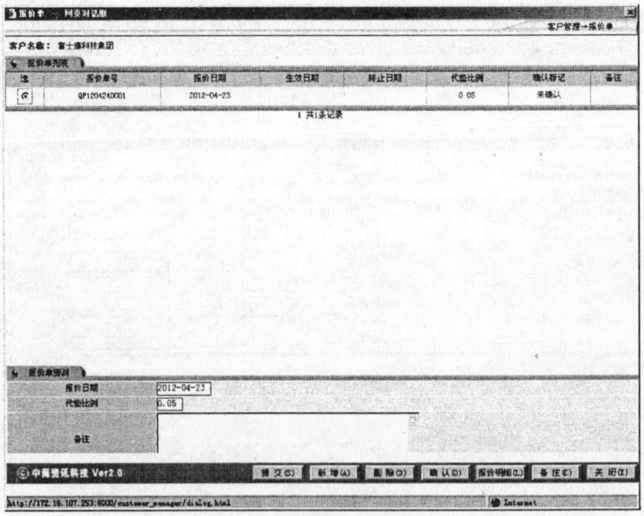

图 6-18　其他报价

七种报价都录入完毕后，在报价单的界面点击“确认”，输入报价单的生效日期，对报价单进行确认（注：主要报价的有效期应该在合同期内）。

3. 费用状态设置

系统默认全部的费用都由客户付款，点击“状态”按钮，进入收费状态设置，如图 6-19 所示。

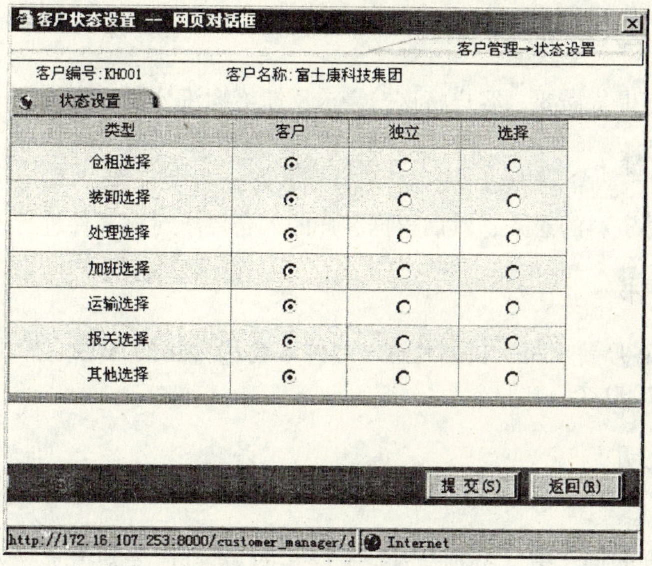

图6-19　收费状态设置

“客户”就表示所有产生的该类型的费用都由客户支付；“独立”表示如果该笔业务的供应商是独立供应商，该类型的费用即由该独立供应商付款，如果供应商是非独立的，该类型费用仍然由客户付款；而“选择”则表示每一单业务的该类型费用需要选择由客户还是向供应商付款。

七、过程指导

（1）注意“预备”、“正式”和“历史”客户的操作按钮不同，不同性质的客户在系统的操作权限不同；

（2）在进行工厂资料录入时，注意该界面只能提交不能修改，确认好后在提交；

（3）包租客户的包租周期只能选“按月”的情况，且包租客户一定要分配仓位；

（4）报价单确认后才能生效，且同一时间段只能有一个报价单。

八、任务考核

能够准确熟练地将客户完整资料录入系统，并能进行演示和解说。

任务三　仓储管理——部件维护和入仓

一、实训目标

（1）掌握部件资料的录入和维护；

（2）熟悉货物的入仓流程，掌握入仓的操作；

（3）理解客户资料与入仓管理之间的关系。

二、任务导入

现某一客户有提货需要，客户将这一需求反馈给物流公司，物流公司该如何作业呢?

三、实训步骤

首先完成部件资料的录入，然后根据客户的入仓要求对该部件进行入仓操作。

四、发任务书

现 KH001 的客户要求将手机芯片这一部件入仓从台达的 A 区仓库配送到富士康的 A 区车间，数量为 2000 个。

五、任务说明

1. 部件维护

在入仓和出仓的操作中（特别是有报关操作的），都需要知道货物名称、体积等详细的资料。如果每次都需要录入这些资料会大大增加工作量，也会容易造成人为的错误。因此设置了部件维护这一个菜单，在以后的操作中就不需要录入部件（也就是需要配送的货物）的信息，直接在下拉框中选择即可。

2. 入仓管理

中海 2000 根据典型物流公司的货物入仓流程，设计了如图 6-20 所示的入仓七步骤。

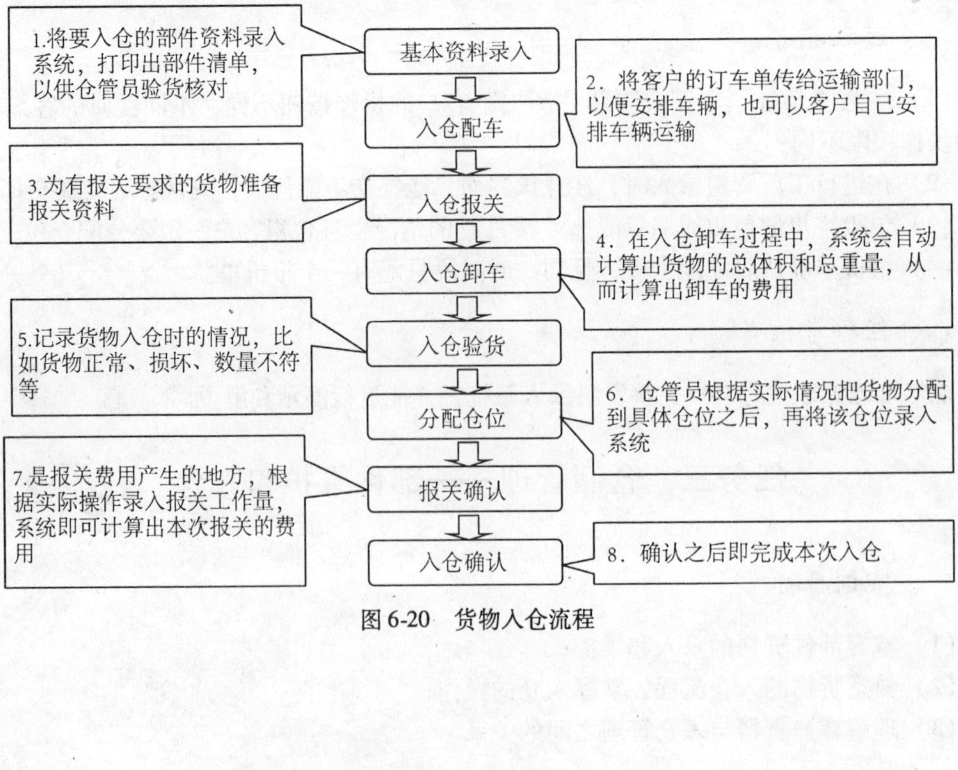

图 6-20　货物入仓流程

六、教师演示

1. 部件维护

首先点击配送管理→部件维护，然后在编辑区输入部件相关资料，输入完后点击提交保存。如图 6-21 所示。

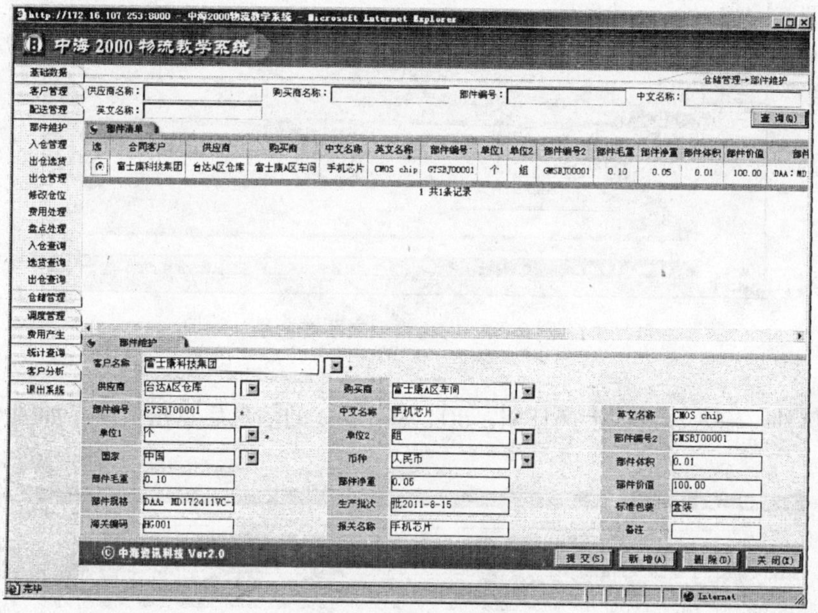

图 6-21　部件维护

其中的参数说明如下：

客户名称：　　签订合同的客户名称

供应商：　　送货的工厂名称

购买商：　　收货的工厂名称

部件编号 1：　　供货工厂对货物起的编号，供应商的编号 GYSBJ00001

部件编号 2：　　收货工厂对货物起的编号，购买商的编号 GMSBJ00001

单位 1：　　指海关系统中的第一单位，也是主要单位

单位 2：　　指海关系统中的第二单位，是辅助单位

部件规格：　　货物的特殊类型标识，若显示器规格可能为 15 寸、17 寸

生产批次：　　生产企业内部的某批货物的统一的标识

标准包装：　　货物的包装种类

海关编码：　　海关系统中货物的分类编码

2. 入仓管理

首先，新增一个入仓单，如图 6-22 所示。

(1) 入仓资料。选中刚才生成的入仓单，点击右下角部件，在弹出的对话框中选择

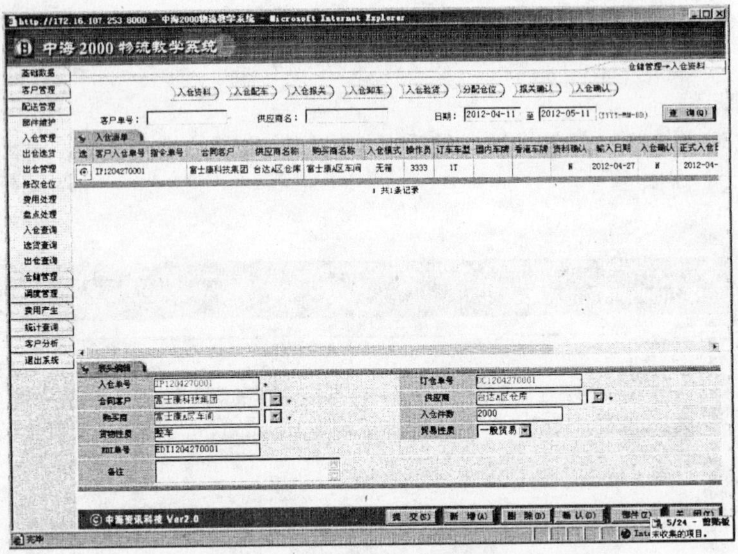

图 6-22　入仓管理之新增仓单

要录入的部件，输入数量，生产日期，PO、SO、DO 的信息后点击提交，如图 6-23 所示。

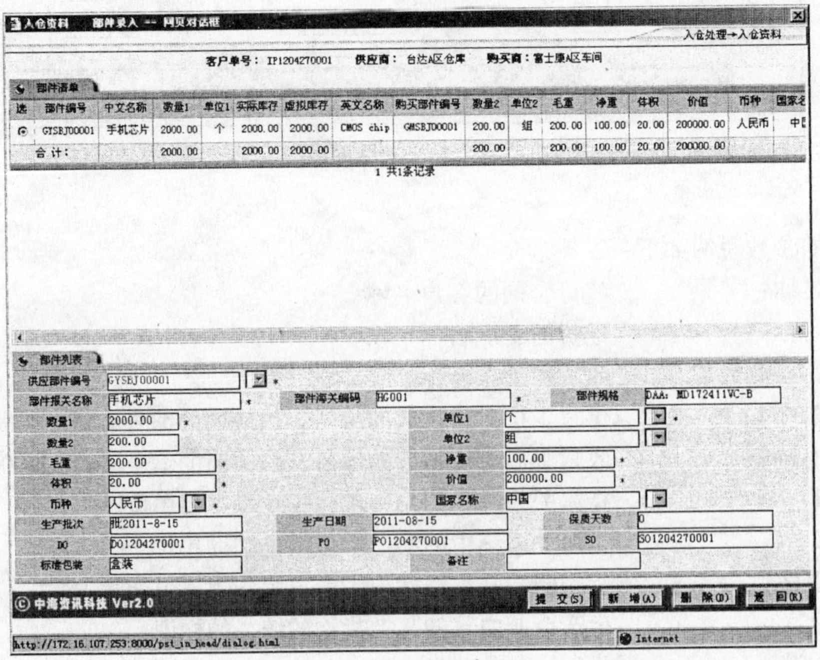

图 6-23　入仓资料之部件信息

然后返回入仓单界面，选中入仓单后，点击“确认”按钮，入仓资料录入完毕。“入仓资料”由白色变为黄色。如图 6-24 所示。

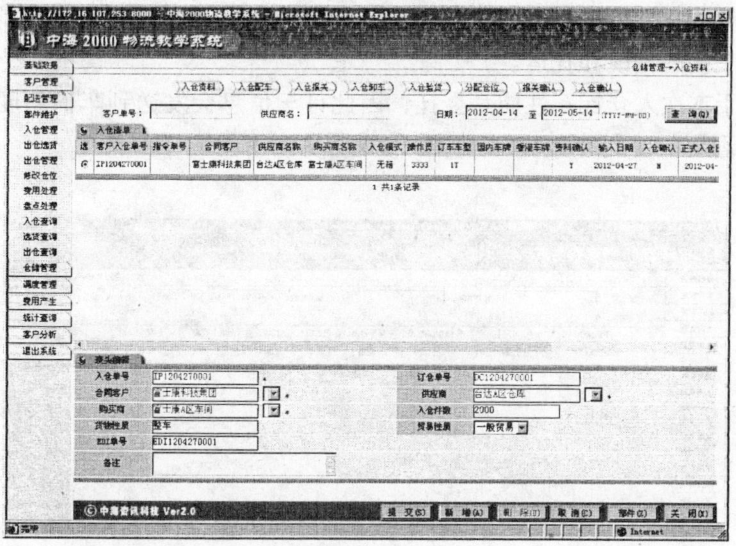

图 6-24　入仓资料之确认

（2）入仓配车。货物入仓前的运输有两种情况：第一种是客户提供订车单，委托本公司运输，本公司可以安排自己的车辆承运或者选择外包的运输公司进行承运；第二种是客户自己运输。

系统会根据货物的数量联系部件资料计算出本次入仓的总体积和总重量，如果是委托，操作员可根据计算出的数据安排车辆为何种吨车或者柜车，然后将订车单传到运输部门进行具体的车辆调度操作。如图 6-25 所示。

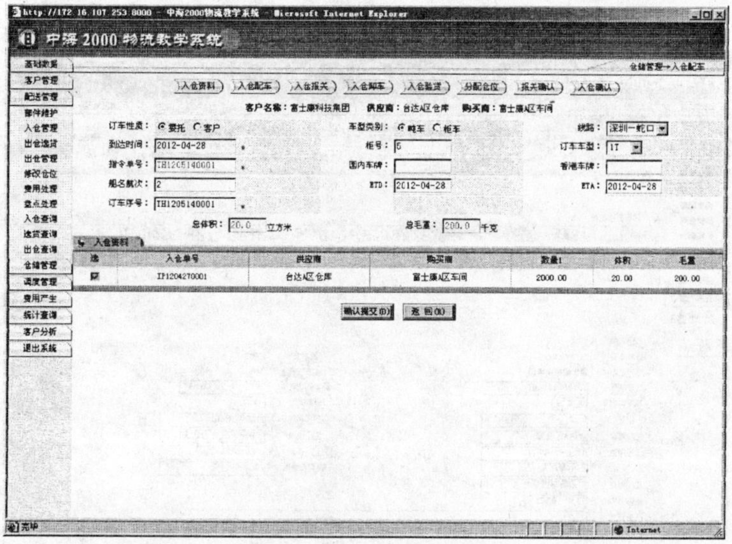

图 6-25　入仓配车

然后“确认提交”，入仓配车完成。本次订车信息发送到了车辆调度的界面，由调度部门负责完成车辆的调度和托运。

步骤 1 由于本次入仓配车性质是委托，因此订车信息会发送到车辆调度的操作界面。点击“调度管理”→“订车处理”，如图 6-26 所示。

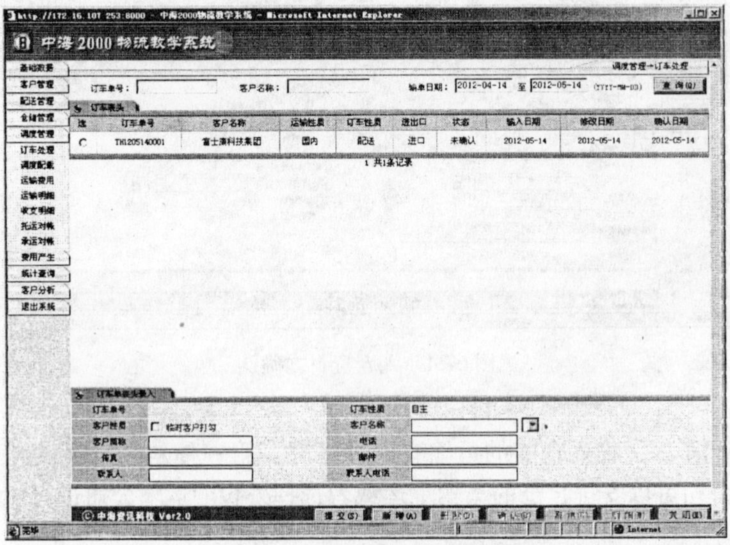

图 6-26 入仓配车之车辆调度

选中该订车单，点击右下角“明细”按钮，进入订车明细和货物明细界面，核查订车信息是否准确，如有错误，可以修改后重新提交，如图 6-27 所示。

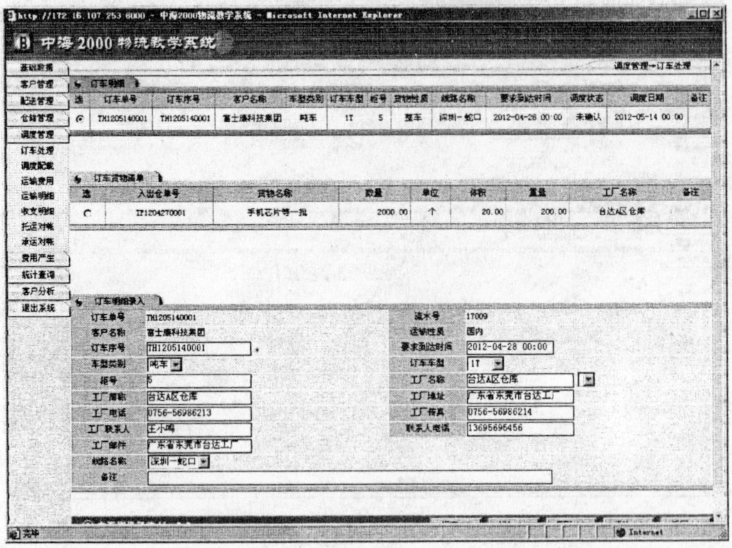

图 6-27 车辆调度之订车信息

核查完毕后返回订车单界面，选中订车单，点击右下角的“确认”按钮，订车单处理完毕。如图6-28所示。

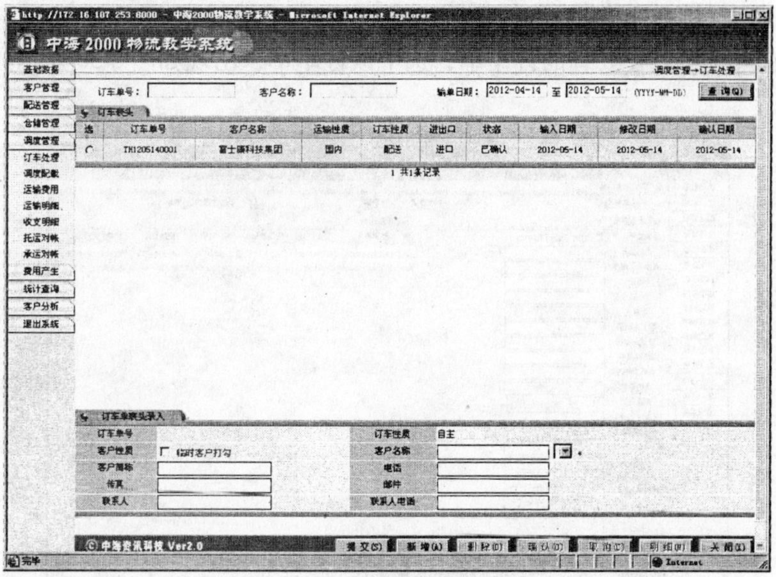

图6-28　车辆调度之订车确认

步骤2 点击“调度配载”，如图6-29所示。

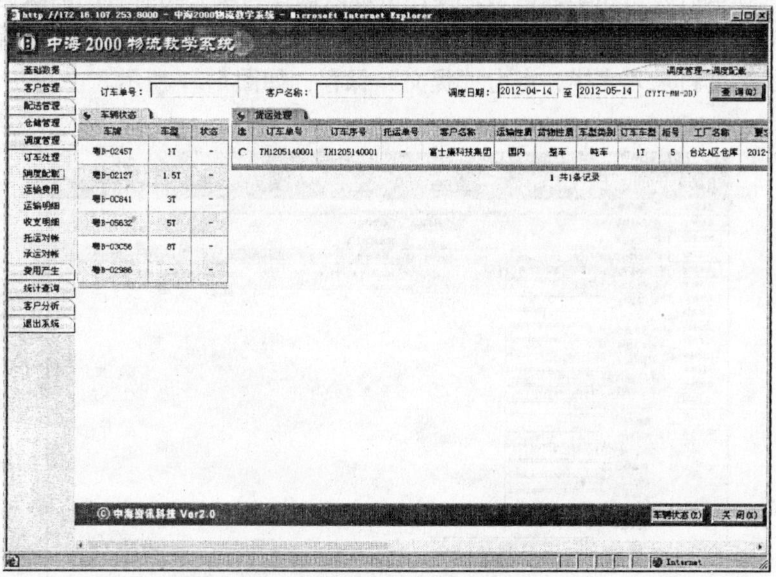

图6-29　入仓配车之调度配载

在该界面的左边显示当前所有可调度的车辆状态（车辆信息是在“客户管理”→“运输资料”录入的），如果该车辆的状态为“-”表示该车现在处于空闲状态，可以进行调度；“调度”表示此车辆已经被预定，如果该车辆的状态为“托运”表示该车现在正在承运中，不可以进行调度。

在界面右边显示需要处理的订车单，选中该订车单，出现如图 6-30 所示界面。

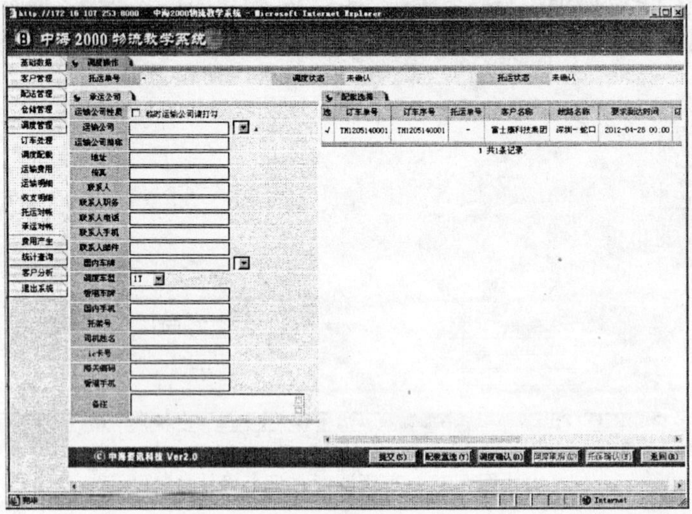

图 6-30　入仓配车之订车单列表

在左边选择承运公司和车辆信息，操作员可以选择与本公司有合同的承运公司进行运输，也可以输入临时承运公司，不过如果选择临时的承运公司，所有的信息就需要操作员手工输入。承运资料录入完毕，点击“提交”保存，如图 6-31 所示。

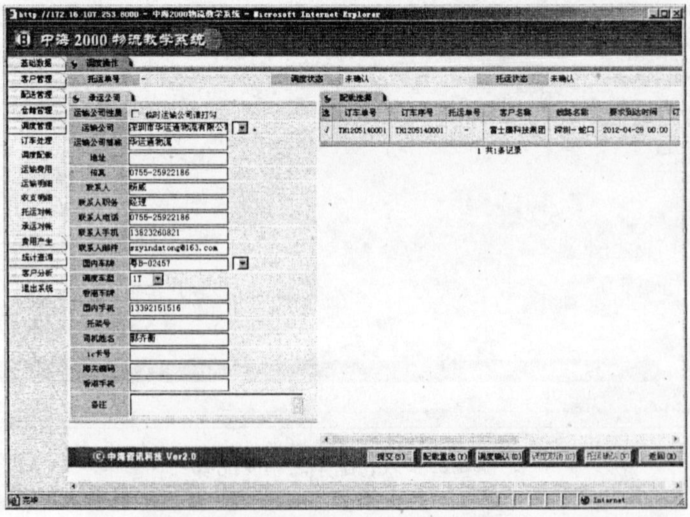

图 6-31　入仓配车资料提交

“提交”后，返回到调度配载界面，可以看到车辆状态栏中，选中的车辆其状态变为“调度”状态，如图 6-32 所示。

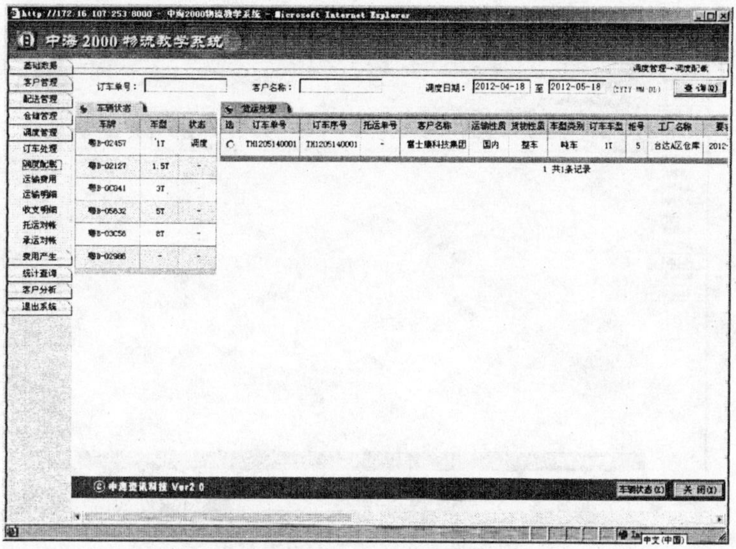

图 6-32 入仓配车之车辆“调度”

车辆调度完成后，选择订车单，点击右下角的“调度确认”，车辆状态又变为“托运”状态，表示该车辆目前正在托运中，如图 6-33 所示。

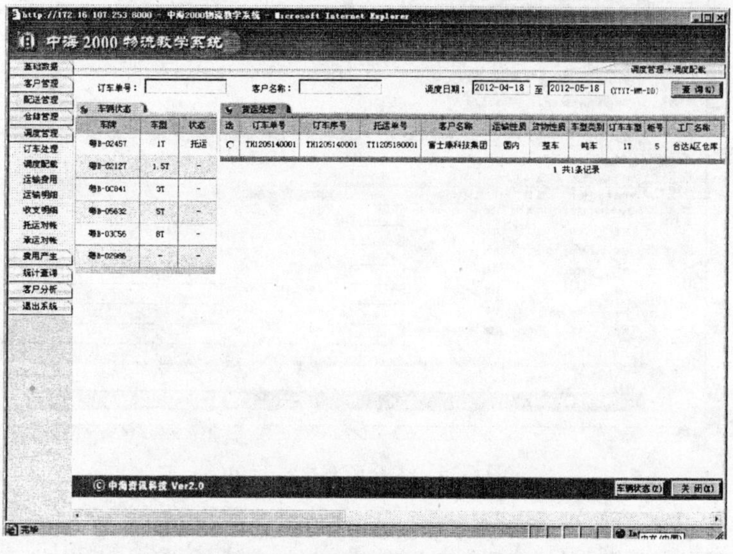

图 6-33 入仓配车之车辆“托运”

车辆托运完成后，再点击右下角的“托运确认”按钮，整个托运过程完成。

步骤3 运输完成后，操作员还需要打开"运输费用"菜单，来处理本次运输所产生的应收和应付的费用，点击"运输费用"，如图6-34所示。

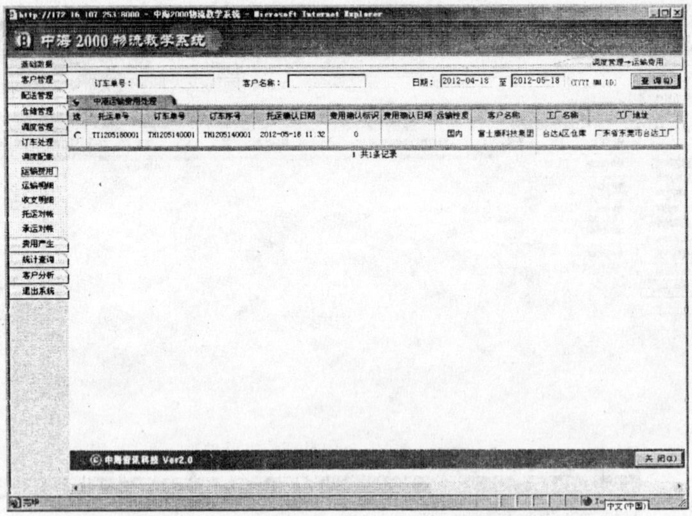

图6-34　入仓配车之运输费用

打开该托运单，如图6-35所示。

图6-35　入仓配车之托运单

系统显示所有应收和应付的运输基本费用和附加费用的详细，操作员可以根据运输实际情况来录入工作量，例如运输过程产生了空返费用，根据合同报价录入后，点击"提交确认"可保存本次运输费，如图6-36所示。

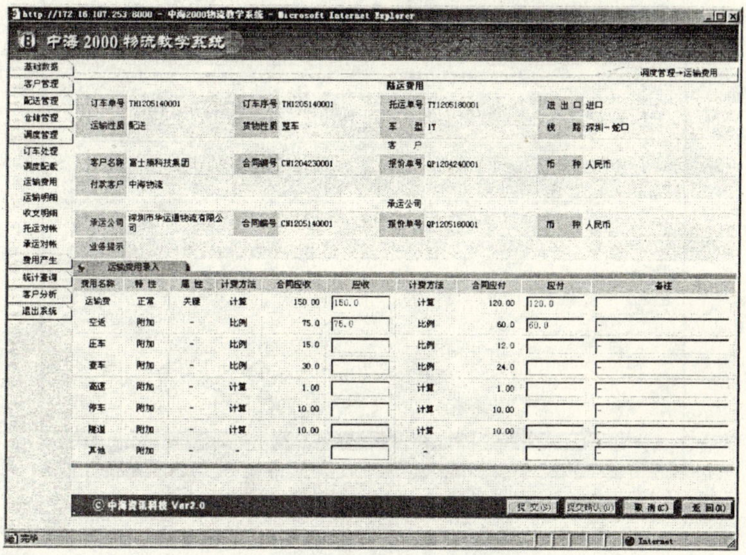

图6-36　其他运输费用录入

（3）入仓报关。对于有报关要求的入仓，需要准备报关资料。在该步骤操作员需要选择报关使用货币的币种和包装种类，然后系统会自动调出汇率（操作员也可根据实际汇率修改），自动计算出报关资料。如图6-37所示。

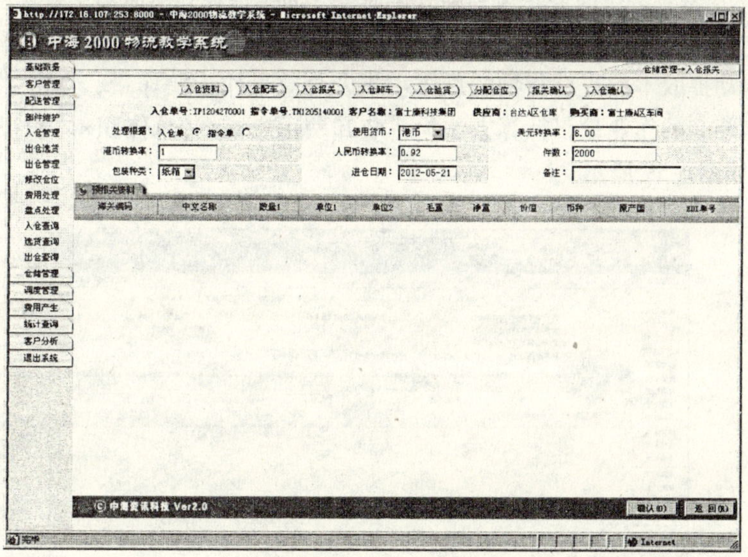

图6-37　入仓报关

点击"确认"按钮，报关资料就会显示在下面的"预报关资料"区域。如图6-38所示。

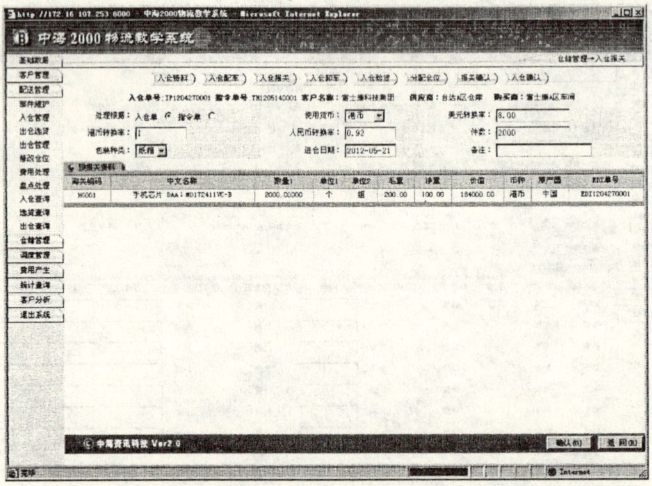

图6-38　预报关资料

（4）入仓卸车。与配车一样，装卸性质分为委托、客户和代理三种。委托表示由本公司员工进行卸车操作，客户表示客户自己安排人员进行卸货；代理表示客户委托本公司，然后本公司将装卸操作交给外包的装卸队进行操作。

付款性质分为客户和供应商两种，这是与合同中的客户付款状态有关的，如果客户性质为“客户”，这里就不需要进行选择，所有的费用全部由客户支付；如果客户性质为“独立”，则要看本次货物的供应商是否为独立供应商，如果是独立供应商，就要由供应商付款，不是独立供应商就要由客户付费；如果客户性质为“选择”，就需要在此处进行选择。

系统会自动提取本次入仓货物的总体积或者总重量作为操作量，点击“提交”，系统会自动计算出装卸的作业量，计算方法为：装卸费用=max（总体积×体积报价，总重量×重量报价）。如图6-39所示。

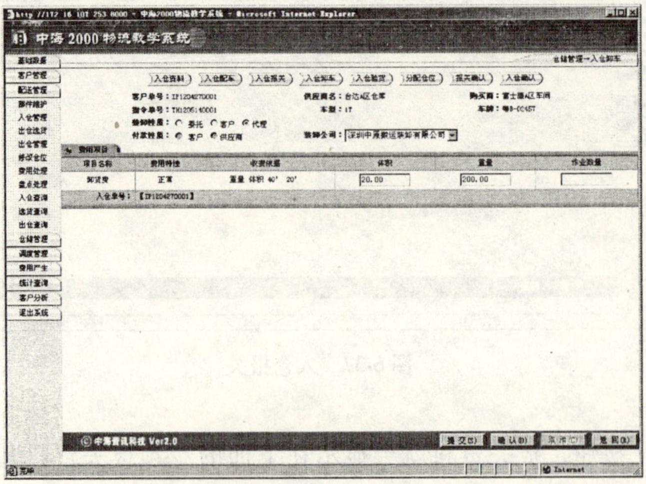

图6-39　入仓卸车

（5）入仓验货。在货物入仓之前，检验员都要核对货物进入本公司仓库之前的状态是否与客户描述相符，如果有什么异常，例如数量不对（多或者少），有损坏等，都需要与客户及时联系，以免到出货时出现争议。

系统已经列出了比较常见的一些状态，例如正常、多收、少收等，如果出现的异常在这些选项之外，也可以在后面的备注里进行说明。货物状态选择完毕后，点击“确认”即可。如图 6-40 所示。

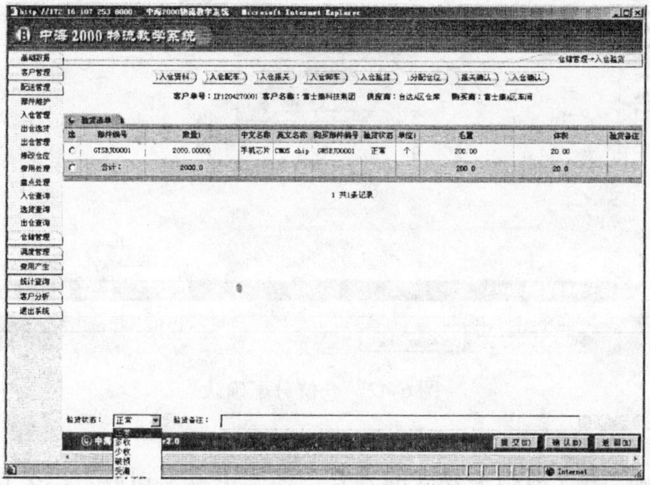

图 6-40　入仓验货

（6）分配仓位。验货完毕，就应该将货物放到仓库里面。一般来讲，是由仓管员放置完毕后通知操作员分配的仓位，操作员需要在左边选择要分配的货物，在右边选择分配的仓位编号，点击“提交仓位”，仓位被保存，如图 6-41 所示。

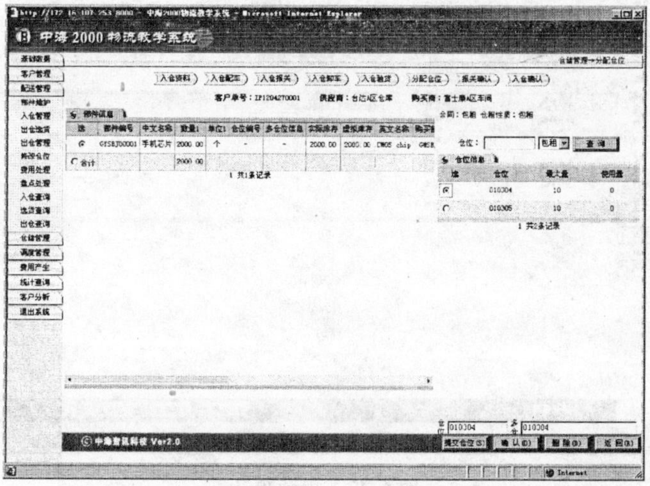

图 6-41　分配仓位

仓位提交后，点击“确认”，本次仓位分配完成。如图 6-42 所示。

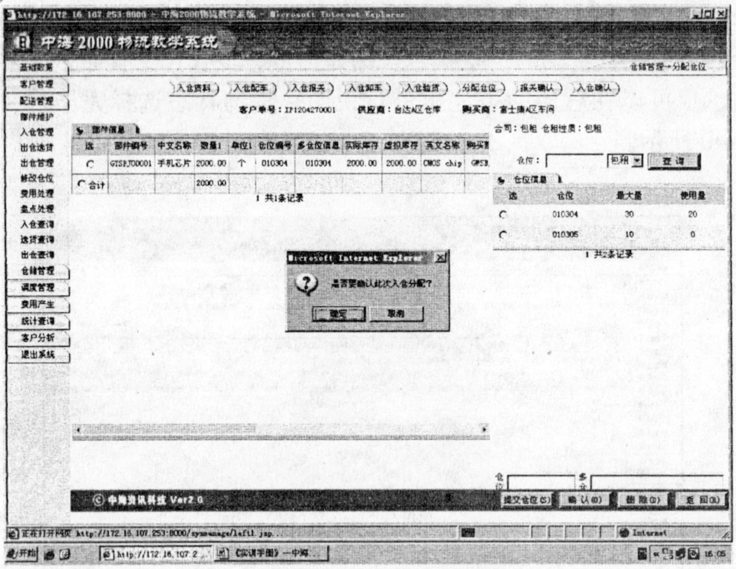

图 6-42　仓位分配确认

（7）报关确认。对于有报关要求的入仓，如果由本公司或者本公司外包的报关公司进行报关，需要产生相关费用；如果由客户自己报关，则不用产生报关费用。

操作员根据客户的要求，选择报关的性质，然后再根据实际操作在列出的报关费用填写相关工作量，点击“确认”，系统即可计算出报关费用。操作如图 6-43 所示。

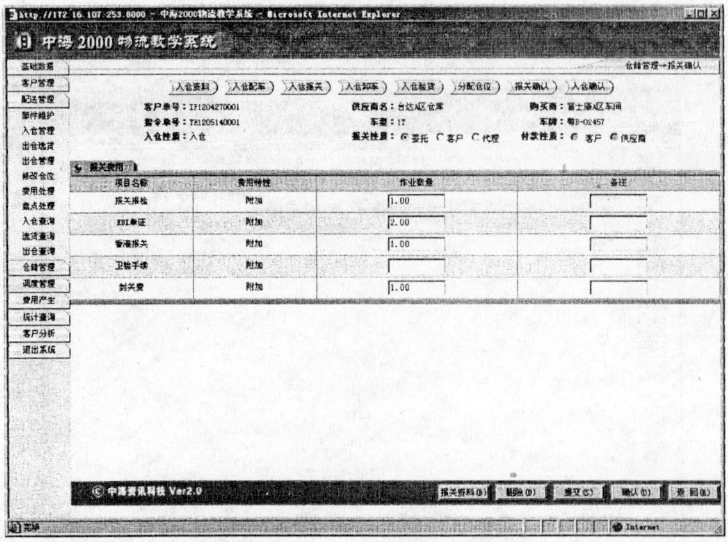

图 6-43　报关确认

（8）入仓确认。到此为之，入仓操作已经基本完成，但是入仓的资料还没有加入到数据库中，操作员还需要核对入仓信息后，确认资料，才能完成入仓。如图 6-44 所示。

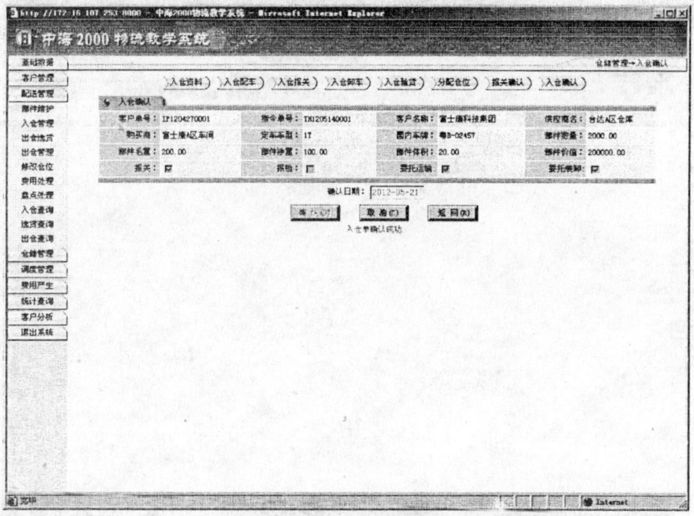

图 6-44　入仓确认

3. 费用处理

处理费用、加班费用以及其他费用都属于无单费用，即不与入仓单有直接联系的费用，这些费用需要操作员输入工作量。

进入“配送管理”→“费用处理”，选择费用类型和付款客户名称，然后点击“新增”按钮，即可进入费用处理清单界面，然后填写工作量，保存即可。如图 6-45 所示。

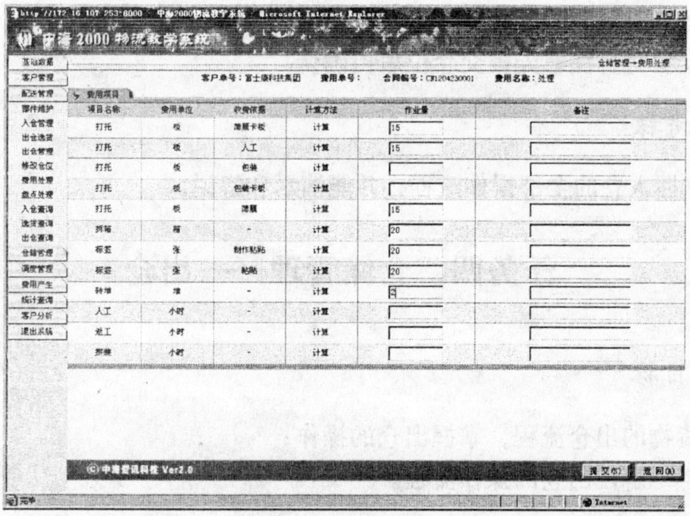

图 6-45　费用处理

提交后，即可在系统中查询到这一费用清单，如图6-46所示。

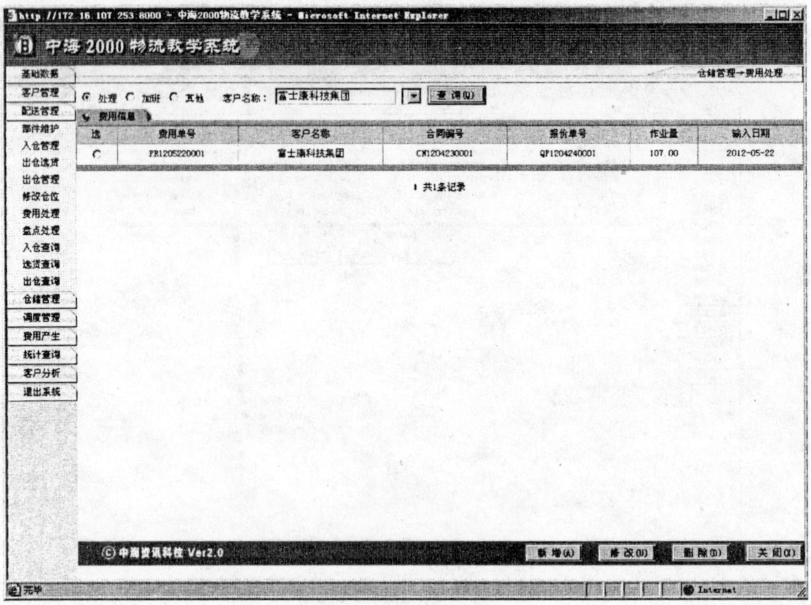

图6-46　费用清单

七、过程指导

（1）部件维护中，注意客户，供应商和购买商只能通过下拉选项选择，不能手动输入。若是不能正常选择，需返回到客户管理菜单完善客户资料；

（2）涉及单号的录入时，注意单号的编号原则：单号类型+日期+流水号码；

（3）处理运输费用时，一般要求按合同价格来确认；

（4）分配仓位时，注意先提交仓位后再确认。

八、任务考核

要求熟练掌握入仓的全部操作流程，并能演示和解说。

任务四　仓储管理——出仓

一、实训目标

（1）熟悉货物的出仓流程，掌握出仓的操作；

（2）能够熟练解说出仓的操作流程。

二、任务导入

现某一客户有发货需求，客户将这一需求反馈给物流公司，物流公司该如何作业呢?

三、实训步骤

首先查询系统库存，然后根据客户的出仓要求对该部件进行出仓操作。

四、发任务书

现 KH001 的客户要求将手机芯片这一部件从台达的 A 区仓库配送到富士康的 A 区车间，数量为 1000 个。

五、任务说明

根据中海 2000 设计的出仓操作，总结出仓的流程如图 6-47 所示。

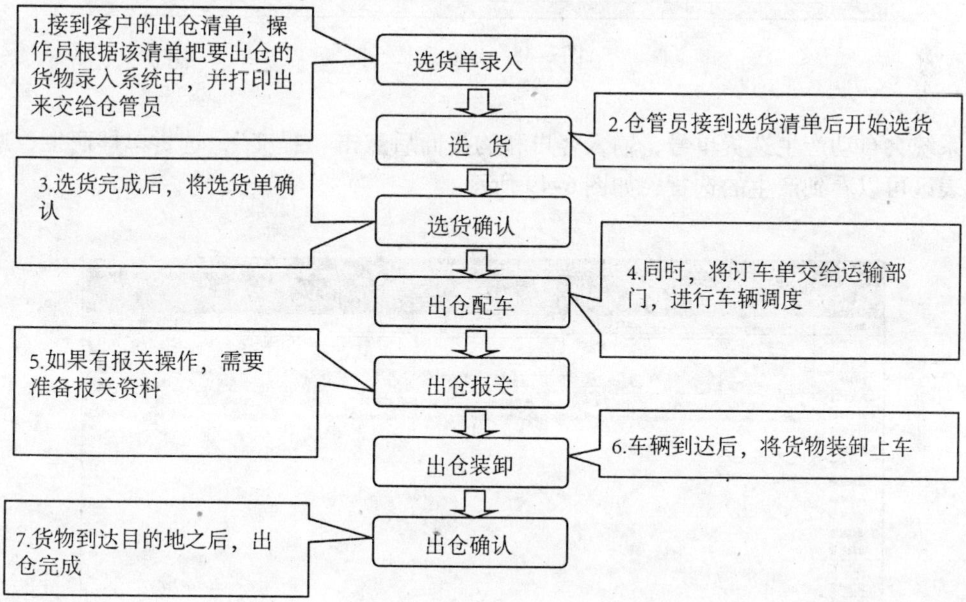

图 6-47　出仓流程图

六、教师演示

出仓的操作分为两个部分完成，先选货，再出仓。

1. 出仓选货

首先建立一张选货单，打开出仓选货，点击“新增”按钮，进入新增选货单模式，如图 6-48 所示。

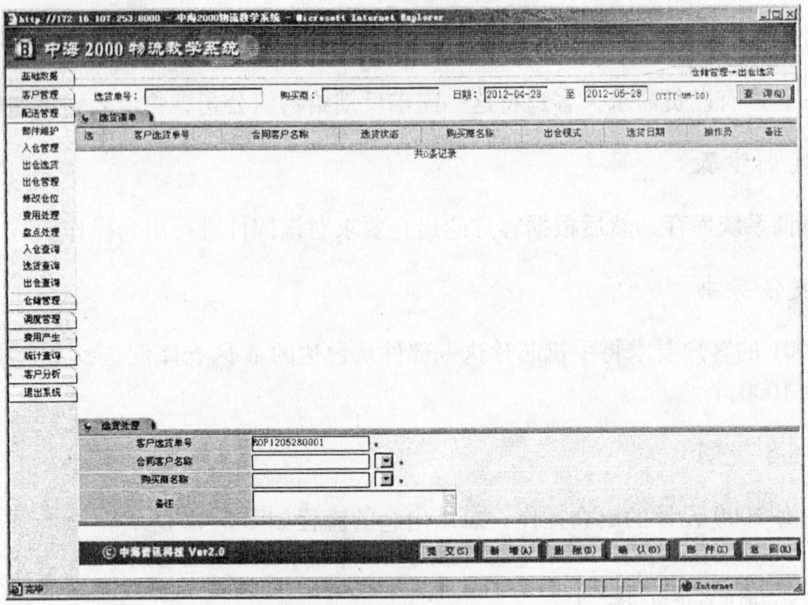

图 6-48　出仓选货

系统会自动产生选货单号，输入客户和购买商后点击“提交”，选货单即产生，此时在列表区可以看到产生的选货，如图 6-49 所示。

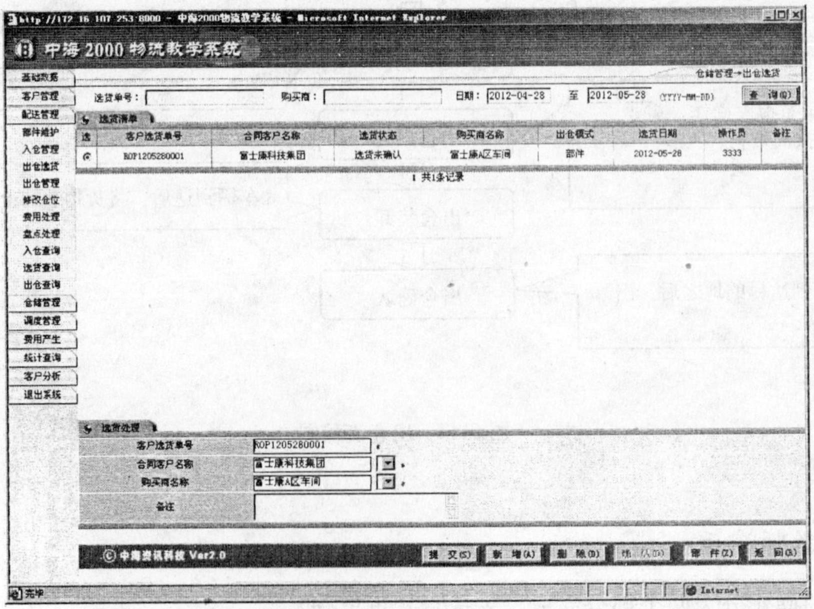

图 6-49　选货单提交

选中该选货单，点击“部件”进入部件录入界面，如图 6-50 所示。

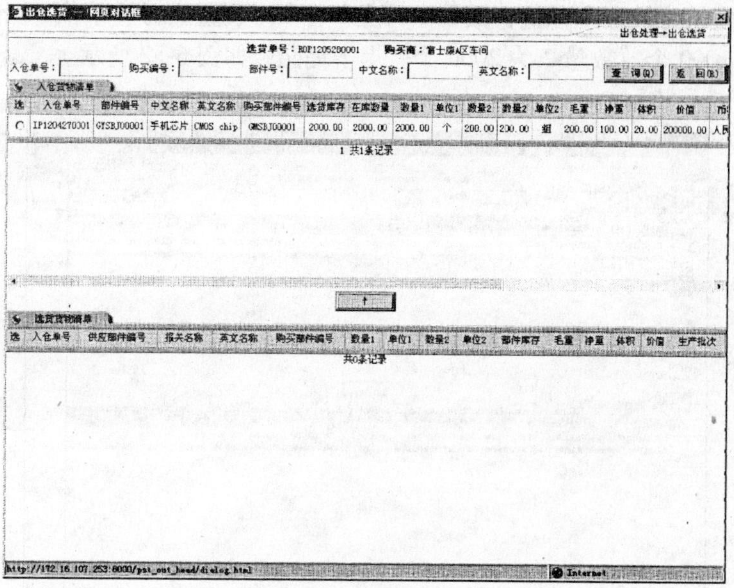

图 6-50　部件录入

界面分三个部分：第一部分是查询条件录入区，如果客户有要求具体出哪一批货物，操作员就可以在这里录入查询的条件，然后就可以在入仓货物清单区域得到该批货物，进行选货操作；第二部分是入仓货物清单区，这里会列举出属于该客户、该购买商的所有在库货物清单，操作员可以在这些清单中直接选择货物，点击该货物，如图 6-51 所示。

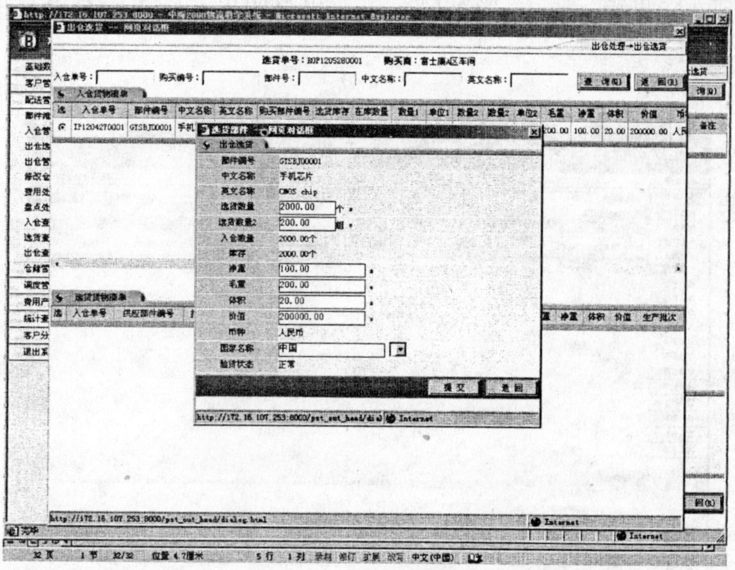

图 6-51　出库选货

选货数量默认为最大库存量，数量1对应单位1，数量2对应单位2，输入我们要出仓的数量1为1000个，数量2为2000个，点击提交，如图6-52所示。

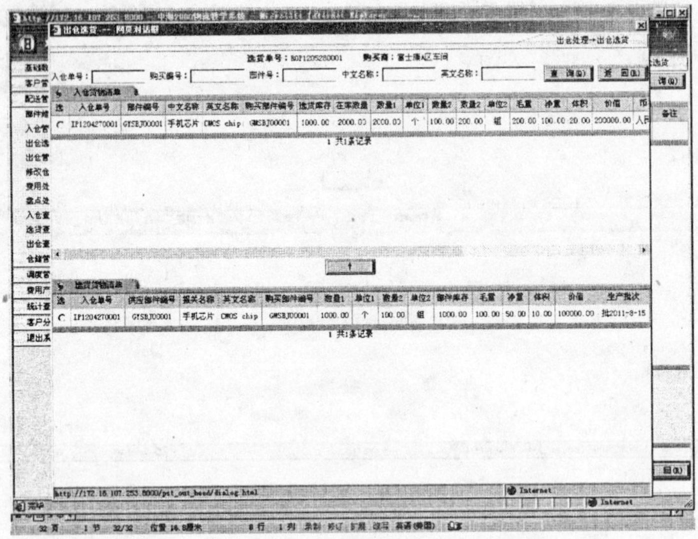

图6-52 选货单提交

输入的货物即进入选货单，也就是第三部分。选货货物清单区域，只要是从入仓货物清单中选出的要出库的货物，都会转到本区域，也可以在选货清单区域选择某货物双击，该货物就会取消选货，返回入仓货物清单中。

最后返回到选货界面，点击"确认"，就可以打印出选货单给仓管员进行选货操作了。如图6-53所示。

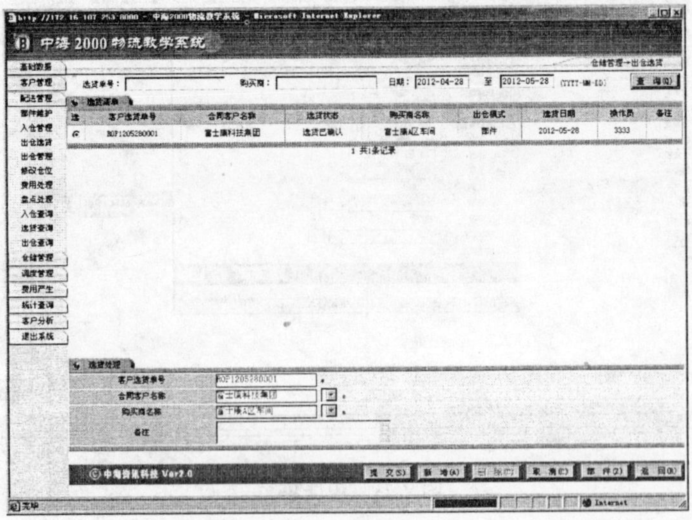

图6-53 选货单确认

2. 出仓管理

首先建立一张出仓单，打开出仓管理，点击“新增”，在编辑区自动产生出仓单号，输入要出仓的部件的客户、购买商、EDI单号、出仓件数等信息后，点击“提交”按钮，如图6-54所示，即生成一份新的出仓单。

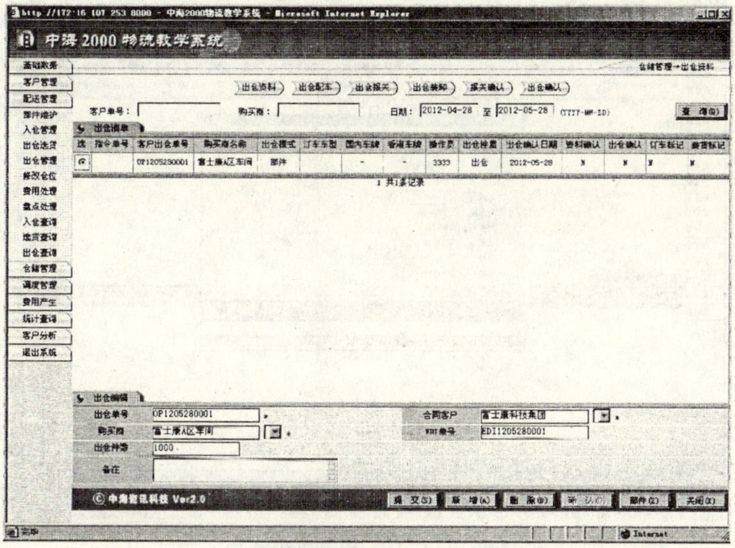

图6-54 出仓单

（1）出仓资料。选中该出仓单，点击“部件”按钮，如图6-55所示。

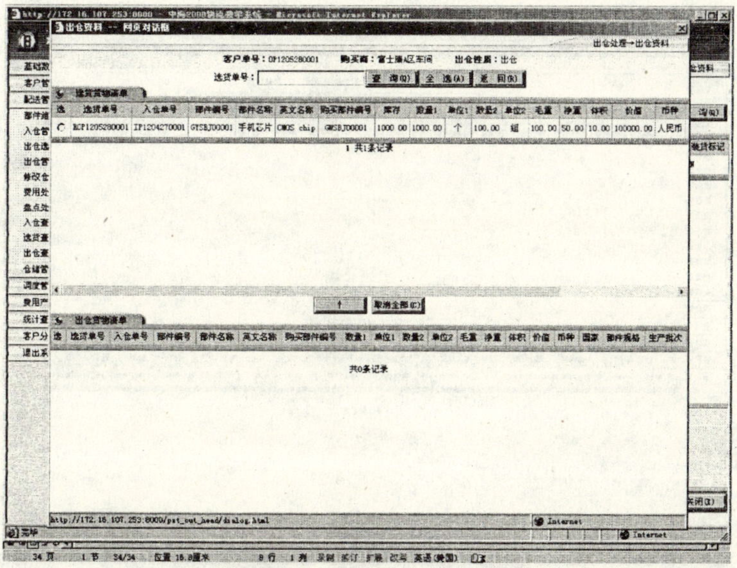

图6-55 出仓单之部件选择

选货货物清单区域会显示出所有选货单上的货物清单，出仓清单区是显示本次出仓单包含的所有货物清单的区域。操作员也可以输入选货单号来查询某批选货货物清单，在选货货物清单区域选中要出仓的货物，如图6-56所示。

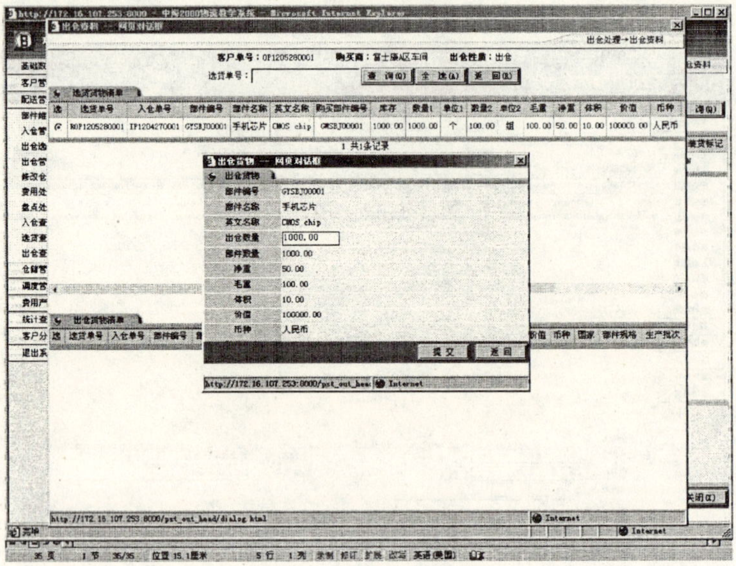

图6-56 出仓单之货物选择

出仓数量即本次出仓货物的数量，默认为选货单的数量，输入数量后点击提交，如图6-57所示。

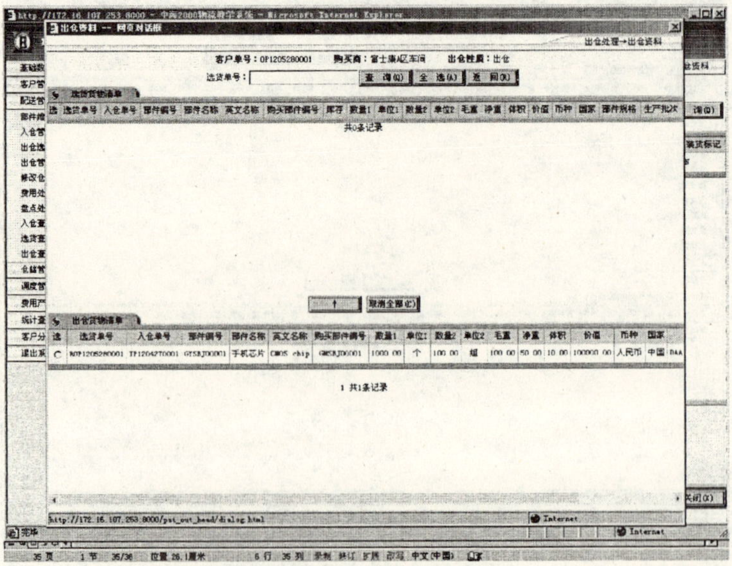

图6-57 出仓单之货物数量确认

然后返回出仓单界面，点击“确认”，出仓资料准备完毕，如图6-58所示。

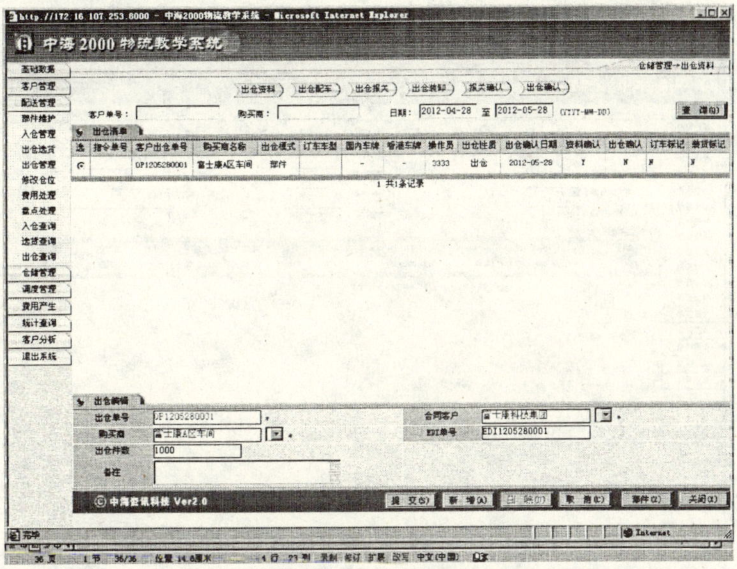

图6-58　出仓单确认

（2）出仓配车。与入仓配车一样，订车也有委托和客户两种选择，如果是委托。表示客户要求由我们帮他们运输，由运输费用产生；如果是客户，表示客户将自己派车运输，不产生运输费用。我们将本次出仓订车设置为“客户”，因此该订车单不会传递到配车的部门，在该界面选中“客户”后点击“提交确认”，出仓配车完成。如图6-59所示。

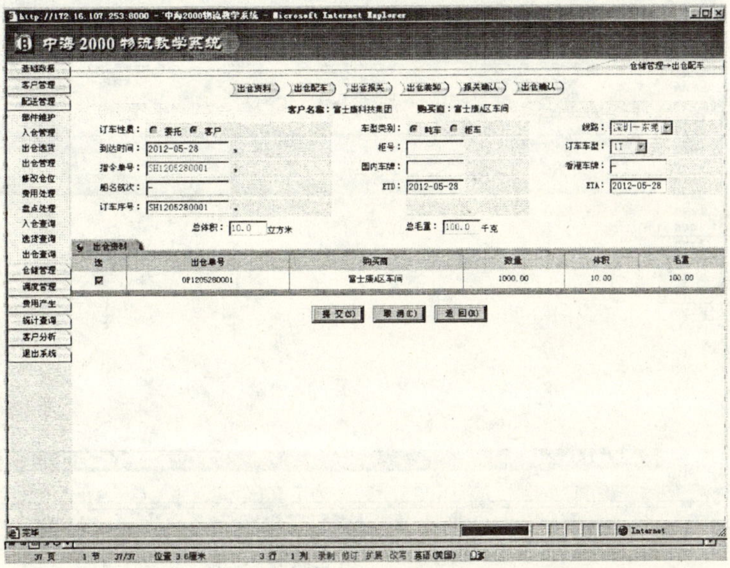

图6-59　出仓配车

（3）出仓报关。与入仓报关一样，选择报关币种后，点击“确认”按钮生成报关资料，如图 6-60 所示。

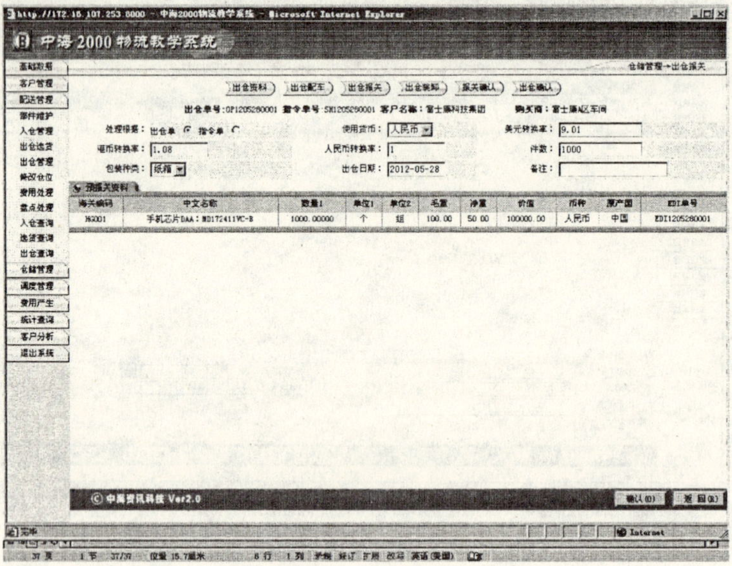

图 6-60　出仓报关

（4）出仓装卸。货物准备好后，需要装卸上车，意义与入仓装卸一样。如图 6-61 所示。

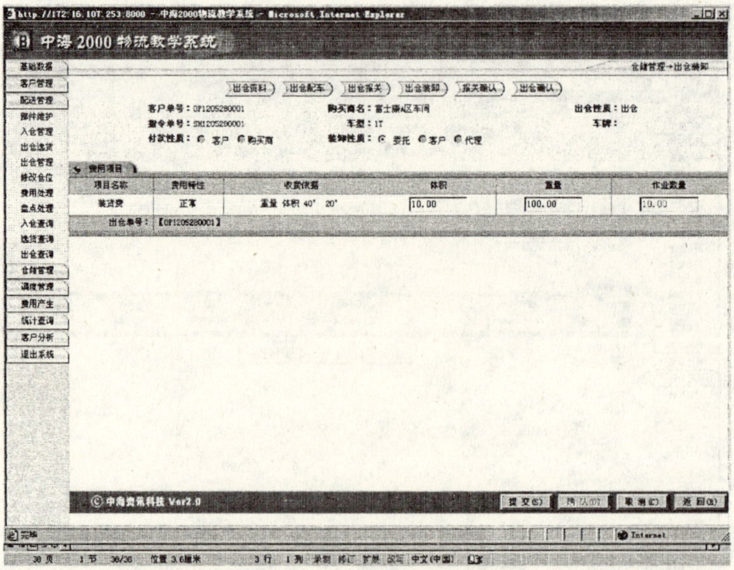

图 6-61　出仓装卸

（5）报关确认。也与入仓的报关确认意义和操作一样。如图6-62所示。

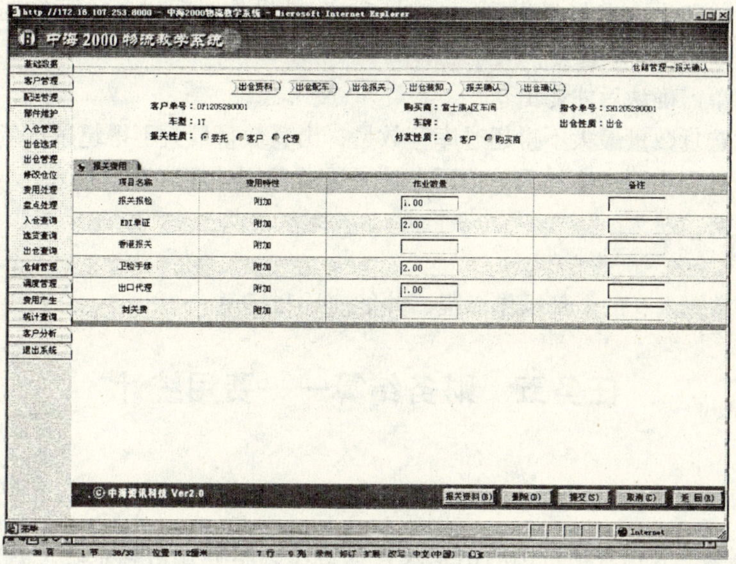

图6-62　出仓报关确认

（6）出仓确认。操作员需要在此模块对出仓的所有流程进行确认，出仓的数据才能从数据库里面扣除。

操作员对所有的出仓资料核对无误之后，点击“确认”即完成本次出仓的操作。如图6-63所示。

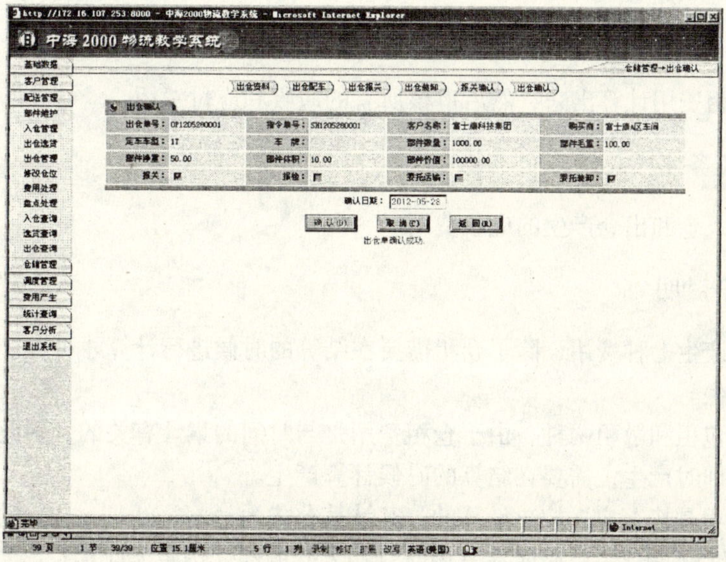

图6-63　出仓确认

七、过程指导

（1）选货单和出仓单尽量做到一一对应，若是操作时间过长，可能需要重新选货，此时可再新建一个选货单选货；

（2）选货单需确认后才能出仓；

（3）注意选货数量最大不得超过库存数量，出仓数量最大不得超过选货数；

（4）出仓过程中所产生的无单费用也是通过“费用处理”菜单录入，与入仓相似。

八、任务考核

要求熟练掌握入仓的全部操作流程，并能演示和解说。

任务五　财务结算——费用统计

一、实训目标

（1）理解物流公司各项费用的由来及计算方法，掌握在信息系统中查询各项费用的操作；

（2）明确应收款客户的类型，掌握应收账单的查询和修改操作；

（3）明确应付款客户的类型，掌握应付账单的查询和修改操作。

二、任务导入

完成业务后，需要定期对所有应收和应付费用进行审核和整理，便于到期向客户进行结算，如何管理这些费用呢？

三、实训步骤

首先将仓租费用计算出来，然后审核所有的应收和应付费用。

四、发任务书

审核前面入仓和出仓产生的应收费用。

五、任务说明

本系统会产生七种费用，除了仓租需要在结算的时候进行计算才可以产生以外，其余的都是及时产生。

仓租分为包租和散租两种，由于仓租费用是与时间的累计有关的，因此不能在入仓或者出仓的时候即时产生，需要在结算的时候计算产生。

本系统仓租是按客户、按单计算的，其计算公式为：

包租=单价×面积×包租周期（其中非月初入仓的部件按照天计算）；

散租=单价×计费单位量×时间；

管理费 = 仓租 × N%（N 为报价单中设定的值）。

六、教师演示

1. 计算仓租费用

打开仓租计算，系统默认的仓租类别是包租、散租都有的，操作员可以根据实际进行选择。选好仓租类别之后，选择需要计算仓租的客户或者供应商名称，然后填入仓租计算的截止日期，点击“计算”，系统即自动地计算出这段时间内该客户的仓租。如图 6-64 所示。

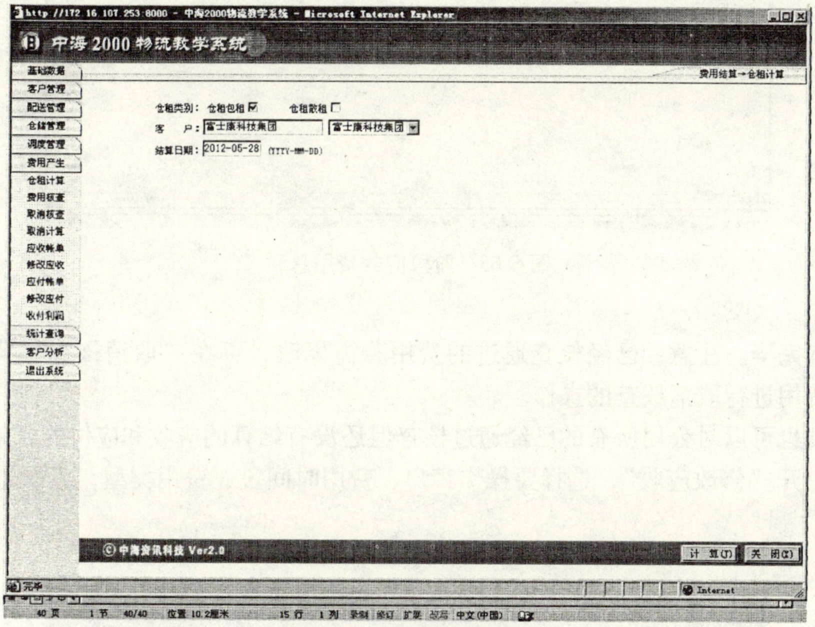

图 6-64　仓租费用计算

注意：“取消计算”是“仓租计算”的反操作，若要取消已经计算出来的仓租，可以在“取消计算”来进行操作。

2. 维护和核查收支费用

打开费用核查，在此模块可以查询到所有未核查的费用，查询的条件有：应收还是付款、客户名称、日期段、客户的费用单号以及费用类型，所有已经产生的费用都可以在本模块一一核对、修改。

系统所有产生的费用都必须到这里进行审核，才可以进行费用的处理和结算。七种费用的核查方法是一样的，以“富士康科技集团”的仓租费用为例。

选择应收，然后选择客户名称，输入查询的时间段和费用类型（仓租）后点击查询，如图 6-65 所示。

显示出该客户在这段时间内产生的仓租费用。

操作员可以对每一笔费用的金额进行修改，修改过后必须点击“提交”按钮，保存修改后的结果。然后在可以通过审核的费用前面打“√”，然后点击“确认”按钮，这些

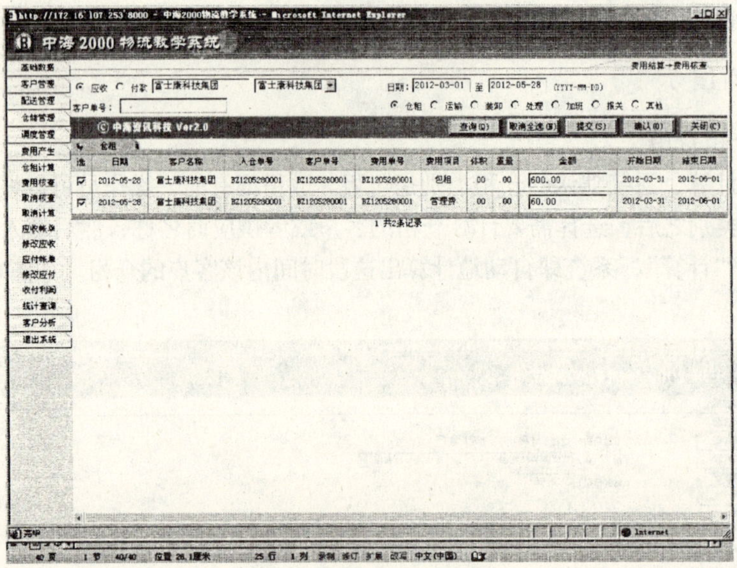

图 6-65　阶段应收费用总和

费用即核查完毕。注意：已经核查通过的费用若需修改，可在“取消核查”菜单对已核查通过的费用进行取消核查的操作。

操作员也可以对公司所有的已经通过核查但还没有结算的应收和应付的账单进行打折的操作，打开“修改应收”，选择要操作客户、费用时间段、费用类型，显示如图 6-66 所示。

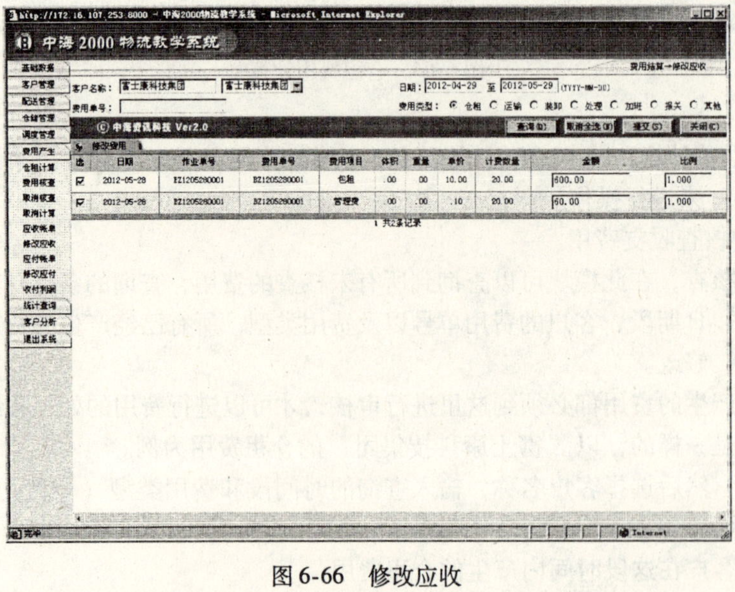

图 6-66　修改应收

其中比例则表示打折的比例。一般来说，系统默认的比例为 1，即不打折。操作员可以修改后面的比例（例如 0.8 表示在当前费用金额的基础上打 8 折）进行打折操作，也可以直接修改金额。应付账单修改的操作也是一样的。

七、过程指导

注意核查费用时，对于“付款”客户，“运输”类型的公司只有运输费用和其他费用，“报关”类型的公司只有保管费用和其他费用，“装卸”类型的公司只有装卸费用和其他费用。

八、任务考核

要求熟练掌握费用审核的操作，明确各项费用是如何产生的。

考核项目

《中海 2000 物流软件实训》为上机操作课程，期末考查主要是检验学生操作软件的熟练度，因此期末成绩根据学生平时课堂的实训任务完成情况、期末操作考核以及实训报告来进行综合评定，采用 100 分制，具体分值分配如下：

（1）平时课堂出勤、纪律、操作表现及任务完成情况等，共计 100 分，权重 30%；
（2）实训报告，共计 100 分，权重 20%；
（3）期末随堂考查操作，共计 100 分，权重 50%。

一、分组及规则

每 5 人一组，40 人共分为 8 组，8 组依次轮流参加考查，考查顺序由小组长抽签决定。安排好考查顺序后，小组考试开始，考查内容分为五个流程化任务，每个成员抽签决定操作顺序。

二、考查内容

（1）签订合同并要考题要求生成报价单（客户资料、合同、报价单）；
（2）入仓流程操作（部件维护、入仓管理）；
（3）出仓流程操作（出仓选货、出仓管理、费用处理）；
（4）车辆调度操作（车辆调度、运输费用）；
（5）费用处理（计算仓租、费用核查，修改账单）。

三、评分标准

（1）“合同和报价单设置”评分标准见表 6-2。

表 6-2 “合同和报价单设置”评分标准

评分标准	总分值（100 分）	项目	（单项）扣分标准	注意事项
评分标准 1	40	生成一份完整的正式合同	录入错误一项扣 5 分	
评分标准 2	60	按要求完成报价单	①报价单录入单位错误一项扣 5 分；②报价单未确认生效扣 20 分	

（2）“入仓流程操作”评分标准见表 6-3。

表 6-3 “入仓流程操作”评分标准

评分标准	总分值（100 分）	项目	（单项）扣分标准	注意事项
评分标准 1	20	将部件按要求录入部件资料	录入错误一项扣 5 分	
评分标准 2	50	完成入仓单的操作流程	未按要求录入的错误一项扣 5 分	
评分标准 3	30	按订车单要求进行车辆调度	①未按要求车辆进行调度的扣 20 分；②运输费用处理错误一项扣 5 分	

（3）“出仓流程操作”评分标准见表 6-4。

表 6-4 “出仓流程操作”评分标准

评分标准	总分值（100 分）	项目	（单项）扣分标准	注意事项
评分标准 1	30	按出仓部件要求出仓选货	录入错误一项扣 5 分	
评分标准 2	50	完成出仓单的操作流程	未按要求录入的错误一项扣 5 分	
评分标准 3	20	进行费用处理	处理费和加班费各占 10 分，少一项扣 10 分	

（4）“车辆调度操作”评分标准见表6-5。

表6-5　　“车辆调度操作”评分标准

评分标准	总分值（100分）	项目	（单项）扣分标准	注意事项
评分标准1	30	生成订车单，增加订车明细	录入错误一项扣5分	
评分标准2	40	按订车车型完成车辆调度	未按要求车辆进行调度的扣20分	
评分标准3	30	处理运输费用	运输费用处理错误一项扣5分	

（5）“财务管理实训”评分标准见表6-6。

表6-6　　财务管理实训”评分标准

评分标准	总分值（100分）	项目	（单项）扣分标准	注意事项
评分标准1	10	计算仓租费用	未按要求日期计算扣5分	
评分标准2	70	核查所有应收费用和应付费用，生成账单	费用少核查一项扣10分	
评分标准3	20	修改账单，对账单进行打折处理	未按折扣要求进行打折的扣10分	

备注：

（1）各项任务的操作时间上限为20分钟，若超时则根据超时时间扣分，扣分分值等于超过时间的双倍。

（2）效率加分=20-实际操作时间，效率加分加到每个同学的操作得分内。

附　　录

附录一　《装卸与搬运实训》之运输包装收发货标志

GB 6388-86

国家标准局 1986-05-13 发布　　1987-04-01 实施

本标准规定了铁路、公路、水路和空运的货物外包装上的分类标志及其他标志和文字说明的事项及其排列的格式。

一、含义

外包装件上的商品分类图示标志及其他标志和其他的文字说明排列格式的总称为收发货标志。

二、内容

内容详见表附 1-1。

表附 1-1

序号	项目			含义
	代号	中文	英文	
1	FL	商品分类图示标志	CLASSIFICATION MARKS	表明商品类别的特定符号，见本标准第3章
2	GH	供货号	CONTRACT　NO	供应该批货物的供货清单号码（出口商品用合同号码）
3	HH	货号	ART　　NO	商品顺序编号，以便出入库，收发货登记和核定商品价格
4	PG	品名规格	SPECIFICA　TIONS	商品名称或代号，标明单一商品的规格、型号、尺寸，花色等
5	SL	数量	QUANTITY	包装容器内含商品的数量
6	ZL	重量（毛重）（净重）	GBOSS　　WT NET　　WT	包装件的重量（k8）包括毛重和净重

续表

序号	项目			含义
	代号	中文	英文	
7	CQ	生产日期	DATE OF PRODUCTION	产品生产的年、月、日
8	CC	生产工厂	MANUFACTURER	生产该产品的工厂名称
9	TJ	体积	VOLUME	包装件的外径尺寸长×宽×高（cm）=体积（m^3）
10	XQ	有效期限	TERM OF VAIIDITY	商品有效期至×年×月
11	SH	收货地点和单位	PLACE OF DESTINATION AND CONSIGNEE	货物到达站，港和某单位（人）收（可用贴签或涂写）
12	FH	发货单位	CONSIGNOR	发货单位（人）
13	YH	运输号码	SHIPPING No	运输单号码
14	JS	发运件数	SHIPPING PIECES	发运的件数
说明	①分类标志一定要有，其他各项合理选用。 ②外贸出口商品根据国外客户要求，以中、外文对照，印制相应的标志和附加标志。 ③国内销售的商品包装上不填英文项目。			

三、商品分类图示标志

（一）图示标志尺寸（见表附 1-2）

表附 1-2

mm

包装件高度（袋按长度）	分类图案尺寸	图形的具体参数		备注
		外框线宽	内框线宽	
500 及以下	50×50	1	2	平视距离 5m，包装标志清晰可见
500～1000	80×80	1	2	
1000 以上	100×100	1	2	平视距离 10m，包装标志清晰可见

（二）图示标志图形

12 类图形，见图附 1-1～图附 1-12。

图附 1-1

图附 1-2

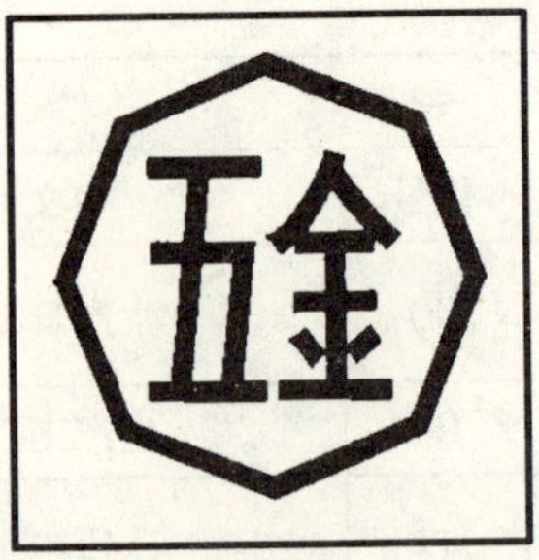

图附 1-3

图附 1-4

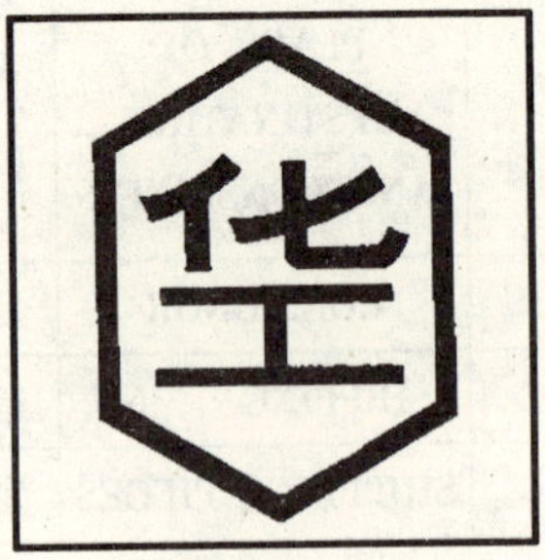

图附 1-5

图附 1-6　R=8.5mm

图附 1-7

图附 1-8　R=1cm

图附 1-9　R=1.6cm

图附 1-10

图附 1-11

图附 1-12

四、收发货标志的字体

标志的全部内容，中文都用仿宋体字，代号用汉语拼音大写字母，数码用阿拉伯数码，英文用大写的拉丁文字母。标志必须清晰、醒目，不脱落，不褪色。

五、收发货标志的颜色

（一）纸箱、纸袋、塑料袋、钙塑箱，按商品类别以表附 1-3 规定的颜色用单色印刷。

表附 1-3

商品类别	颜色	商品类别	颜色
百货类	红色	医药类	红色
文化用品类	红色	食品类	绿色
五金类	黑色	农副产品类	绿色
交电类	黑色	农药	黑色
化工类	黑色	化肥	黑色
针纺类	绿色	机械	黑色

参考色样见表附 1-4。

表附 1-4

红色	
绿色	
黑色	

（二）麻袋，布袋用绿色或黑色印刷，木箱、木桶不分类别，一律用黑色印刷，铁桶用黑，红、绿、蓝底印白字，灰底印黑字，表内未包括的其他商品，包装标志的颜色按其属性归类。

六、收发货标志的方式

（一）印刷

适用于纸箱、纸袋、钙塑箱、塑料袋。在包装容器制造过程中，将需要的项目按5.1规定印刷在包装容器上。有些不固定的文字和数字在商品出厂和发运时填写。

（二）刷写

适用于木箱、桶、麻袋、布袋、塑料编织袋。利用印模、镂模，按 5.2 规定涂写在包装容器上。要求醒目、牢固。

（三）粘贴

对于不固定的标志，如收货单位和到达站需要临时确定，所以先将需要的项目印刷在 60g/m² 以上的白纸或牛皮纸上，然后粘贴在包装件有关栏目内。

（四）拴挂

对于不便印刷、刷写的运输包装件筐、篓、捆扎件，将需要的项目印刷在不低于 120g/m² 的牛皮纸或布、塑料薄膜、金属片上，拴挂包装件上（不得用于出口商品包装）。

七、标志位置

（一）六面体包装件的分类图示标志位置，按 GB 3538-83《运输包装件各部位的标志方法》标志部位，放在包装件 5、6 两面的左上角。收发货标志的其他各项见图附 1-13～图附 1-15。

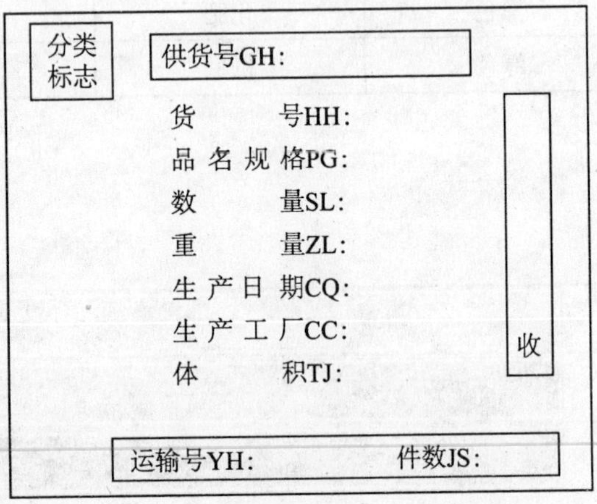

图附 1-13

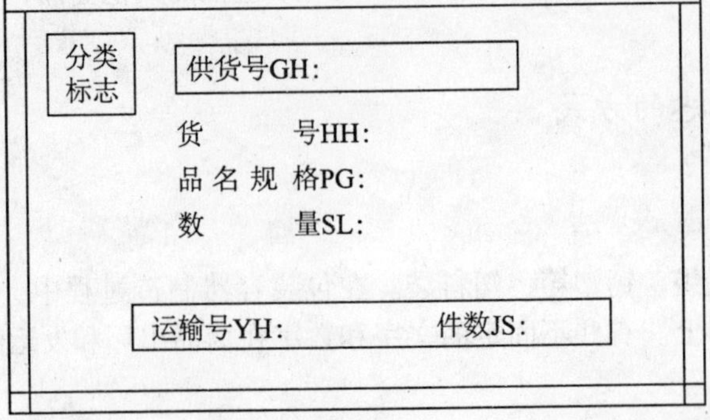

图附 1-14

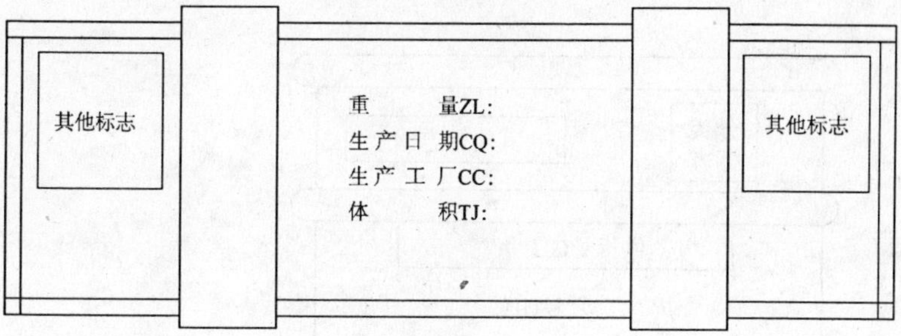

图附 1-15

（二）袋类包装件的分类图示标志放在两大面的左上角，收发货标志的其他各项，见图附 1-16。

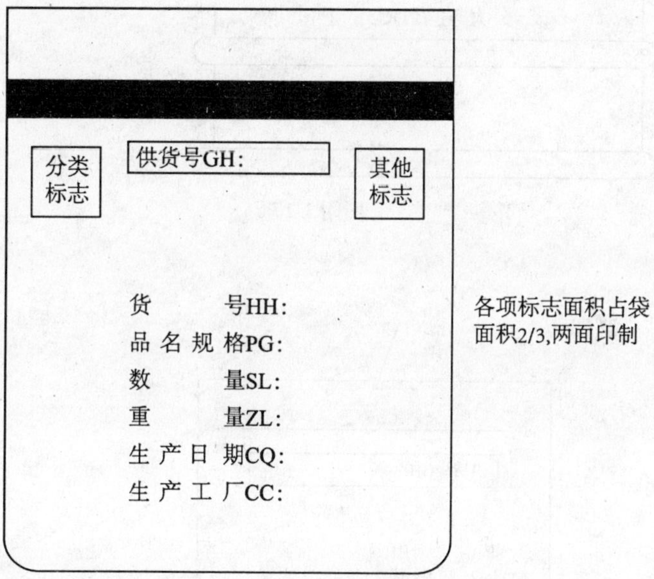

图附 1-16

（三）桶类包装的分类图示标志放在左上方，收发货标志的其他各项，见图附 1-17。

（四）筐、篓捆扎件等拴挂式收发货标志，应拴挂在包装件的两端，草包、麻袋拴挂在包装件的两上角，见图附 1-18。

（五）粘贴标志应贴在包装件的 5、6 两个面的有关栏目内。

（六）其他的标志按 GB 190-85《危险货物包装标志》、GB 191-85《包装储运图示标志》等的规定执行。

附加说明：

本标准由国家标准局提出。

本标准由中华人民共和国商业部、中华人民共和国对外经济贸易部负责起草。

本标准主要起草人为丁文民、陈大明、姚崇。

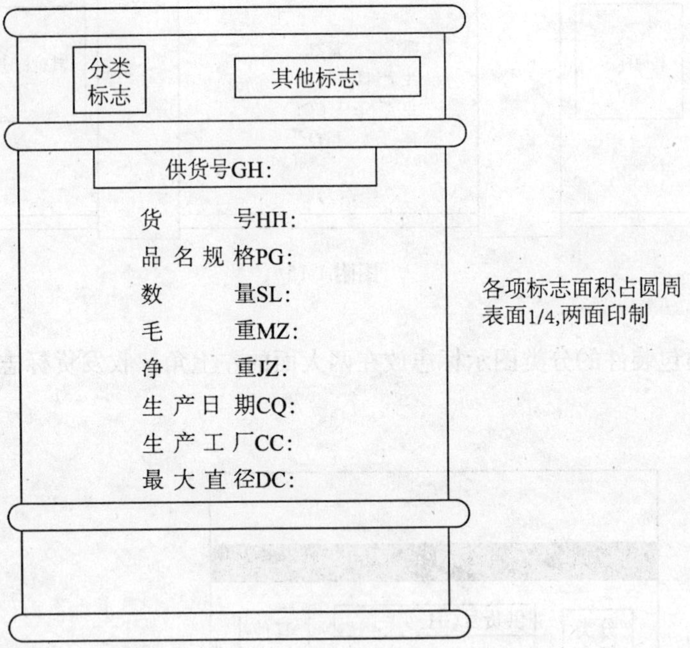

图附 1-17

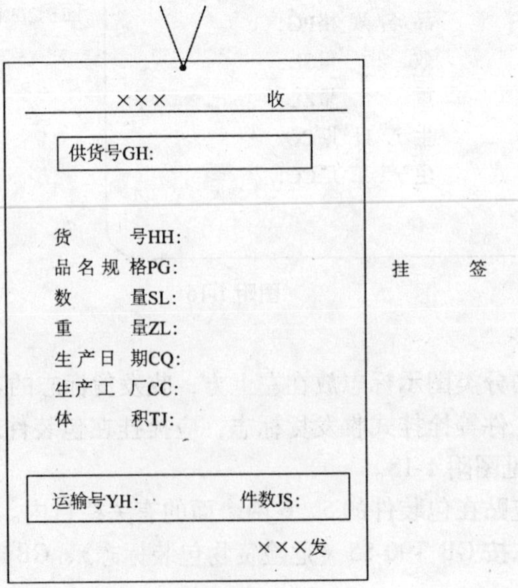

外径尺寸：105×74mm印刷面积占2/3

图附 1-18

附录二　《装卸与搬运实训》之托盘知识

一、托盘的种类

托盘，又称栈板、卡板、拍子，是搬运、放置货物的连接垫放物。根据不同的制造材料，可分为木制托盘、塑料托盘、钢制托盘、纸制托盘和复合材料托盘等多种；根据不同的使用需求又可分为长期周转用和一次性使用两类。塑料托盘和钢制托盘基本上均为周转用托盘，纸制托盘为一次性使用托盘，木制托盘和复合材料托盘既可生产周转用托盘，也可生产一次性托盘。

二、托盘的使用

托盘的使用在静态时基本可分为垫板用，堆垛和货架使用，其承重要求依次递增。托盘的承载性体现在静载、动载和货架承载三个方面。同一托盘的承载指数在此三方面依次递减。根据托盘自身的结构，在使用上可分为单面或双面使用，双向进叉或四向进叉。对于非手动叉车（电动、燃油、燃气等），所有托盘均适用。而手动液压托盘搬动车及托盘举升车无法与双面托盘配合使用。除叉车外，托盘在设计时亦要考虑所载货物，如产品类型、沉陷性、重量、单位体积、堆码情况等；同时也要适应货架条件，如货架类型、货架承重、搬运方向、放置方向、放置布局等。

三、木制托盘

木制托盘是托盘中最传统和最普及的类型。由于木材具有价格低廉、易于加工，成品适应性强、可以维修等特点，而为绝大多数用户采用。据不完全统计，目前木制托盘约占整个托盘市场的95%以上。木制托盘的问题主要存在于卫生和生产稳定性等方面木材易受潮、发霉、虫蛀而又无法清洗，其表面木屑脱落及螺钉锈蚀的问题也是难以克服的。此外，由于木材是天然材料，其质量受地域气候等多方面影响，既便是同一批原料，在干湿度、风裂等方面亦难以达到统一标准。

（一）木制托盘的材料

木制托盘的性能及特点，主要取决于木材本身，材料是决定木托盘应用及价格的关键性因素。我国北方常见托盘用材基本有以下几种：

杨木类：属阔叶树，材质疏松而软，耐用性差，适于制造承重要求不高的托盘。价格较低。

松木类：属针叶树种，种类较多，适用性广。落叶松（黄花松）纹理粗实、木制硬、价格适中，是制造托盘常用材种之一。白松和红松纹理细致，色白，外观美丽，多用于制造精细包装物，价格较高。

硬杂木类：属阔叶树种，木质硬度大。用于托盘制作的锯材以榆木、桦木、槐木、柳木等为常见。其纹理致密，木质硬而沉，承重性好。但少有大型材，价格适中。

在梁式货架上用同规格的杨木、松木、桦木托盘承载同样重量货物，重量加大至一定程度时，杨木托盘断裂，松木托盘有一定弯曲变形，而桦木托盘完好。这个实验比较形象地说明了材质的差异。

（二）纵梁式托盘（美式托盘）

纵梁式托盘，是北美地区通用的标准型托盘，故又称“美式托盘”。特点是结构简单、生产便捷、整体牢固性好。缺点是基本为双向进叉，在纵梁开“V”形槽口的情况下可实现四向进叉，但也仅限于非手动托盘车，更适用于自动化程度较高的搬运条件。

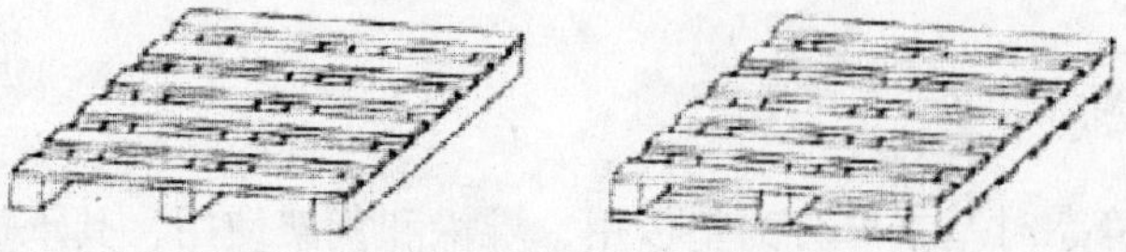

（三）垫块式托盘（欧式托盘）

垫块式托盘，是欧洲通用的标准型托盘，又称为“欧式托盘”。特点是全部四向进叉，使用方便。缺点是结构复杂，整体牢固性稍差。目前在我国使用较多。

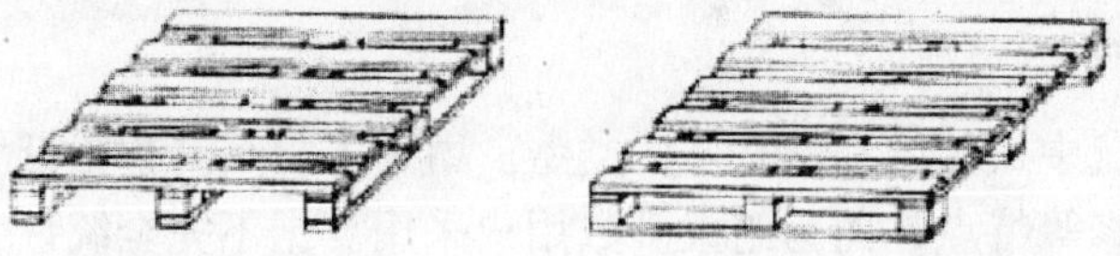

（四）木制托盘的种类

木质托盘类别及说明

类型		现名称	定义及说明
纵梁式（美式）托盘	基本型	S	S-Stringer，标准纵梁式托盘（单面，有底带，双向进叉）
		Ss	S-skid，无底板（底带）（注意：此种托盘在角跌落和侧向冲撞时结构性不好）
		Sr	r-reversible，双面使用（注意：双面使用型托盘一般仅存在于美式托盘）
		Sw1	w-wings，翼型，1 为面板为翼型（面板或底板长方向超出纵梁）
		Sw2	2 为面板和底板均为翼型（面板或底板长方向超出纵梁）
		Sn	n-notch，纵梁有 V 形檐口，可四向进叉
		Sp	p-plat，平板（胶合板）覆盖表面

续表

木质托盘类别及说明			
类型		现名称	定义及说明
纵梁式（美式）托盘	扩展型	Ssn	纵梁式托盘，无底板，底带，梁上有V形檐口
		Ssw	纵梁式托盘，无底板，底带，翼型面板
		Srw2	纵梁式托盘，双面使用，翼型面板，底板
		Snw1	纵梁式托盘，有V形檐口，翼型面板
垫块式（欧式）托盘	通用型	B1	B-block，即垫块、墩式木方，1表式面板与底板平行，平行型
		B2	2表示面板与底板垂直，垂直型
		B3	3表示底板与日字型双方向连接，日字型
		B4	4表示底与田字型双方向连接，田字型

注：命名及定义来源——Premin技术部标准TP1.0。

四、塑料托盘

随着工业化的发展，人们不断追求更高的生产质量，对生产条件、仓储条件、过程控制和品质控制的要求不断提高，木托盘在卫生状况及生产规范上无法克服的局限性越来越多地暴露出来。在这种情况下，塑料托盘开始出现，并很快在市场上占据了一席之地。与木制托盘相比，其整体性好，并且洁净卫生，在使用中又具有质轻、无钉刺、耐酸碱、无质变、易清洗等特点。由于使用寿命为木托盘的3~8倍，加之废托盘材料可以回收，使单次使用成本低于木托盘。在我国，虽然塑料托盘的生产及使用均滞后于西方发达国家，但发展迅速，正为越来越多的用户所认可。

塑料托盘一般采用高密度聚乙烯（HDPE）一次生产成型。与木制托盘相比，其整体性好，卫生洁净，在使用中又具有质轻、无钉刺、无静电、耐酸碱，易清洗等特点。同时其使用寿命高于木制托盘的3~5倍，单次使用成本低于术制托盘。根据生产工艺的不同，塑料托盘基本可分为注塑和吹塑两大类。国产注塑托盘：注塑托盘采用低压高密度聚乙烯，经注塑一次成型。由于原材料成本低于吹塑托盘，目前在国内的应用普及较广。其缺点在于承载力稍小，在双梁式货架上（无卡板、横梁）载重一般不超过1吨。同时，由于其生产工艺，托盘结构一般为单面使用型，双面使用型只能用两个单面托盘焊接或加螺栓制成，因而较少生产。国产吹塑托盘：吹塑托盘采用高分子量高密度聚乙烯吹塑合模一次生产成型。相比注塑托盘，其承载力大，抗冲击性强，寿命更长。不足之处在于吹塑工艺导致产品全部为双面结构，手动托盘搬运车及托盘举升车无法使用，从而限制了其应用。另一方面，较高的原材料成本使其价格高于注塑托盘。进口塑料托盘：目前，我们一般把进口塑料托盘分为两大类-传统型托盘和新型托盘。传统型塑料托盘的生产工艺及产品型制与国内塑料托盘基本一致，其优势在于因生产时间长而形成的原材料及工艺的稳定性较好，以及模具型制和产品结构的多样性。但由于受运费及关税影响，成本较高。价格一般为国产同类产品的154倍，且多为注塑产品，吹塑产品由于价格更高几乎很少进口。新型塑料托盘由于技术及工艺上的大幅度改进，可以来用回收塑料为原料，从而使成本大大降低，而承载性反而有所提高，同时型制更加多样化。这一新的类型，是托盘发展的新趋势。

塑料托盘的缺陷：

（1）受生产模具的影响（设计复杂、价格昂贵），塑料托盘结构适应性差，生产企业必须不断开发、逐渐完善其产品种类。但对于特殊规格要求，一般也无法满足；

（2）由于塑料托盘基本为一次成型，其破损后可修复性很低，不可能像木托盘那样可拆卸修理。破损一定程度后，只能报废；

（3）采购时一次性投入较大，一般为木制托盘的2～5倍。

塑料托盘的种类：

（1）注塑托盘采用聚乙烯、聚丙烯等材料经注塑合模一次制成。由于原材料成本相对吹塑托盘较低，生产工艺成熟，加之托盘结构灵活，目前在国内的应用较为普遍。注塑托盘的缺点在于抗冲击性较差，低温性能也逊于吹塑托盘；

（2）塑料托盘采用高分子量高密度聚乙烯经吹塑合膜一次生产成型。相比注塑托盘，抗冲击性强，低温性能好。吹塑托盘的不足之处在于吹塑工艺导致产品为中空结构，货架承载性不好。其中绝大部分又为双面对称型结构，手动托盘搬运车及托盘举升车无法使用。另一方面，较高的原材料成本使其价格高于注塑托盘。多用于石油化工等自动化程度高的特殊行业；

（3）注压托盘应用了国际上先进的塑料托盘生产技术，它在传统注塑工艺的基础上，在注射、成型及模具设计等方面进行了革命性改进，打破了传统注塑或吹塑工艺只能以新塑料作为生产原料的局限，可以完全使用回收材料作为原料，而材料种类从聚乙烯，聚丙烯直至聚酯均可使用；

（4）其他工艺随着塑料行业制造技术的不断发展，除以上类型外，还有应用氮气注射，玻璃纤维掺混等先进工艺制造的塑料托盘。

塑料托盘的结构形式塑料托盘的承重能力除了原材料的因素，结构形式对托盘的实际的承重能力也有相当大的影响。根据塑料托盘不同的承重要求，使用环境的需要分为以下几种：单面型托盘：指承载面为特定的一面而且不可翻转使用的托盘结构。根据其底部的结构不同，又可分为：

（1）川字底型：川字底型结构的塑料托盘的货架承载能力相对较好（在配合梁式货架使用时，梁方向与托盘长方向垂直的情况下），使用范围较广，其结构形式满足长方向可使用手动液压托盘车或叉车，宽方向可使用叉车进行周转。托盘的承载面根据使用行业的不同需求有网格型和平板型供选择。

（2）田字底型：田字底结构的塑料托盘由于其底部为方形框架结构，在堆垛使用时受力均匀，整体稳定性能好因而具有较大的优势，但使用时需注意于手动液压托盘车的匹配。

（3）九脚型：此结构托盘的承重能力普遍较低，但结构形式的设计可满足手动液压托盘车及叉车的四向进叉需要，多为低承重量，低频率周转的情况下使用或一次性发货使用。同时还备有网格、平面两种面板形式满足不同行业的需要。

（4）双面型托盘：指双面均可使用的塑料托盘，承重性能好。托盘的双面均为网格型或平板型，由于其结构设计的原因并不能使用手动托盘车，同时因为自重较大，人工搬运也很不方便。

（5）其他专用托盘：还有一些专门为满足特殊的使用要求所定制的托盘，此类型托盘均为特殊规格，在一定的起定量下可以为客户定做。

五、木塑复合托盘

木塑复合托盘是一种最新的复合材料托盘。它主要采用挤出机挤出木塑复合型材，再组装而成。它综合了木制托盘、塑料托盘和钢制托盘的优点，而基本上摒弃了其不足。机械化的生产，高密度、高强度、耐腐蚀、不吸水的型材，解决了木制托盘洁净度差、生产质量无法规范化和寿命短的问题，而具有塑料托盘的特点；其相当于木制托盘的板材切割及组装方式又解决了塑料托盘在结构适应性及维修维护方面的问题，同时其承载性相比塑料托盘也大大提高；在重量及成本上又远远低于钢制托盘。其缺点在于自重较大，约为木制、塑料托盘的二倍，人工搬运略有不便，以及由此造成的成本优势不大（约相当于国产注塑托盘）。

木塑复合材料是一种新型绿色环保材料-再生塑料与木质纤维复合材料。其主要原料为废旧再生塑料和木质纤维，包括锯沫、枝叉木材、农业纤维等，添加工业用粘合剂高温高压挤压而成。此新材料产品不仅可以完全替代外运木制包装和铺垫材料，而且还能够用于门、窗框、建筑模板、地板、汽车配件等。总体上讲，木塑高密度复合型材是目前国际上非常先进的一种技术产品，在西方发达国家已有较大范围的应用。木塑托盘是一种全新概念的托盘，随着其制造技术的不断完善（主要在减少重量方面），其最终目标将是要替代木制托盘，因而具有广阔的发展前景。

六、纸制托盘

纸制托盘采用高强度蜂窝纸芯、高强度瓦楞纸与纤维板以及其他非木质材料制成。结构运用科学的力学原理实现其良好的物理特性。具有重量轻、成本低、出口免检、环保可回收等优点，多为一次性托盘。但其承重量相对于其他托盘较小，防水防潮性能较差。产品规格可按照用户要求定制。

七、金属托盘

金属托盘主要是采用钢或铝合金模压焊接制成，是承载性、牢固性及表面抗侵蚀性最好的托盘。但其自身重量偏大（钢制托盘），同时价格昂贵，主要适用于石油、化工等对托盘有特殊要求的领域。产品可按用户需要定制。

八、层积板托盘

层积板托盘是现代化物流发展过程中出现的一种新型托盘，它主要是使用多层复合胶合板或平行合板层积材（LVL），经胶合后，通过高温高压加工制成。层积板托盘能替代纯木质托盘，外观洁净、免熏蒸，符合环保要求，可供一次性出口使用，是国外目前较为流行的木托盘替代品，产品规格可根据客户需要定制。

九、托盘箱

托盘箱多由高密度聚乙烯制成，用于盛装食品或工业用品，并可盛装液体。具有盛装容积大，运输方便，温度适应性广，抗冲击性强，易于堆码等特点。

十、防潮板

防潮板是一种常用的防止货物直接与地面接触的仓储设备，避免货物因摩擦而造成的损坏，并起到防潮和防霉作用。多采用PE材料，适应的温度范围较广，多用于医药、食品等行业成品和半成品的存放。

十一、模压托盘

模压托盘由木纤维、树脂胶经模压制成，有的加入塑料料粒并配以石蜡或添加剂，多用作一次性托盘。其承载性能、坚固程度及卫生洁净度均好于一次性木制托盘或纸托盘，但价格稍高。

十二、滑托板

滑托板是一种在一个或多个边上延伸有翼边的平板，是一种在货物放置、搬运时不需要移动托盘的装载系统，非常适合海运和系统内部货物的循环运输。只要在叉车上装上特殊的推/拉装置，滑托板就可以替代托盘进行搬运和储存，既节省成本又节省空间。当然它也可以配合标准托盘进行操作作业。滑托板可运用于许多不同行业、领域中，适用的产品非常广泛。

十三、冷藏垫板

冷藏垫板是一种在冷库中使用的货物间隔垫放物。其结构允许大量冷空气在货物之间流通从而加速冷冻过程，保证货物质量的稳定性，节省冷库耗电。其超高的强度和耐用性被证实适合超低温度的使用要求，甚至在零下60℃的情况下依然不会发生碎裂和质量退化的情况。轻质量和网状结构，使其易于存储和使用，多用于各种食品、饮料加工业。

附录三　《仓储与配送实训》之考核项目任务单和评分表

考核项目一——任务单和评分表（一）

第一组任务：小车在9号位，车头朝向立体仓库。分拣控制员发布分拣信息，从4个不同的仓位分拣康师傅红烧牛肉面总计20件产品拼箱；小车经6号位停车5秒，货物装车；运行至5号位停车扫描，设置入库至A10505，小车运输至入库平台口，车头朝向空调停车20秒完成入库，后返回到8号位，车头朝向立体仓库。

AGV小车行走路径表：

ID号	导引线	速度挡位	运行方向	辊筒动作	节点地址	停车时间
0						
1						
2						
3						
4						
5						
6						

评分细则：

（1）各组计时，标准时间为10分钟：效率分=15-时间；

（2）协作好，配合佳，技术分=5-错误次数；

（3）总分是效率分和技术分的总和，总分=效率分+技术分；

（4）成员此次实训的得分即团队总分数值，满分为10分。

组名	责任人	岗位	职责及要求	操作点评	组总评
		现场调度员	协调、讲解、明确岗位及分工、及时解决成员操作问题，鼓舞团队成员，表述严重错误或讲解含糊者扣分		
		分拣控制员	按任务单要求发布分拣信息、正确分拣、正确贴条码、正确放置商品上车（托盘边沿与小车外绿线平行）		
		运输调度员	按任务单要求给AGV小车设置正确的线路用PC控制方式实现商品的入库，停车时间、地点及线路要合理		
		仓库管理员	按任务单要求正确控制巷道堆垛机的运行实现商品的入库，操作要规范，仓位要准确，与小车配合要紧密		

考核项目二——任务单和评分表（二）

第二组任务：小车在8号位，车头朝向立体仓库。分拣控制员发布分拣信息，从3个不同的仓位分拣康师傅香菇炖鸡面总计13件产品拼箱；小车经6号位停车5秒，货物装车；运行至5号位扫描，设置入库至A10605，小车运输至入库平台口，车头朝向空调停车20秒完成入库，后返回到9号位，车头朝向墙壁。

AGV小车行走路径表：

ID号	导引线	速度挡位	运行方向	辊筒动作	节点地址	停车时间
0						
1						
2						
3						
4						
5						
6						

评分细则：

（1）各组计时，标准时间为10分钟，效率分=15-时间；

（2）协作好，配合佳，技术分=5-错误次数；
（3）总分是效率分和技术分的总和，总分=效率分+技术分；
（4）成员此次实训的得分即团队总分数值，满分为 10 分。

组名	责任人	岗位	职责及要求	操作点评	组总评
		现场调度员	协调、讲解、明确岗位及分工、及时解决成员操作问题，鼓舞团队成员，表述严重错误或讲解含糊者扣分		
		分拣控制员	按任务单要求发布分拣信息、正确分拣、正确贴条码、正确放置商品上车（托盘边沿与小车外绿线平行）		
		运输调度员	按任务单要求给 AGV 小车设置正确的线路用 PC 控制方式实现商品的入库，停车时间、地点及线路要合理		
		仓库管理员	按任务单要求正确控制巷道堆垛机的运行实现商品的入库，操作要规范，仓位要准确，与小车配合要紧密		

考核项目三——任务单和评分表（三）

第三组任务：小车在 9 号位，车头朝向墙壁。分拣控制员发布分拣信息，从 5 个不同的仓位分拣康师傅西红柿牛腩面总计 15 件产品拼箱；小车经 6 号位停车 5 秒，货物装车；运行至 5 号位扫描，设置入库至 A10705，小车运输至入库平台口，车头朝向空调停车 30 秒完成入库，后返回到 8 号位，车头朝向墙壁。

AGV 小车行走路径表：

ID 号	导引线	速度挡位	运行方向	辊筒动作	节点地址	停车时间
0						
1						
2						
3						
4						
5						
6						

评分细则：
（1）各组计时，标准时间为 10 分钟，效率分=15-时间；

（2）协作好，配合佳，技术分=5-错误次数；

（3）总分是效率分和技术分的总和，总分=效率分+技术分；

（4）成员此次实训的得分即团队总分数值，满分为10分。

组名	责任人	岗位	职责及要求	操作点评	组总评
		现场调度员	协调、讲解、明确岗位及分工、及时解决成员操作问题，鼓舞团队成员，表述严重错误或讲解含糊者扣分		
		分拣控制员	按任务单要求发布分拣信息、正确分拣、正确贴条码、正确放置商品上车（托盘边沿与小车外绿线平行）		
		运输调度员	按任务单要求给AGV小车设置正确的线路用PC控制方式实现商品的入库，停车时间、地点及线路要合理		
		仓库管理员	按任务单要求正确控制巷道堆垛机的运行实现商品的入库，操作要规范，仓位要准确，与小车配合要紧密		

考核项目四——任务单和评分表（四）

第四组任务：小车在8号位，车头朝向墙壁。分拣控制员发布分拣信息，从6个不同的仓位分拣康师傅香菇炖鸡面总计20件产品拼箱；小车经6号位停车5秒，货物装车；运行至5号位扫描，设置入库至A10805，小车运输至入库平台口，车头朝向空调停车20秒完成入库，后返回到9号位，车头朝向立体仓库。

AGV小车行走路径表：

ID号	导引线	速度挡位	运行方向	辊筒动作	节点地址	停车时间
0						
1						
2						
3						
4						
5						
6						

评分细则：

（1）各组计时，标准时间为10分钟，效率分=15-时间；

（2）协作好，配合佳，技术分=5-错误次数；

（3）总分是效率分和技术分的总和，总分=效率分+技术分；

（4）成员此次实训的得分即团队总分数值，满分为 10 分。

组名	责任人	岗位	职责及要求	操作点评	组总评
		现场调度员	协调、讲解、明确岗位及分工、及时解决成员操作问题，鼓舞团队成员，表述严重错误或讲解含糊者扣分		
		分拣控制员	按任务单要求发布分拣信息、正确分拣、正确贴条码、正确放置商品上车（托盘边沿与小车外绿线平行）		
		运输调度员	按任务单要求给 AGV 小车设置正确的线路用 PC 控制方式实现商品的入库，停车时间、地点及线路要合理		
		仓库管理员	按任务单要求正确控制巷道堆垛机的运行实现商品的入库，操作要规范，仓位要准确，与小车配合要紧密		

考核项目五——任务单和评分表（五）

第五组任务：小车在 9 号位，车头朝向立体仓库。分拣控制员发布分拣信息，从 3 个不同的仓位分拣康师傅红烧牛肉面总计 10 件产品拼箱；小车经 6 号位停车 5 秒，货物装车；运行至 5 号位扫描，设置入库至 A10905，小车运输至入库平台口，车头朝向空调停车 20 秒完成入库，后返回到 9 号位，车头朝向立体仓库。

AGV 小车行走路径表：

ID 号	导引线	速度挡位	运行方向	辊筒动作	节点地址	停车时间
0						
1						
2						
3						
4						
5						
6						

评分细则：

（1）各组计时，标准时间为 10 分钟，效率分=15-时间；

（2）协作好，配合佳，技术分=5-错误次数；

（3）总分是效率分和技术分的总和，总分=效率分+技术分；

（4）成员此次实训的得分即团队总分数值。

组名	责任人	岗位	职责及要求	操作点评	组总评
		现场调度员	协调、讲解、明确岗位及分工、及时解决成员操作问题，鼓舞团队成员，表述严重错误或讲解含糊者扣分		
		分拣控制员	按任务单要求发布分拣信息、正确分拣、正确贴条码、正确放置商品上车（托盘边沿与小车外绿线平行）		
		运输调度员	按任务单要求给 AGV 小车设置正确的线路用 PC 控制方式实现商品的入库，停车时间、地点及线路要合理		
		仓库管理员	按任务单要求正确控制巷道堆垛机的运行实现商品的入库，操作要规范，仓位要准确，与小车配合要紧密		

参 考 文 献

[1] 杨叶勇. 仓储与配送管理实训教程. 北京：北京大学出版社，2009.
[2] 李祖武，范生万，赖礼芳. 物流管理专业岗位技能训练教程. 长春：吉林大学出版社，2009.
[3] 罗毅，王清娟. 物流装卸搬动设备与技术. 北京：机械工业出版社，2008.
[4] 王道平，王煦. 现代物流信息技术. 北京：北京大学出版社，2010.